Ota Šik

Das kommunistische Machtsystem

Hoffmann und Campe

1. bis 10. Tausend 1976
© Hoffmann und Campe Verlag, Hamburg 1976
Gesetzt aus der Korpus Times-Roman
Satzherstellung Otto Gutfreund & Sohn, Darmstadt
Druck und Bindearbeiten Ebner, Ulm
ISBN 3-455-08970-4. Printed in Germany

Inhalt

Vorwort

Nach der Analyse der marxistisch-leninistischen Theorie und ihrer Anwendbarkeit auf industriell hoch entwickelte Länder[1] wird in diesem Buch das *praktizierte System* in den kommunistischen Ländern des sowjetischen Machtbereichs untersucht. Es geht nicht um die Aufdeckung der Besonderheiten der einzelnen Länder dieser Sphäre, sondern um das allgemeine, gemeinsame Wesen ihres Systems.

Auch diese Analyse der kommunistischen Praxis mußte der Ausarbeitung einer neuen sozialistischen Entwicklungsalternative vorangehen, denn nur auf Grund einer tieferen Erkenntnis der eigentlichen Mängel und wesentlichen inneren Widersprüche des Systems können Vorstellungen über eine neue, diese Widersprüche überwindende gesellschaftliche Entwicklung erarbeitet und auch verstanden werden. Schon im Hinblick darauf, daß die Propaganda aus den kommunistischen Ländern selbst (die auch von einem Teil dogmatischer »sozialistischer« Kräfte im Westen aufgenommen und verbreitet wird) die Mängel des Systems zu bagatellisieren versucht und sie als »Übergangsschwierigkeiten des Sozialismus« abtut, war diese Arbeit nötig. Die offizielle Version, daß noch »einige existierende wirtschaftliche Probleme das Resultat erstens ungenügender Erfahrungen in der Planung und Leitung einer sozialistischen Wirtschaft und zweitens ungenügender sozialistischer Bewußtseinsentwicklung bei den breiten Massen der Bevölkerung« seien, soll hier widerlegt werden. Es geht nicht um

»einige wirtschaftliche Schwierigkeiten«, sondern um *wesentliche Pervertierungen des gesamten Gesellschaftssystems gegenüber ursprünglichen Sozialismusvorstellungen.* Ihre tieferen Gründe werden von der kommunistischen Propaganda nicht gezeigt, sondern geflissentlich ignoriert.

Die Erkenntnis des Wesens und der Ursachen bürokratischer Deformation des Sozialismus ist für marxistisch erzogene Menschen nicht leicht, da es eine tiefgreifende Analyse dieses sozialen Problems in der offiziellen marxistischen Theorie im Grunde nicht gibt. Auch ich selbst habe mich erst nach jahrelanger Erfahrung und theoretischer Arbeit von den vereinfachten marxistisch-leninistischen Gedankenschablonen freimachen können, was für mich die Voraussetzung für eine kritische Einstellung zum praktizierten »sozialistischen« System gewesen ist. Die Konsequenz dieser Wandlung, die außer mir eine große Anzahl ehemals kommunistischer Intellektueller in der ČSSR durchmachte, war jener Kampf um eine grundsätzliche Änderung des Systems, der ungefähr im Jahre 1958/59 seinen Anfang nahm. Obwohl unser – zehn Jahre lang theoretisch und praktisch vorbereiteter – Versuch einer Systemreform in der ČSSR durch Gewalteingriff von außen verhindert wurde, sollen wenigstens alle hier angesammelten Erfahrungen und Erkenntnisse, die in ihrer kompromißlosen und komplexen Darstellung in den Ostblockstaaten nie veröffentlicht werden konnten, zugänglich gemacht werden.

Auch wenn ich aus eigener Erfahrung weiß, wie schwer es ist, diejenigen, die einmal in den Bann der marxistischen revolutionären Theorie geraten sind, zu neuen, unterschiedlichen Betrachtungsweisen und Einstellungen zu bringen, so soll doch in dieser Hinsicht nichts unversucht bleiben. Da mein ganzes Bestreben der Erreichung einer wirklich sozialistischen Entwicklung gewidmet ist, die den Menschen eine humanere Zukunft sichern könnte, wird hoffentlich auch die kritische Analyse des kommunistischen Systems in diesem Sinne aufgefaßt werden.

St. Gallen, im Dezember 1975   Ota Šik

I. Einleitung

Das Gesellschaftssystem, das von der Kommunistischen Partei Rußlands (Bolschewiken) nach der Oktoberrevolution in der Sowjetunion eingeführt wurde und unter ihrem Einfluß oder direkten politischen Druck nach dem Zweiten Weltkrieg auch in weiteren Ländern entstand, wird allgemein als sozialistisches System bezeichnet. Das Wesen dieses Systems wird von den kommunistischen Parteien in den Staaten der sowjetischen Einflußsphäre (im weiteren der Kürze halber als Ostblock bezeichnet) als »sozialistisch«, mit Bezug auf die marxistisch-leninistische Theorie dargestellt. Mit Hilfe dieser Theorie sollen nicht nur der sozialistische Charakter des existierenden Systems, sondern auch alle Versuche einer wesentlichen Reform dieses Systems von seiten demokratischer Sozialisten als »antisozialistische«, »konterrevolutionäre« Bestrebungen bewiesen werden. Mit anderen Worte: es wird behauptet, daß das praktizierte System in seinem Wesen den theoretischen Sozialismusvorstellungen von Marx, Engels, Lenin entspricht, daß diese Theorien unwiderruflich alle notwendigen und entscheidenden Grundzüge einer sozialistischen Gesellschaft aufgezeigt haben und daß daher ein jeder, der das System so ändern wollte, daß damit verschiedene dieser Grundzüge beseitigt würden, ein Antimarxist und Antisozialist sein müsse. Diese Einstellung und Argumentation ist unwissenschaftlich, dogmatisch und dient einer Verdeckung entscheidender Tatsachen, die im Widerspruch zu den »Sozialismusbeweisen« stehen, aus folgenden Gründen:

1. Bestimmte Züge des Systems werden als »sozialistische Prinzipien« dargestellt (Staatseigentum an Produktionsmitteln, zentrale gesamtwirtschaftliche Planung, Staatsmacht in den Händen der kommunistischen Partei und dergleichen), ohne daß geprüft wird, inwieweit sie wirklich den Interessen der arbeitenden Menschen entsprechen. Eine Analyse der sozialen Struktur des Systems, der Herrschaftsverhältnisse, der Beziehung zwischen der Willensbildung in den politischen Organen und den Interessen der Bevölkerungsmehrheit wird nicht zugelassen. Die antisoziale Herrschaftsstruktur und Ökonomik des Systems wird so mit Hilfe rein äußerlicher, quasi-sozialistischer Systemcharakteristiken verdeckt.

2. Die verbale Bezugnahme auf Theorien von Marx, Engels, Lenin ist verbunden mit einer einseitigen und verzerrenden Interpretation dieser Theorien, die der Verdeckung des antisozialistischen Wesens des Systems dienen soll. Aus ihren Theorien werden vor allem jene Forderungen hervorgehoben, mit welchen die Diktatur des Proletariats, vermittelt durch die kommunistische Partei, die Vergesellschaftung der Produktionsmittel in der Form ihrer Verstaatlichung, die zentrale gesamtwirtschaftliche Planung in der Form dirigistischer Pläne, und ähnliche begründet werden sollen. Jedoch die entscheidenden Ansprüche von Marx und Engels an eine sozialistische Gesellschaft wie die Befreiung der arbeitenden Menschen von jeder politischen Unterdrückung und die zielbewußte allmähliche Beseitigung des bürokratischen Staates während einer kommunistischen Entwicklung, die Beseitigung einer jeden Ausbeutung der produktiv tätigen Menschen und die Sicherung ihrer direkten Entscheidungsbeteiligung über die Entwicklung ihrer Arbeit und Benützung ihrer Arbeitsresultate, die Überwin-

12

dung ihrer Entfremdung gegenüber den Arbeitsstätten, den Betrieben, der Wirtschaftsbasis, den gesellschaftlichen Verwaltungsorganen und so weiter, werden ignoriert oder mit sophistischen Argumenten als »noch nicht realisierbar« oder als »späteres Ziel« übergangen.

3. Die Theorien von Marx, Engels, Lenin werden wie endliche Wahrheiten behandelt. Das entscheidende Kriterium einer jeden Wissenschaftlichkeit, das von Marx als auch von Lenin betont wurde, die Übereinstimmung der Theorie mit der Realität, ihre Überprüfung in der Praxis und ihre beständige Korrektur auf Grund praktischer Erfahrungen, wird mißachtet. Die marxistisch-leninistische Theorie wird nicht mit der Wirklichkeit konfrontiert, sie wird nicht im Lichte neuer Erfahrungen und Erkenntnisse berichtigt, viele vereinfachte oder falsche Voraussetzungen werden nicht aufgedeckt und negiert. So dürfen die theoretischen Vorstellungen einer marktersetzenden Planung, die sich als vereinfacht und für die Gesellschaft als ungemein verlustbringend erwiesen haben, nicht kritisch überwunden werden. Die schwerwiegendsten theoretischen Lücken, denen zufolge es keine theoretische Vorbereitung auf das Problem von Interessenwidersprüchen innerhalb einer sozialistischen Gesellschaft, auf das Problem einer uneingeschränkten bürokratischen Herrschaft, auf das Problem nicht existierender Effektivitätskriterien oder ungenügender Interessen der Produzenten an einer optimalen Wirtschaftsentwicklung gibt[1], dürfen nicht aufgedeckt und vor allem nicht theoretisch aufgefüllt werden, wenn die neuen Theorien den Interessen der herrschenden Bürokratie widersprechen. Die marxistisch-leninistische Theorie verwandelt sich so in den Ostblockstaaten in ein staatliches Glaubensbekenntnis, das der Erhaltung eines antisozialistischen Systems dienen soll. Alle verbalen Berufungen auf die marxistisch-leninistische

Theorie sind somit kein Beweis dafür, daß das in der Sowjetunion und ihrer Einflußzone praktizierte System tatsächlich ein sozialistisches System ist.

In den folgenden Kapiteln soll gezeigt werden, warum dieses System *kein* sozialistisches System ist. Es soll anschaulich gemacht werden, daß die grundlegenden Anforderungen an eine sozialistische Gesellschaft (an die erste Phase einer kommunistischen Gesellschaft), die Marx' Theorie selbst zu entnehmen sind[2], in dem System der Ostblockstaaten nicht realisiert wurden. Kriterien für eine sozialistische Gesellschaft können jedoch nicht nur auf Grund dieser Theorie von Marx aufgestellt werden, sondern diese müssen vor allem mit Hilfe von Erfahrungen aus dem praktizierten System selbst ergänzt und konkretisiert werden.

Ohne von bestimmten Grundanforderungen von Marx abgehen zu müssen, sollen vor allem jene Haupthindernisse und Mängel des Systems dargestellt werden, die die Durchsetzung von Marx' Grundanforderungen unmöglich machen, Hindernisse, die er nicht vorausgesehen hat und die in der offiziellen (von den kommunistischen Parteien akzeptierten und verbreiteten) marxistisch-leninistischen Literatur nicht eingehender behandelt werden. Die Überwindung dieser wesentlichen Systemmängel ist die Voraussetzung für eine eventuelle Umwandlung des Systems in ein wirklich sozialistisches System. Die theoretische Analyse dieser Mängel sowie die überzeugende Darlegung von Wegen zu ihrer Überwindung werden somit zu weiteren prinzipiellen Anforderungen an eine sozialistische Gesellschaft.

Als grundlegender negativer Zug und als Hindernis für einen wirklichen Sozialismus tritt in dem System der Ostblockstaaten die *absolute Herrschaft einer spezifischen Bürokratie* auf. Die Entstehung, die spezifische Struktur dieser Bürokratie und der Mechanismus ihrer Herrschaftsbildung und

-erhaltung soll hier sowohl auf Grund langjähriger ange-
sammelter Erfahrungen als auch theoretischer Analysen
aufgezeigt werden. Hand in Hand damit wird dargelegt, daß
die entscheidende Bedingung – neben anderen – für die
Überwindung dieser Bürokratieherrschaft, und somit auch
für die Durchsetzung einer sozialistischen Gesellschaft, die
Entstehung *demokratischer Bedingungen* ist. Sozialismus
ohne Demokratie ist nicht realisierbar. Ohne Demokratie
können keine sozialistischen Freiheiten für die arbeitenden
Menschen entstehen, ohne demokratische Bedingungen
wird die neue, ungemein erweiterte Bürokratie sich immer
in eine neue Herrschaftsschicht mit ungeahnten Unterdrük-
kungsmitteln umwandeln. Alle Mängel in der ökonomischen Sphäre, in der kulturellen Entwicklung und ähnliches
hätten in demokratischen Bedingungen längst behoben
werden können – ohne Demokratie werden sie unlösbar und
bilden in ihrer wachsenden Verschärfung nur Anstöße für
weitere bürokratische Deformationen und Repressionen.
Vom Standpunkt eines demokratischen Sozialismus kann
daher das praktizierte System in den Ostblockstaaten auch
nicht als sozialistisches System bezeichnet werden. Es kann
und wird in dieser Arbeit formell, nach der Benennung jener
Parteien, die dieses System errichtet haben, als *kommunisti-
sches System* bezeichnet. Diese Benennung darf allerdings
nicht zu einer Identifizierung des Systems mit den kommunistischen Vorstellungen von Marx und Engels oder mit
anderen kommunistischen Visionen führen. Ein kom-
munistisches System ist also ein System, das auf Grund der
alleinigen Machtergreifung historisch entstandener kommunistischer Parteien in den Ländern des Ostblocks praktisch existiert und das mit Hilfe einer offiziellen Partei- und
Staatsideologie fälschlicherweise als sozialistisches System
dargestellt wird. Die hier benützte Benennung »kommuni-

stisches System« drückt natürlich nicht das entscheidende herrschaftsmäßige Wesen des Systems aus. Charakteristischer ist daher die Bezeichnung »parteibürokratisches« oder auch »staatsmonopolistisches« System. Mit der ersteren wird der spezifisch bürokratische Inhalt seiner Machtstruktur, mit der zweiten das Charakteristikum seiner Ökonomik ausgedrückt.

Mit keiner Bezeichnung kann aber das Wesen des Systems nähergebracht werden, und die vorangehende Argumentation sollte nur eine terminologische Klarheit schaffen. Im weiteren sollen vor allem die bürokratische Machtstruktur als auch die staatsmonopolistische Wirtschaftsstruktur eingehender erklärt werden. In dem Kapitel über die Entstehung des bürokratischen Systems in der Sowjetunion werden nur jene Momente aus der Geschichte dieses Systems hervorgehoben, welche die theoretischen Unklarheiten in der Problematik »Marktbeziehungen in einer sozialistischen Wirtschaft« und ihre praktischen Folgen aufzeigen; ferner jene Entwicklungsmomente, die illustrieren, daß das Nichtverständnis des Bürokratieproblems, also die theoretische Lücke in dieser Hinsicht, wesentlich zu der Bürokratisierung des Systems beigetragen hat. Schließlich soll die Behauptung geschichtlich dokumentiert werden, daß in der UdSSR, wie später in anderen Ländern des kommunistischen Systems, alle großen Wendungen in der Politik der Parteiführung den Interessen der Parteibürokratie entsprechen mußten und daß nicht die Partei selbst und schon überhaupt nicht die Arbeiterklasse, sondern die etablierte Parteibürokratie in entscheidendem Maße die Parteiführung und ihre Politik bestimmt. Und eben weil dies für alle Ostblockstaaten gilt, obzwar diese ziemlich unterschiedliche soziale Strukturen aufweisen, wird die am längsten andauernde politische Entwicklung der Sowjetunion mit ihren wichtigsten politischen Momenten als Illustration dieses allgemeingültigen kommunistischen Machtmechanismus dienen.

Es geht hier also nicht um eine komplexe geschichtliche Studie der sowjetischen politischen Entwicklung, sondern vor allem um die Hervorhebung und Betonung des *entscheidenden* Zusammenhangs zwischen Parteibürokratie – Parteiführung – Partei- und Staatspolitik, eines Zusammenhangs, der allzuoft in existierenden komplexen geschichtlichen Werken in der Fülle von detaillierten, an der Oberfläche erscheinenden Fakten sich verliert. Oft ist man gewillt, dieser oder jener führenden Persönlichkeit als Zufallserscheinung den entscheidenden Einfluß auf die kommunistische Politik zuzuschreiben und sieht nicht hinter dieser die treibende Kraft des Parteiapparats. Aber auch die Historiker, welche die Erklärung für die Entstehung bestimmter Parteiführungen und Politiken in den objektiv gegebenen inneren und äußeren politischen oder ökonomischen Umständen suchen, lassen die gemäß dieser objektiven Umstände sich ändernden, jedoch immer entscheidenden spezifischen Interessen der Parteibürokratie außer acht.

Es sind größtenteils die ungenügende Beachtung der spezifischen Stellung der Parteibürokratie in einem kommunistischen System und die ungenügende Kenntnis des Mechanismus ihrer Interessendurchsetzung und Machtausübung, die dazu führen, daß ihre entscheidende Wirkung auf die Entwicklung des kommunistischen Systems nicht klar genug gesehen wird. Die weiter folgende Analyse des Wesens der kommunistischen Bürokratie sowie des Mechanismus ihrer Macht soll zeigen, warum und mit welchen Mitteln diese Bürokratie zum absoluten Herrscher in einem kommunistischen System wird. Nur dieser bürokratischen Herrschaft haben es die Völker der Ostblockstaaten zu verdanken, daß realisierbare humane sozialistische Vorstellungen in der kommunistischen Praxis so pervertiert wurden (aber weiterhin als Sozialismus präsentiert werden), daß der Sozialismusbegriff für unzählige arbeitende Menschen innerhalb und außerhalb dieser Länder zum Inbegriff einer totalitären Unfreiheit und Unterdrückung wurde. Das Ziel dieser Analyse ist die Erbringung des Beweises, daß nicht der Sozialismus, sondern der kommunistische Bürokratismus diese Unterdrückung geschaffen hat.

II. Entstehung und Entwicklung des sowjetischen bürokratischen Systems

Ideologische Ausgangspunkte

Die Entwicklung Rußlands nach der Oktoberrevolution wurde vor allem von zwei Faktoren bestimmt:

a) der wirtschaftlichen Rückständigkeit des Landes, in welchem eine kleinbäuerliche und handwerkliche Produktion überwogen und praktisch nur eine Handvoll größerer Industriebetriebe existierte;

b) den theoretischen Vorstellungen der bolschewistischen Führung, welche die Formierung der neuen Staatsmacht und die weitere gesamtgesellschaftliche Umbildung entscheidend beeinflußten.

Die Wirtschaft des russischen Reiches hatte bereits vor dem Krieg eine Entwicklungsstufe erreicht, die zwangsläufig einen ausgedehnten Warenaustausch mit sich brachte. Ohne reguläre Marktbeziehungen mochten vielleicht noch mehr oder weniger selbstgenügsame, zurückgebliebene, naturalwirtschaftliche Siedlungen in sehr entlegenen Regionen auskommen, aber schon größere Dörfer – von den Städten ganz zu schweigen – waren auf den Handel angewiesen, der von einer breiten Schicht privater Kaufleute getragen wurde. In der Kriegszeit hatte dieser Handel infolge der starken Geldentwertung und eines katastrophalen Warenmangels immer mehr naturalwirtschaftlichen Charakter (Tausch von Produkten gegen Produkte) angenommen. Eine riesige Spekulationswelle ging über das ganze Land hinweg.

Erst mit der Machtübernahme durch die Kommunisten setzten zielbewußte revolutionäre Änderungen ein, die notwendigerweise und wesentlich von den theoretischen Vorstellungen der kommunistischen Führer geprägt waren. Eine zentrale wirtschaftliche Leitung sollte auf der Basis einer geförderten, modernen, hochkonzentrierten Industrieproduktion die wichtigsten Produktions- und Verteilungsprozesse bestimmen und ohne Markt die direkte Verbindung zwischen Produktion und Konsumtion herstellen.

Lenin war von der staatskapitalistischen Kriegswirtschaft Deutschlands stark beeindruckt, besonders von der staatlich geleiteten Produktion und Produktverteilung. In der Entwicklung des Staatskapitalismus, einer allgemeinen staatlichen Evidenz und Kontrolle aller Produktion und Produktverteilung, sah er eine mögliche Form des Übergangs zur sozialistischen Produktion und zur direkten, marktlosen Produktverteilung. Alle anfänglichen Wirtschaftsmaßnahmen zielten denn auch auf eine Realisierung dieser Vorstellungen ab: die Nationalisierung des Bodens, die erzwungene Syndikalisierung der Industrie, die Nationalisierung der Banken, der Eisenbahnen, des Außenhandels, der Handelsflotte und der gesamten industriellen Großbetriebe, bis hin zur Nationalisierung aller Betriebe mit über 5 Angestellten im Jahre 1920. Die organisierte Arbeiterkontrolle ging allmählich in ein System zentraler Wirtschaftslenkung über. Dabei war es den zentralen Leitungsorganen nicht nur um die Kontrolle der gesamten Industrieproduktion zu tun, sondern auch um die Verteilung aller Produktionsmittel und Arbeitskräfte innerhalb der Produktion, vor allem um eine staatliche Verteilung des Getreides: das sogenannte Getreidemonopol sah zunächst formelle staatliche Einkäufe vor, dann erzwungene Beschlagnahmen, Requisition und später den staatlichen Austausch von Industrieprodukten für landwirtschaftliche Erzeugnisse – und schließlich die staatliche Zuteilung von Konsumgütern an die Bevölkerung.

Diese Ausrichtung auf eine direkte staatliche Lenkung der gesamten sozialistischen Produktion und eine marktlose Verteilung von Produkten wie auch auf eine soweit wie möglich ausgedehnte Evidenz und Kontrolle aller nichtsozialistischen Produktions- und Verteilungsprozesse – mit dem Ziel ihrer allmählichen Unterordnung unter die sozialistische Macht – war ganz eindeutig der Ausdruck ursprünglicher sozialistischer Wirtschaftsvorstellungen. Es war der zielbewußte Versuch, die Marktbeziehungen, in welchen Lenin einen kapitalistischen bzw. einen kapitalismuserzeugenden Prozeß sah, zu überwinden. Den Ansatzpunkt boten die zahllosen Kleinproduzenten (vor allem Bauern), deren spontane Vorliebe für den Kapitalismus gemäß Lenins damaligen Vorstellungen durch staatliche Evidenz und Kontrolle aller Verteilungsprozesse überwunden werden sollte.[1] Es wäre also ein Irrtum, zu glauben, daß diese Orientierung auf die Beseitigung von Marktbeziehungen und auf eine direkte Produktverteilung nur durch die schwierige Wirtschafts- und Versorgungssituation, als Folge der Kriegs- und Nachkriegszeiten, hervorgerufen worden wäre. Das vorhandene Zuteilungssystem hat die Ausrichtung auf ein direktives Verteilungssystem im ganzen Land zweifellos unterstützt, und es kam zunächst auch kein theoretischer Zweifel an der Richtigkeit des eingeschlagenen Weges auf. Aber die Vorstellungen einer unmittelbaren Sozialisierung, welche den Marktaustausch überwinden sollte, waren bereits in Lenins Konzept für das Parteiprogramm, welches dem VII. Parteikongreß der KPR(B) im März 1918 vorgelegt wurde, ganz klar:

»Auf dem Gebiet der Verteilung besteht die Aufgabe der Sowjetmacht gegenwärtig darin, unentwegt daran weiterzuarbeiten, den Handel durch die planmäßige, im gesamtstaatlichen Maßstab organisierte Verteilung der Produkte zu ersetzen. Das Ziel ist, die gesamte Bevölkerung in Produktions- und Konsumkommunen zu organisieren, die in der Lage sind, bei strenger Zentralisierung des gesamten Verteilungsapparats alle notwendigen Produkte so schnell, planmäßig und sparsam wie möglich und mit geringstem Arbeitsaufwand zu verteilen.«[2]

Hier zeigen sich bereits schwerwiegende theoretische Vereinfachungen, welche auf ein Ignorieren objektiv nicht zu beseitigender Ursachen für eine notwendige Existenz von Marktbeziehungen, auch unter sozialistischen Eigentumsbedingungen, hinweisen. Einige von ihnen kamen Lenin noch zum Bewußtsein, und er versuchte sie durch praktische Änderungen zu überwinden; andere aber konnte er nicht mehr aufdecken, da sie noch außerhalb seiner Erfahrung blieben, sich erst mit einer entwickelten Industrieproduktion einzustellen begannen.

Eine sehr ernste negative Eigenschaft Lenins, die auch charakteristischer Zug aller seiner Nachfolger und der meisten Führer der kommunistischen Bewegung wurde, war seine sehr autoritäre und unnachgiebige praktische Umsetzung bestimmter theoretischer Ansichten, die er als richtig empfand. Seine durchdringende theoretische und polemische Begabung bestärkte ihn immer wieder in seiner Überzeugung von der Richtigkeit einmal fixierter Ziele und in seiner harten, geradezu unversöhnlichen Einstellung zu oppositionellen Ansichten. Hinter Lenins revolutionärer Zielstrebigkeit stand ein unerhörter Wille, wobei es ihm – im Unterschied zu seinen Nachfolgern – bestimmt um »die Sache« und nicht um persönliche Macht ging.[3] Dieser schier fanatischen revolutionären Zielverfolgung »erkannter Notwendigkeiten« entsprang auch seine Intoleranz, die ihn zu ungenügender Beachtung berechtigter Einwände und konträrer Ansichten bewog. Zweifel an der revolutionären Entwicklung in Rußland, auch aus sozialistischen Reihen, lehnte Lenin zumeist brüsk ab. Nach der Machtergreifung bezeichnete er Ansichten theoretischer Gegner voreilig als Äußerungen des Klassenfeinds, obwohl es sich oft um Vorschläge unterschiedlicher Formen und Arten des Aufbaus einer sozialistischen Gesellschaft handelte, über deren Charakter und Organisation nicht genügend erforschte und durchdiskutierte Vorstellungen existierten.[4]

Da es sich nicht um unbedeutende Experimente, sondern um den Umbau eines riesigen Gesellschaftssystems handelte, mit dem über das Schicksal von Millionen von Menschen (und indirekt der Menschheit) entschieden wurde, konnte ein anderer, positiver Charakterzug Lenins – Irrtümer und Fehlschlüsse öffentlich einzugestehen und sie zu korrigieren – die eigene »revolutionäre Ungeduld« (Wolfgang Harich)[5] nicht immer hinreichend aufwiegen. Aber erst bei seinen Nachfolgern, denen nicht nur die notwendigen theoretischen Fähigkeiten, sondern vor allem der Mut zum öffentlichen Eingeständnis von Fehlern und zu Kursänderungen fehlten, wird die Intoleranz gegenüber abweichenden Meinungen und bei der Formulierung von Ideen und Vorstellungen sowie die rücksichtslose Durchsetzung vereinfachter und veralteter Theorien in die Praxis zu einem katastrophalen Charakterzug der kommunistischen Führung.

Folgende wesentlichen theoretischen, in die Praxis umgesetzten Vereinfachungen – teilweise noch eingestanden, teilweise beibehalten –, sind in den Anfängen des »sozialistischen« Aufbaus bei Lenin zu verzeichnen:

a) die Vorstellung einer von Privatbauern getragenen, marktlosen Beschaffung und Zentralisierung landwirtschaftlicher Produkte sowie ihrer staatlichen Verteilung, bei gleichzeitiger Verteilung von Industrieprodukten auf dem Land und Abschaffung des Geldes;[6]

b) die Vorstellung von einer allgemeinen Arbeitspflicht (sogar für die Kleinbauern) sowie der von oben gelenkten Zuteilung von Arbeit an alle arbeitsfähigen Menschen;[7]

c) die Vorstellung, daß die Industriebetriebe mit Hilfe der Zentralorgane (ohne Marktbedingungen) die gesellschaftlich benötigte Produktion sichern können;

d) die Vorstellung, daß Bürokratisierung bei Zentralisierung der Leitungstätigkeit ein notwendiges Übel sei, bedingt durch das niedrige Kulturniveau in Rußland, welches nur durch Hebung der allgemeinen Bildung und eine Erweiterung staatlicher Kontrolltätigkeit überwunden werden könne.[8]

Sehr bald mußte Lenin auf Grund praktischer Erfahrungen einsehen, daß die beiden erstgenannten theoretischen Vorstellungen falsch waren. Er hat seine Irrtümer öffentlich eingestanden und eine tiefgreifende Änderung im ganzen Wirtschaftssystem in die Wege geleitet. Die Fehlerhaftigkeit der unter c) und d) angeführten Vorstellungen kam ihm freilich nicht mehr zum Bewußtsein. Und gerade sie werden bis heute aufrechterhalten, obzwar ihre schwerwiegenden gesellschaftlichen Folgen längst hätten erkannt werden müssen. Heute hängt dies allerdings nicht mehr von Erkenntnisschwierigkeiten ab, sondern das krampfhafte Festhalten an offensichtlich Falschem ist notwendiges Ergebnis der herrschenden bürokratischen Machtstrukturen.

Die bolschewistische Führung mit Lenin an der Spitze mußte vor allem die Notwendigkeit von Marktbeziehungen mit dem kleinbäuerlichen Dorf einsehen.[9] Denn es gelang nicht, von den Bauern die benötigten landwirtschaftlichen Produkte zu bekommen, weder auf dem Weg freiwilliger Abgaben noch durch Zwangsrequisitionen. Es zeigte sich vielmehr, daß der Tauschhandel (in natura) im Vergleich zum Geldaustausch einen Schritt zurück bedeutete, weil er den Bauern keine so breite und unabhängige Einkaufsmöglichkeit nach eigener Entscheidung mehr bot und daher auch ihre Produktion nicht stimulierte. So mußten die staatlichen Institutionen zu normalem Einkauf dieser Produkte für Geld zurückkehren, der es den Bauern überließ, nach eigener Wahl Industrieprodukte zu erstehen. Der Geldumlauf erwies sich als Grundvoraussetzung jeglicher weiteren landwirtschaftlichen wie auch industriellen Produktionsentwicklung.[10]

Der Übergang zur »neuen ökonomischen Politik« (NEP) im Jahre 1921 war der praktische Ausdruck jener theoretischen Einsicht, daß weder eine direkte staatliche Produktverteilung noch ein staatlicher Arbeitszwang die Deckung der gesellschaftlichen Bedürfnisse zu sichern vermag. Statt des direktiven Produktaustausches zwischen Stadt und Land wurde nun die Entwicklung von geldabhängigen Marktbeziehungen angestrebt. Dies führte sogar zur Benützung vollwertigen Geldes, begleitet von einer entsprechenden Inflationsbekämpfung, sowie zur Einführung einer goldkonvertiblen Währung gegenüber dem Ausland (zolotyj tscherwonec).

Auch die Mängel der allgemeinen Arbeitspflicht und die Unmöglichkeit, die notwendige Arbeitsinitiative durch Arbeitskontrollen und moralischen Ansporn zu erreichen, sah Lenin klar ein. Eine Arbeitspflicht schafft nicht das nötige Interesse an der Arbeitsentwicklung und vermag überhaupt keine Qualifikationsförderung oder flexible Tätigkeitsänderungen zu bewirken. Nur die freiwillige Arbeit – und das bedeutet gleichzeitig freiwillige Annahme und Aufgabe der Arbeit – auf der Basis des Eigeninteresses des Menschen kann eigene Arbeitsinitiative hervorrufen. Lenin begann daher, nicht nur die Bedeutung der materiellen Entlohnung in Form von Geld, sondern auch die *Vorrangigkeit dieses materiellen Ansporns* (im Vergleich zum moralischen) für eine historisch lange Entwicklungsetappe der sozialistischen Gesellschaft zu betonen.[11]

In der Hervorhebung der Bedeutung des »Chozrastschot« (wirtschaftliche Rechnungsführung in den Betrieben) drückte sich schon die Einsicht aus, daß ganze Betriebskollektive die sparsamste Wirtschaftlichkeit verfolgen und an ihr interessiert sein müßten. Aber die Folgerung, daß die Produktion in den Betrieben von den zentralen Organen nicht konkret fixiert werden kann und daß ohne Marktbedingungen der »Chozrastschot« allein die Betriebe weder zur effektivsten noch zu einer gesellschaftlich benötigten Produktion führt, zog Lenin nicht mehr.

Obzwar er immer die Wichtigkeit einer Kontrolle über das Maß der Arbeit und der Konsumtion hervorgehoben hatte[12], sah Lenin nicht mehr deutlich genug, wie ungemein kompliziert der Inhalt des Begriffs *Arbeit* ist: denn Arbeit kann in ihrer allseitigen, quantitativen und qualitativen gesellschaftlich erforderlichen Entwicklung von keinem zentralen Organ geplant und kontrolliert werden. So wurde sein vielleicht entscheidender Fehler eine wesentliche Unterschätzung der Eigeninteressen und der Initiative von Betriebskollektiven bei der progressiven Entwicklung der technischen, wirtschaftlichen und qualitativen Seite der Produktion sowie ihrer mikrostrukturellen Flexibilität. Es war das Unverständnis gegenüber der positiven Funktion vom Marktdruck auf die Effektivitätsentwicklung der Betriebe und dessen Unersetzlichkeit als objektivierender Faktor der subjektiven Produktionsentscheidungen einzelner sozialistischer Betriebe für eine relativ lange Periode gesellschaftlicher Entwicklung. Freilich: es existierten in dieser Zeit noch ungenügende Erfahrungen mit der Entwicklung der sozialistischen Industrieproduktion, und so befand sich Lenin allzusehr im Bann von Vorstellungen über die ausgedehnten Leitungsmöglichkeiten des sozialistischen Staates. Deshalb verstand er auch die erneute Einführung von Marktbeziehungen nur als ein Zugeständnis an den kleinbürgerlichen (bäuerlichen) Charakter Rußlands, der für eine voll sozialisierte Produktion keine Geltung mehr haben sollte.

Diese ernsten Fehleinschätzungen: *die Überbewertung der Leitungsmöglichkeiten und der Fähigkeiten des Staates, das Nichtverständnis für die Notwendigkeit von Marktbeziehungen auch bei einer voll sozialisierten Produktion und besonders das Nichtbegreifen der Ursachen einer spezifischen Bürokratisierung des Staats und der Partei infolge einer völligen Zentralisierung und Monopolisierung der Macht und allmählichen Beseitigung demokratischer Grundprinzipien aus dem politischen Leben, sollten eine schicksalhafte Wirkung auf die weitere gesellschaftliche Entwicklung haben.*

Obwohl Lenin während der letzten Jahre seines Lebens die stark anwachsende Bürokratie sowohl des Staates als auch der Partei erschreckte[13], war er nicht mehr imstande, den Zusammenhang dieses Phänomens mit dem hochzentralisierten und monopolisierten politischen System, an dessen Etablierung er selbst mitgewirkt hatte, einzusehen. So glaubte er auch, daß all dies vom kleinbürgerlichen Charakter der überwiegenden Bevölkerung und deren niedrigem Kulturniveau herrühre. Als wichtigste Gegenmaßnahme forderte er deshalb eine langfristige Erziehung und die Ausdehnung der Arbeiter-Bauern-Inspektion und -kontrolle. Daß diese Bürokratisierung auch in industriell und kulturell hochentwickelten Ländern eintritt, wenn dort ähnlich monopolisierte politische Machtsysteme eingeführt werden, daß dagegen keine noch so breite Kontrolltätigkeit hilft, konnte er nicht mehr beobachten.

Der Bürokratisierungsprozeß

Selbstverständlich hatte die anfängliche Zentralisierung der Leitungstätigkeit im postrevolutionären Rußland auch bestimmte Voraussetzungen, worauf von den Verteidigern des zentralistischen Systems immer wieder hingewiesen wird. Doch schon der Versuch, die objektiv auftauchenden Schwierigkeiten mittels zentralisierter machtmäßiger Entscheidungen zu überwinden, ist der Ausdruck simplifizierter Planungs- und Leitungsvorstellungen und eines überforderten Machtanspruchs der Partei. Die jahrelang gehegte Vorstellung, daß allein die kommunistische Partei die Interessen der Werktätigen erkennen und durchsetzen könne, führte zu einem übertriebenen Mißtrauen gegenüber oppositionellen Ansichten, ihrer immer rücksichtsloseren Unterdrückung und schließlich – unter Stalin – zum Massenterror. Jedoch lassen sich die Anfänge dieses Prozesses bereits unter Lenin beobachten.

In dem wirtschaftlich durch Krieg und Bürgerkrieg zerstörten Land fehlten zunächst alle Produkte, Rohstoffe, Lebensmittel, Transportmittel usw. Anfangs konnte hier nur ein staatliches Verteilungssystem Abhilfe schaffen. Auch die ungeheuer gesunkene Arbeitsmoral – nicht nur infolge der langen Kriegsjahre, sondern auch infolge falsch verstandener revolutionärer Errungenschaften – verlangte schärfere Arbeitskontrollen und einen zielbewußten Kampf gegen ökonomische Verantwortungslosigkeit, die besonders bei den revolutionären Kollektivleitungen (obezlitschka) zu beobachten war.[14]

Katastrophal wirkte sich der Mangel an Fachkräften aus. Im industriell und kulturell wenig entwickelten Rußland gab es ohnehin nur wenige wirtschaftlich und technisch vorgebildete Fachleute, die zudem überwiegend als Angehörige der

alten regierenden Klassen galten und nicht mehr das Vertrauen der Arbeiter besaßen. Als konterrevolutionäre Elemente bezeichnet, wurden sie größtenteils ihrer Posten enthoben, soweit sie nicht selbst das Land verlassen hatten.
Diese Situation begünstigte eine allgemeine Konzentration und Zentralisation, die – durch vereinfachte theoretische Annahmen gerechtfertigt – nur allzu willige Befürworter fand. Der Mangel an verläßlichen Führungskräften für die niedrigeren Produktionsleitungsorgane, das schwer durchsetzbare Prinzip der Einmannleitung, der primitive »Versammlungsdemokratismus« und schließlich der Produktionsmittelmangel – dies alles führte zur dauernden Stärkung übergeordneter und zentraler Leitungsapparate: denn sie hatten die Produktionsmittel, Arbeitskräfte, Geldmittel und Produktionsaufgaben zu verteilen, die Leitungsfunktionen in den niedrigeren Wirtschaftsinstanzen zu besetzen und ihre Tätigkeit bzw. Aufgabenerfüllung zu kontrollieren.
Eine solche zunehmende Konzentration wirtschaftlichen »Managements« in übergeordneten Organen, begleitet von einer immer stärkeren Zentralisierung der »letzten Entscheidungen« in den Parteiapparaten, mußte natürlich zu einer schnell anwachsenden Bürokratie führen. Der Mangel an objektiven und subjektiven Voraussetzungen für eine komplexe und übersichtliche Führung, die Unfähigkeit einzelner, die immer komplizierteren ökonomischen Zusammenhänge zu verstehen und die Fülle von Informationen und Aktionen zu bewältigen, bewirkte wachsende Arbeitsteilung innerhalb des je eigenen Tätigkeitsbereichs. Dieses Zersplittern in administrative Teilaufgaben und das Ersetzen von Qualität durch Quantität machten es noch schwieriger, die einzelnen Aktivitäten zu übersehen und zielbewußt zu koordinieren. Der eigentliche Sinn und Inhalt der Führungsaufgaben verlor sich immer mehr, während der for-

melle Selbstzweck des Administrierens um sich griff.[15] Es kam zu Barrieren zwischen den einzelnen Ressorts des Apparats, zur Doublizierung von Arbeiten; der Papierkrieg wuchs unvermeidlich an; eine immer weitere Isolierung des Apparats, zunehmende Unwirtschaftlichkeit und nicht zu berechnende Verluste waren die Folge.[16]

Je verzweigter und ausgedehnter der Staatsapparat wurde und demzufolge immer mehr auch Beamte eingesetzt werden mußten, die der kommunistischen Partei nicht angehörten, und je stärker die öffentlichen Kritiken gegen den Bürokratismus der Staatsorgane anwuchsen, desto mehr suchte die kommunistische Partei die Staatsbürokratie unter ihre Kontrolle zu bringen. Man war gewillt, den Bürokratismus der feindlichen Tätigkeit nichtkommunistischer oder sogar konterrevolutionärer Beamter zuzuschreiben und suchte daher den Ausweg in der verschärften Kontrolle durch die Partei. Dies bedeutete jedoch nichts anderes, als daß man immer stärker den Parteiapparat ausbaute, dessen Funktion die Lenkung und Kontrolle des Staats- und Wirtschaftsapparates sein sollte. Ein jedes Staatsressort, eine jede öffentliche Tätigkeitssphäre wurde durch eine spezielle Abteilung des zentralen und regionalen Parteiapparates bewacht. Damit wuchs aber wieder dieser Parteiapparat ungemein an, sein Tätigkeitsbereich wurde immer breiter und komplizierter, und die Mitarbeiter dieses Apparates – zu den politisch verläßlichsten Kommunisten zählend – bürokratisierten sich in zunehmendem Maße. Es entstand eine Superbürokratie innerhalb der übrigen Bürokratie.

Gleichzeitig damit entwickelte sich ein spezifisch bürokratisches Interesse. Allein der Machtcharakter des Apparats, die Möglichkeit über die Besetzung aller untergeordneten Funktionen, über die materielle Grundlage und Aufstiegschancen anderer Menschen, über die Zuteilung lebenswichtiger Güter zu befinden, sowie die größtenteils nicht aufzudeckende Willkür und Eigenmächtigkeit vieler Entscheidungen – alles dies rief bei vielen das Gefühl sozialer Bedeutsamkeit und Attraktivität der Zugehörigkeit zu diesem Apparat hervor. Es begann der Kampf um höhere Positionen auch innerhalb des Parteiapparats; daraus wiederum resultierte fast gesetzmäßig seine Selbstentfaltung, die Bildung weiterer Abteilungen, Sektionen – und damit erneute Karrieremöglichkeiten.

Bereits kurz nach der Revolution formierte sich eine starke Arbeiteropposition gegen diese Bürokratisierung der politischen und staatlichen Leitung, die sich sowohl aus Kommunisten als auch Nichtkommunisten zusammensetzte, und die alsbald die stärksten Positionen innerhalb der Gewerkschaften innehatte. Sehr schnell entdeckten die Arbeiter nicht nur die Loslösung des bürokratischen Apparats vom realen Leben, den Schematismus, die Starrheit, die innere Widersprüchlichkeit und ressortmäßige Begrenztheit, die Zwecklosigkeit und Schädlichkeit vieler Direktiven und Anordnungen, sondern auch die Gegensätzlichkeit zu eigenen Interessen. Sie erkannten allmählich die Unmöglichkeit, diese eigenen Interessen gegen die des Apparats und der politischen Macht durchzusetzen.

Vor allem vermehrten sich die Erfahrungen, daß konkrete Kritik der bürokratischen Vorschriften und Vorgänge nichts half, daß den Arbeitern die nötigen Informationen, Fachkenntnisse und das Verständnis für die Zusammenhänge fehlten. So erkannten die Arbeiter, daß die Inhaber von Macht- und Führungsaufgaben sich gegenseitig unterstützen und über Mittel verfügen, ihre Kritiker zum Schweigen zu bringen; daß die meisten in Machtfunktionen nicht wirklich gewählt, sondern immer von einem höheren Machtapparat eingesetzt werden. Die antibürokratischen oppositio-

nellen Forderungen suchten daher die Lösung in einer Demokratisierung der Leitung, und zwar in Form von kollektiven Führungen der Betriebe und aller überbetrieblichen
Organe.[17]

Obzwar Lenin 1918 im Konzept zum Entwurf des Partei-
programms als leitende Organe der sozialistischen Produktionsorganisation die Arbeitsorganisationen (Gewerkschaften, Betriebsräte usw.) vorgeschlagen hatte[18], änderte er
allmählich seine Einstellung zu diesen kollegialen Leitungsorganen. Vor allem mißtraute er den Arbeiterräten und sah
in ihnen immer mehr Zirkel, die sich gegen die Bevormundung der Arbeiter durch den kommunistischen Parteiapparat und die zentralisierte bürokratische Wirtschaftsverwaltung stellten und in die zunehmend nichtkommunistische
Arbeiter als Mitglieder gewählt wurden. Deshalb versuchte
er noch 1919, diese Arbeiterräte durch Gewerkschaften zu
ersetzen und diesen die Verbindung von den staatlichen Leitungsorganen zu den Arbeitern zuzuweisen.[19]

Er, und noch stärker Trotzki, verfolgten immer konsequenter eine Art Militarisierung der Produktionsleitung. Produktionsaufgaben sollten den Betrieben, Arbeitsaufgaben
den einzelnen Arbeitern zugewiesen werden. Im Interesse
der Produktionssteigerung und Überwindung der wirtschaftlichen Misere sollten diese »Zuteilungen« den Charakter konsequenter militärischer Befehle von oben nach
unten, von staatlichen Wirtschaftsorganen über verantwort-
liche Direktoren bis zu den einzelnen Arbeitern hin, erhalten. Die direkte Arbeiterdemokratie sollte einer diszipli-
nierten, hierarchisch organisierten, vom Staatszentrum bis
in jeden Betrieb hineinreichenden Befehlsorganisation weichen.[20] Dabei rechnete man mit der Gewerkschaft als mit
jener Massenorganisation der Arbeiter, die die Tätigkeit der
staatlichen Leitungsorgane in ihrem »Befehlscharakter«

dadurch unterstützen sollte, daß sie die arbeitenden Massen von der gesellschaftlichen Notwendigkeit der staatlichen Leitungsdirektiven überzeugen und die Arbeitstätigkeit und Produktionsresultate kontrollieren helfen sollte. Die damit verbundene Änderung von Gewerkschaftsaufgaben: von der Verteidigung unmittelbarer Lohn- und Arbeitsbedingungsinteressen der Arbeiter zur Organisation von Produktionsaufgaben, der Mobilisation für ihre Erfüllung und der Kontrolle der Arbeitsentwicklung, war der Grund für wachsende Bürokratisierung der Gewerkschaften selbst.

Alsbald mußte die Frage geklärt werden, ob die Produktionsleitung in den Betrieben gewählten Gewerkschaftsorganen oder von oben eingesetzten Direktoren obliegen sollte. Während Lenin gegen den »Versammlungsdemokratismus« der kollegialen Organe in der Produktion immer mehr die Notwendigkeit eingesetzter, alleinverantwortlicher Direktoren hervorhob und daher auch nicht die Arbeiterräte durch neue kollegiale Gewerkschaftsorgane als Leitungsorgane ersetzt sehen wollte, versuchte die »Arbeiteropposition«, repräsentiert durch Schlapnikow, der auch Mitglied des Zentralkomitees der Partei war, die kollektive Produktionsleitung mit Hilfe von Gewerkschaftsräten aufrechtzuerhalten. In der Arbeiteropposition kam die starke, antibürokratische Einstellung der Arbeiter wie auch all jener Intellektuellen, die für eine Demokratisierung des Systems kämpften, voll zum Ausdruck. Die Gewerkschaften sollten der Arbeiteropposition gemäß nicht nur die Produktion in den Betrieben, sondern mit Hilfe gewählter überbetrieblicher Organe, bis hin zu einem gewählten zentralen volkswirtschaftlichen Organ, auch die gesamte Wirtschaft planen und leiten. Es war ein Kampf um eine konsequente Wirtschaftsdemokratisierung und wirtschaftliche Selbstverwaltung der Arbeiter.

Lenin sah in dieser Arbeiteropposition eine Gefährdung der sozialistischen Revolution, da sie seiner Überzeugung zuwiderlief, daß nur eine straffe Staatsorganisation unter Führung der kommunistischen Partei eine den Interessen der Arbeiter entsprechende Produktions- und Wirtschaftsentwicklung sichern könne. Hinter allen von der Partei nicht ausgesuchten und eingesetzten Funktionären konnten sich für den Sozialismus unzuverlässige oder sogar antisozialistische Kräfte verbergen, und daher mußten auch die Vorschläge der Arbeiteropposition bekämpft und unterdrückt werden. Die Diskussion darüber beschäftigte die Partei von Ende 1920 bis zum Frühjahr 1921, wobei Lenin sich, unterstützt hauptsächlich von Sinowjew, schließlich gegen die Arbeiteropposition durchzusetzen vermochte. Zum einen war diese Entscheidung Lenins Persönlichkeit, zum anderen aber auch der tatkräftigen Unterstützung durch den Parteiapparat zuzuschreiben, dessen Interessen hier verteidigt wurden; den langfristigen Interessen der Arbeiter entsprachen Lenins Argumente jedenfalls nicht.

Sowohl von seiten der Gewerkschaft (bei der Formulierung der Forderung nach kollektiver Führung) als auch von seiten der Parteiführung und besonders Lenins wurden in dieser Diskussion zwei verschiedene Prozesse vermischt, deren klare Unterscheidung äußerst wichtig ist (auch wenn beide eng zusammenhängen): erstens der Prozeß der konkreten, operativen Leitung der Produktion, und zweitens die demokratische Aufsicht und Kontrolle dieser Leitung sowie die Auswahl der leitenden Personen.

Nach außen wurde die Diskussion quasi um das Problem der Leitung durch Kollektive oder durch einzelne Personen geführt. Während die Gewerkschaftsvertreter ständig die Wichtigkeit von demokratischen, kollektiven Führungs- bzw. Verwaltungsorganen bis hinab in die Betriebe betonten, wobei es ihnen gar nicht so sehr um die Verneinung der operativen Leitungstätigkeit durch einzelne Personen als um ihre Unterstellung unter demokratisch gewählte Kollektivorgane ging[21], argumentierte Lenin nur mit dem Prinzip der »Einmannleitung«.

Er hob die Notwendigkeit der Leitung der Produktion durch einen hochqualifizierten und durch Fachkenntnisse ausgewiesenen Direktor hervor und kritisierte die Verantwortungslosigkeit der Kollektive sowie das Ersetzen eines fachlichen Managements durch mechanisches Administrieren.[22]

Die Betonung der Vorteile der Produktionsleitung durch einen Direktor gegenüber einer Kollektivleitung war und ist weiterhin ohne Zweifel richtig; dagegen konnte auch damals schwerlich ein durchschlagender Einwand gefunden werden. Lenins Überlegung, daß die Koordination der Produktion, der Transporte und so weiter die Verantwortung und Entschlossenheit einer Person erfordere, während eine kollektive Leitung Unverantwortlichkeit und Unentschlossenheit bewirke, war kaum zu widerlegen.[23] Doch schon damals, wie auch des öfteren noch später, war dies nicht die zentrale Frage. Es ging vielmehr darum, wer einen solchen Direktor auswählen, einsetzen, kontrollieren und eventuell auch absetzen, wem die Betriebsdirektoren unterstellt sein beziehungsweise wer die Interessen der Arbeiter unmittelbar in den Betrieben zu vertreten haben sollte. In Wirklichkeit stießen hier nicht die Vorstellungen einer »Einmannleitung« und einer »Kollektivleitung« aufeinander, sondern die Verfechter der »führenden Rolle der Partei« und die Verfechter von »antibürokratischen, demokratischen Selbstverwaltungen der Arbeiter«.[24]

Die Identifizierung der operativen Leitung der Produktion, welche zweifelsohne jeweils qualifizierte Fachleute braucht, mit der kollektiven Selbstverwaltung der Arbeiter und die

Ablehnung derselben unter dem schmählichen Vorwurf einer »kleinbürgerlichen, anarcho-syndikalistischen Ausrichtung« (seither regelmäßig gegen jeden Versuch einer Einführung von Arbeiterräten angewandt) vermochten allerdings die Berechtigung solcher Selbstverwaltungen nicht zu widerlegen. Prinzipielle Entscheidungen über langfristige Entwicklungen der Betriebe, über Entwicklungsalternativen, langfristige Beurteilungen der Leitungstätigkeit und ihrer Resultate, Lösung von Widersprüchen zwischen dem Betriebskollektiv und der Betriebsleitung und so weiter werden nur von Zeit zu Zeit gefällt beziehungsweise angenommen und stören die operative Leitung nicht. Dasselbe gilt von der Kontrolltätigkeit. All dies können und sollten kollektive, demokratisch gewählte Betriebsorgane durchführen.

In der unmittelbaren nachrevolutionären Zeit konnte noch eingewandt werden, daß die Arbeiterklasse für eine so prinzipielle Entscheidungs- und Kontrolltätigkeit nicht genügend vorgebildet sei. Aber dieses Argument hätte nach einigen Jahren sozialistischer Entwicklung wegfallen müssen, abgesehen davon, daß die Arbeiter und Angestellten nicht nur durch theoretische Schulung, sondern auch und vor allem durch praktische Erfahrungen die notwendigen Kenntnisse und Fähigkeiten erlangen können. Aber schon bei den damaligen Diskussionen zeigte sich, daß die Hauptursache der Unterdrückung von kollektiven, demokratisch gewählten Betriebsorganen begründet war im politischen Mißtrauen gegenüber der Arbeiterklasse, noch mehr in der Überschätzung der Reife wie auch der geistigen und moralischen Fähigkeiten der kommunistischen Partei. Diese Fehleinschätzung war verbunden mit einem folgenschweren Ignorieren der wachsenden Bürokratisierung der Partei selbst infolge ihrer monopolistischen Machtstellung sowie mit einer immer erbarmungsloseren Unterdrückung aller unterschiedlichen politischen Ansichten und Parteien.[25] Theoretisch war dies das Resultat einer Nichtbeachtung bestehender gesellschaftlicher und sozialer Interessensgegensätze sowie des Entstehens spezifisch bürokratischer und vor allem machtbedingter Interessen bei jenen, die Leitungs- und Machtfunktionen innehatten, welche durch Erziehung oder Kritik von unten nicht zu überwinden waren. Diese Unterschätzung von spezifischen Interessen und Interessenwidersprüchen innerhalb des Volks – und vor allem zwischen Leitenden und Geleiteten – durch die Marxisten, die stets und mehr als andere die Rolle antagonistischer Klasseninteressen betonten, hängt höchstwahrscheinlich mit der einseitigen Beachtung eben nur dieser Klassengegensätze zusammen. Alle sozialen Differenzierungen und Interessenwidersprüche, welche nicht den Gegensatz zwischen Lohnarbeit und Kapital ausdrücken, wurden weitgehend ignoriert.

Zugleich läßt sich aber nicht nur diese theoretische Schwäche feststellen; dominant waren auch die Machtaspirationen von Arbeiterführern, welche sich an der eigenen »Unfehlbarkeit« und »Autorität« berauschten, was sie daran hinderte, die immer wieder erwachsenden Widersprüche zwischen den Massen und dem Machtapparat zu sehen. Ihre Überzeugung von der alleinigen Richtigkeit der eigenen Erkenntnisse übertrugen sie auf die von ihnen geführte Partei. Ebendies existierte in einem hohen Maß auch bei Lenin; und ebendieser Haltung entsprang auch seine Überschätzung der »erkennenden« und »führenden« Rolle der kommunistischen Partei, seine fanatische Überzeugung, daß nur diese Partei die Arbeiter führen könne, daß alle demokratisch direkt gewählten Organe der Arbeiter oder Produzenten nur gegen den Sozialismus gerichtet sein könnten.[26]

Lenin ignorierte die Ohnmacht der Arbeiter gegenüber der Interesseneinheit der Bürokratie, die in allen wichtigen Entscheidungen und Postenbesetzungen zutage trat, den ganzen Parteiapparat – über die staatlichen Verwaltungsorgane bis zu den eingesetzten Direktoren – erfaßte und von den Arbeitern nicht kritisiert und überwunden werden konnte. Obwohl Lenin von der gewaltigen Bürokratisierung der Partei sprach, verlangte er von dieser Partei die Bekämpfung des Bürokratismus, während er alle anderen außerparteilichen Organisationen und Gruppierungen, die die Forderungen der Arbeiter verteidigten, als Klassenfeinde anprangerte. Er konnte und wollte nicht mehr sehen, daß kommunistische Funktionäre angesichts der Unterdrückung jeglicher Opposition zu den Hauptträgern bürokratischer Willkür wurden und daß sie unter dem Deckmantel des Kampfs gegen Klassenfeinde in Wirklichkeit jede Kritik innerhalb der Arbeiterschaft unterdrückten.

Die verbale Forderung nach Überwindung der Bürokratie mit Appellen an die Partei verbinden hieß deshalb, den Teufel mit Beelzebub austreiben zu wollen, und führte zu einer dauernden Stärkung des Partei- und Kontrollapparats. Auf der anderen Seite wurden die ursprünglich in der Theorie wenn auch sehr spärlich vorhandenen »demokratischen« Vorstellungen von einer sozialistischen Gesellschaft in der Praxis völlig begraben. Und damit verschwand das Interesse der Arbeiterkollektive an einer progressiven Entwicklung der Produktivkräfte, welches die Arbeiteropposition vor allem im Auge hatte.[27]

Undemokratische Entwicklung

Jede demokratische Chance für das arbeitende Volk, wie sie ursprünglich von Lenin gefordert wurde und noch in seinem Programmentwurf für den VII. Parteikongreß der KPR(B) enthalten ist[28], wurde in Wirklichkeit in ihr Gegenteil verkehrt. Alle Möglichkeiten einer politischen Manifestation des Volks, die Fixierung und Durchsetzung seiner Ansichten, seiner Wünsche und seines Willens wurden der kommunistischen Partei unterstellt. Außerhalb der Partei, ihrer Ideen und ihrer Anordnungen konnten sich keine Initiative und keine Absicht der Bevölkerung durchsetzen. Diskussionen, Kritik, Vorschläge, Wahlen von Repräsentanten usw. konnten nur nach Zustimmung und unter der Kontrolle von Parteiorganen, aber nicht gegen deren Willen erfolgen. Jedwede nicht von der Partei genehmigte Aktion der Arbeiter wurde als antiparteiliche und antisozialistische Aktion aufgefaßt und unterdrückt.

Die Vorstellung, daß nur die Partei als einzige politische Organisation die ungeheuer breite Skala konkreter menschlicher Wünsche, Interessen, Vorstellungen und Vorschläge erfassen und ausdrücken kann, daß sie die politische Initiative der gesamten Bevölkerung ersetzen kann, ist an und für sich schon nicht real, undemokratisch: sie nimmt den Menschen die Möglichkeit, eine andere Meinung vorzubringen, als sie von den Organen der Partei fixiert wurde, sowie anderen Repräsentanten ihr Vertrauen zu schenken als den von der Partei vorgeschlagenen oder genehmigten. Dies ist eine unerhörte Diskriminierung der Werktätigen und bedeutet praktisch die Eliminierung der Mehrheit des Volks aus der Politik beziehungsweise ihre Umwandlung in eine passive, manipulierte und politisch entfremdete Masse. Gleichzeitig wurden damit einem kleinen Teil der Bevölkerung Privilegien eingeräumt, welche diesen schon allein dadurch in einen Gegensatz zu den anderen arbeitenden Menschen bringen müssen.

Dieser Zustand kann von der Mehrheit der Bevölkerung nicht anerkannt und schon gar nicht freiwillig akzeptiert werden, denn er verkörpert den Gegensatz zwischen politisch Berechtigten und politisch Nichtberechtigten, zwischen Dirigierenden und Dirigierten. Die Ablehnung des Vorgehens der kommunistischen Partei, der Nichteintritt in die Partei bedeutete die Gefahr des Ausscheidens aus jeglichem aktiven politischen Leben, allenfalls die Reduktion zur passiven, »geführten« Tätigkeit in der Gewerkschaft oder einer anderen gesellschaftlichen Organisation. Schon aus diesem Grund konnte von der lautstark proklamierten »volleren Demokratie« keine Rede sein: in Wirklichkeit wurde statt der »Demokratie für die Mehrheit« eine neue *Diktatur der Minderheit über die Mehrheit* geschaffen.

Die immer wieder hervorgehobene These, daß die »Diktatur der Bourgeoisie gegenüber dem arbeitenden Volk als Diktatur der Minderheit über die Mehrheit« sich in die »Diktatur des Proletariats, das heißt eine Diktatur der arbeitenden Mehrheit über die bürgerliche Minderheit«, verwandelt, war historisch von Anfang an falsch und hat in der Praxis aller »sozialistischen Staaten« zur *Diktatur der bürokratischen Macht über das arbeitende Volk* geführt. Sobald die Arbeiter in ihrer Unzufriedenheit mit dem Vorgehen von Kommunisten sich anderen Fürsprechern und Repräsentanten zur Durchsetzung ihrer Anschauungen und Forderungen zuwandten, wurden sie der Unterstützung antisozialistischer Elemente bzw. konterrevolutionärer Absichten bezichtigt.[29] Auch wenn die Arbeiter noch so sehr ihre Treue zu den sozialistischen Prinzipien beteuerten, auch wenn sie betonten, daß sie das sozialistische System verteidigen und es ihnen nur um die Beseitigung seiner bürokratischen Auswüchse und der korrumpierten Funktionäre gehe, die sich größtenteils auf die Legitimation der kommunistischen Partei berufen; auch wenn sie lediglich geheime demokratische Wahlen von Repräsentanten verlangten, denen sie wirklich vertrauten und die nicht vom bürokratischen Apparat geprägt waren[30] – immer wurden solche Forderungen als »konterrevolutionär« bezeichnet und gewaltsam, oft sehr blutig niedergeschlagen.[31]

Seit dem Aufstand von Kronstadt haben parteilose Arbeiter und Bauern unzählige Male versucht, sich auf diese oder jene Weise gegen die Bevormundung und das bürokratische Diktat kommunistischer Funktionäre zur Wehr zu setzen: über Proteste, Revolten und Aufstände innerhalb der Sowjetunion bis zu den Aufständen der ungarischen, polnischen, tschechoslowakischen Arbeiter. Nie wurde über die wirkliche Ursache dieses Widerstands arbeitender Menschen, die ja als herrschende Klasse eigentlich andere Möglichkeiten der Beseitigung ihrer Unzufriedenheit haben sollten, offen gesprochen. So wie im Falle Kronstadts wurde immer wieder nur die Kleinbourgeoisie und ihre Unzufriedenheit mit der materiellen Lage als Grund angegeben, wobei man nie vergaß, der Bourgeoisie im Ausland die Hauptschuld zuzuschreiben.[32]

Daß es aber ebenso wie in Kronstadt immer wieder Arbeiter waren, die in ihren Reden, Proklamationen, Aufrufen ihre verzweifelte Ohnmacht gegenüber dem bürokratischen Diktat zum Ausdruck brachten, sich dabei jedoch ganz klar vom Kapitalismus und seinen Repräsentanten absetzten, wurde und wird verschwiegen. Niemand konnte erklären, warum die ausländische Bourgeoisie bzw. die politische Emigration weit größeren politischen Einfluß auf die arbeitenden Mengen haben sollte als Kommunisten, die doch unmittelbar und direkt mit ihnen sprechen können. Alle Unordnung, Schwierigkeiten, Mängel hätten doch so beseitigt werden können, daß die arbeitende Bevölkerung zufriedengestellt oder wenigstens auf Rebellionen und Aufstände verzichtet hätte. Wenn es dennoch zu solchen verzweifelten Akten immer wieder kam, dann eben deshalb, weil das Volk den Versprechungen der Kommunisten nicht mehr glaubte, weil es in den meisten von ihnen jene Bürokraten sah, welche die unsinnigsten Fehler, Ungerechtigkeiten und Übergriffe verursachten. Doch die Berechtigung solcher Anschuldigungen wurde eben immer wieder abgelehnt.[33]

Es genügte jeweils, daß Arbeiter ihr Mißtrauen gegenüber kommunistischen Funktionären, deren Handlungen und Vorgehen sie in ihrer unmittelbaren Umgebung beobachteten, zum Ausdruck brachten, um ihre Haltung als antisozialistisch abzuqualifizieren. Die kommunistische Führung lehnte vor allem jeden Ruf nach demokratischen Wahlen mit der Begründung ab, daß die Wahl anderer Vertreter als der kommunistischen zu einer Restauration des Kapitalismus führen müßte. Sie verschwieg aber ihre Befürchtung, daß die kommunistischen Repräsentanten in freien Wahlen hätten verlieren können. Sie verschwieg, daß die Angst davor bereits Ausdruck der Bürokratisierung und Unbeliebtheit der meisten kommunistischen Funktionäre war, die durch ihre Einsetzung von oben, durch die Nichtexistenz wirklicher Wahlmöglichkeiten, vom Volk unabhängig geworden waren und dessen Vertrauen verloren hatten.

Gegen die Überlegung, die Kommunisten erforschten, fixierten und setzten die Interessen der Werktätigen durch, ist einzuwenden, daß es sich hierbei nur um eine abstrakte Proklamation handelt, ohne jede Garantie für eine wirkliche Vertretung der Volksinteressen. Eine solche Garantie kann es nur dort geben, wo Menschen, die sich als Fürsprecher und Repräsentanten bestimmter sozialer Gruppen ausgeben, auch dauernd und bei jedem politischen Akt von neuem durch diese Gruppen beglaubigt werden, ihnen Rechnung legen müssen und von ihnen abberufen werden können. Nur wo soziale Gruppen tatsächlich eine Wahlmöglichkeit zwischen verschiedenen delegierten Kandidaten haben, sich verschiedentlich gruppieren und organisieren können, und wo nicht die eine oder andere politische Organisation außergewöhnliche, monopolisierte Mittel hat, mit deren Hilfe sie die Wahl von Repräsentanten einseitig manipulieren kann, nur dort gibt es wirkliche Vertreter sozialer Gruppen bzw. Bevölkerungsteile.

Wo ein solcher Mechanismus und seine institutionelle Sicherung nicht existieren, gibt es auch keine tatsächliche Repräsentanz der Volksinteressen: keine Demokratie. Ohne demokratische Bedingungen kann aber auch eine noch so nachhaltige Berufung auf »wissenschaftliche Erkenntnisse« keine dauernde Vertretung der sich schnell ändernden konkreten Interessen des Volkes durch eine politische Organisation garantieren. Im Gegenteil: es kommt dann früher oder später zur Lostrennung der jeweiligen politischen Organisation von den Interessen des Volks, zu einer Privilegisierung und schließlich zur Umwandlung in eine sich selber kooptierende herrschende Kaste.

Im weiteren werden wir noch sehen, daß die Beseitigung der grundlegenden, demokratischen Prinzipien nicht nur in der Gesellschaft, sondern auch innerhalb der Partei erfolgte. Auf Grund dessen hat sich *de facto nicht nur die Diktatur einer Partei, sondern einer kleinen Gruppe von Menschen, einer »Clique«, über die ganze Gesellschaft gebildet.* Die Kritik dieser undemokratischen Diktatur, wie sie Rosa Luxemburg kurz nach den ersten Erfahrungen im postrevolutionären Rußland formuliert hat, erscheint heute noch viel eindrucksvoller und berechtigter als unmittelbar nach der Oktoberrevolution, da sie als übertrieben und auf ungenügenden Informationen beruhend abgetan werden konnte. Rosa Luxemburg schrieb damals:

»Aber mit dem Erdrücken des politischen Lebens im ganzen Land muß auch das Leben in den Sowjets immer mehr erlahmen. Ohne allgemeine Wahlen, ungehemmte Presse- und Versammlungsfreiheit, freien Meinungskampf erstirbt das Leben in jeder öffentlichen Institution, wird zum Scheinleben, in der die Bürokratie allein das tätige Element bleibt. Diesem Gesetz entzieht sich niemand. Das öffentliche Leben schläft allmählich ein, einige Dutzend Parteiführer von unerschöpflicher Energie und grenzenlosem Idealismus dirigieren und regieren, unter ihnen leitet in Wirklichkeit ein Dutzend hervorragender Köpfe, und eine Elite der Arbeiterschaft wird von Zeit zu Zeit zu Versammlungen aufgeboten, um den Reden der Führer Beifall zu klatschen, vorgelegten Resolutionen einstimmig zuzustimmen, im Grunde also eine Cliquenwirtschaft – eine Diktatur allerdings, aber nicht die Diktatur des Proletariats, sondern die Diktatur einer handvoll Politiker, das heißt Diktatur im bürgerlichen Sinne, im Sinne der Jakobinerherrschaft [...]«
Und weiter:

»Freiheit nur für die Anhänger der Regierung, nur für die Mitglieder einer Partei – mögen sie noch so zahlreich sein – ist keine Freiheit. Freiheit ist immer Freiheit des anders Denkenden.«[34]

Stalins Machtantritt

Unter Stalins Herrschaft wurden die bürokratischen, undemokratischen und repressiven Züge des sowjetischen Systems wesentlich schärfer. Es ist aber ein Trugschluß, wenn heute die negativen Züge des Systems als Resultate von Stalins persönlicher Willkürherrschaft dargestellt werden. Im Gegenteil! Nur durch die bereits existierenden, undemokratischen Verhältnisse konnte Stalin, vor dessen negativen Charaktereigenschaften selbst Lenin in seinem Brief an den Parteitag gewarnt hatte[35], zur Macht gelangen und diese dann dermaßen mißbrauchen.

Obwohl nach dem Tode Lenins so mancher andere kommunistische Führer über größere Popularität innerhalb und außerhalb der Partei verfügte (zum Beispiel Trotzki, Bucharin, Sinowjew, Kamenjew und andere), gelang es doch Stalin, die politische Macht zu erlangen und im Laufe der Zeit alle anderen – ihn machtmäßig gefährdenden – führenden Köpfe der Partei zu liquidieren. Dies war nur deshalb möglich, weil Stalin als Generalsekretär der Partei[36] allmählich den ganzen Parteiapparat und später auch den Staatsapparat vollkommen beherrschte und diesen sich persönlich gefügig machte. Wo alle leitenden Funktionen von einem monopolistischen Parteiapparat besetzt werden und die Funktionäre von diesem auch abgesetzt werden können, entsteht eben eine – unter demokratischen Bedingungen nicht denkbare – Abhängigkeit von diesem Apparat. Wer dann wieder diesen Parteiapparat kadermäßig beherrscht, muß zwangsläufig zum mächtigsten Mann im ganzen politischen System werden.[37]

Diese Tatsache haben auch Parteiführer wie Trotzki und andere zu spät erkannt. Trotzki als Kriegsminister erwies sich trotz seiner großen Popularität und bestimmt nicht geringen Macht dem Parteisekretär gegenüber als der politisch Schwächere. Bei ideologischen Auseinandersetzungen mit Stalin glaubte er, mit Vortragstourneen die Parteimehrheit für sich gewinnen zu können. Zu spät muß ihm zum Bewußtsein gekommen sein, daß auch die überzeugendsten Argumente immer jenem politischen Druck unterliegen, den – innerhalb wie außerhalb der Partei – ein Mensch hervorrufen kann, von dessen Kaderentscheidungen der Großteil aller Parteibürokraten und leitenden Staatsfunktionäre in ihrer ganzen Karriere abhängig ist.[38]

Unter Stalins Führung erreichte die Bürokratisierung des Staates und der Partei ein unvorstellbares Ausmaß. Jeder wirkliche Austausch, jede Konfrontation politischer Meinungen erlosch allmählich, und die Zentralisierung beziehungsweise Monopolisierung der Macht wurde absolut. Stalins persönlicher Kampf um die Macht innerhalb der Partei und des ganzen Staats, seine Schritt für Schritt ungeheuer anwachsende Machtstellung und die immer expressivere Identifizierung seiner persönlichen Interessen mit den Interessen des Sozialismus – dies alles hatte entscheidenden Einfluß auf die weitere Entwicklung des politischen und ökonomischen Systems in der Sowjetunion. Die Voraussetzungen dafür waren natürlich, wie schon erwähnt, zum einen die Zurückgebliebenheit eines Landes, das keine demokratischen Traditionen aufzuweisen hatte; zum anderen die vereinfachte, von Anbeginn an einseitige und ungenügend ausgearbeitete Theorie des Sozialismus. All dies erleichterte den Aufbau eines undemokratischen, monopolisierten, persönlichen Regimes.

Stalin verfolgte von Anfang an das ehrgeizige Ziel, seine eigene Position auszubauen und alle Widersacher und Opponenten allmählich auszuschalten. Dabei konnte er sich mit anderen Persönlichkeiten innerhalb der bolschewistischen Partei in mancherlei Hinsicht schwerlich messen. Er verfügte weder über die theoretischen und politischen Fähigkeiten eines Lenin noch über die Rhetorik eines Trotzki, noch über das ideologische Fundament und die Beliebtheit

eines Bucharin und so weiter. Seine Stärke war jene Skru-
pellosigkeit, mit der er die Fähigkeiten aller zu seinen persönlichen Gunsten auszunützen, einen gegen den anderen
auszuspielen und schließlich über alle zu siegen verstand.
Dabei war er ein typischer Vertreter des Parteiapparats,
durch den er alle notwendigen Informationen über die anderen führenden Politiker erhielt, und mit dessen Hilfe er die
Fäden des gesamten Parteigeschehens in seinen Händen
konzentrierte.

Bald schon wurde Stalin innerhalb des Triumvirats (Sinowjew, Kamenjew, Stalin), das noch auf Lenins Vorschlag,
nach dessen erstem Schlaganfall, die Parteiführung übernommen hatte, der mächtigste Mann.[39] Er entwickelte zielbewußt einen Leninkult, um noch zu Lebzeiten Lenins als
dessen konsequentester Anhänger und Verteidiger zu erscheinen. Statt sich in Diskussionen mit Lenin einzulassen,
trat er immer und überall mit Zitationen seiner Worte auf.
Dabei wußte er die Zitate jeweils so anzuwenden und andere Gedanken beiseite zu lassen, daß seine eigenen politischen Ziele »leninistisch« untermauert erschienen. Die Fixierung von tabuisierten »marxistisch-leninistischen« Lehr-
sätzen, die quasi-scholastische Konfrontation aller auftretenden Ideen und Vorstellungen mit diesen axiomatisierten
»Dogmen«, die Anprangerung aller ihn nicht bestätigenden
Ansichten als »antimarxistisch« bzw. »antileninistisch« und
deren immer repressivere politische Verfolgung, wurden zu
einem von Stalin in die Partei eingeführten charakteristischen Wesenszug. Immer trat er als der Hüter der Einheit
und Reinheit von »Lenins Partei« auf, wobei er als Generalsekretär der Partei das – auf dem X. Parteikongreß – erlas-
sene Verbot von Parteifraktionen zur stärksten Waffe gegen
alle seine Widersacher auszunützen verstand.

Als konsequenter Verteidiger des Parteiapparats gegen alle

Angriffe und Kritiken sicherte er sich dessen verläßliche Unterstützung. Geschickt wußte er noch knapp vor dem Tod Lenins durch demagogische Verteidigungen des Partei-apparats gegen antibürokratische Kritiken Trotzkis[40] als dessen verläßlichster zukünftiger Repräsentant zu erscheinen. Während Trotzki um die Gunst der Parteilosen und vor allem der Jugend warb, hatte Stalin primär auf die bürokratisierten Funktionäre und all jene gesetzt, welche um ihre Machtpositionen innerhalb des Apparats bangten. Damit hatte er die entscheidende Unterstützung des Apparats gewonnen.

Dieser Linie folgte er zielbewußt während seines ganzen Lebens. Zeitgenossen Stalins, die ihn persönlich kannten und seine Charakteristik schriftlich niederlegten (Lenin, Trotzki, Chruschtschow u. a.) hoben immer wieder seine Prinzipienlosigkeit und rücksichtslose Machtverfolgung hervor. Es ging ihm nicht in erster Linie um die Interessen arbeitender Menschen und auch nicht um die langfristige Verfolgung solcher politischer und ideologischer Prinzipien, die diesen Interessen wirklich entsprachen. Höchstwahrscheinlich war er subjektiv überzeugt, daß seine persönliche Machterhaltung die verläßlichste Voraussetzung einer »Sozialismusentwicklung« sei, welcher alle anderen »Prinzipien« unterzuordnen seien. Wenn es diesem Machtziel entsprach, zögerte er nicht, von bestimmten politischen Prinzipien zu vollkommen entgegengesetzten überzuwechseln, wobei er sich auch jener Ideen und Theorien anderer Parteiköpfe bediente, die er einige Jahre zuvor aufs schärfste bekämpft hatte. Aber in einer Sache war er konsequent: Immer fixierte er jene unmittelbaren politischen Ziele und hob jene Argumente hervor, bei deren Verfolgung und Betonung er sich der Unterstützung des Parteiapparats sicher sein konnte. Und dieser wußte wieder seinerseits ihm immer die notwendige Mehrheit in allen wichtigen Machtorganen und bei allen Kampagnen gegen seinen Gegner zu sichern.

Entmachtung Trotzkis

Nach dem Tode Lenins entledigte sich Stalin zuerst Trotzkis, seines gefährlichsten Widersachers. Zunächst trat er gegen Trotzkis Theorie der »permanenten Revolution« auf, die er als unvereinbar mit der »leninistischen« Theorie des »möglichen Siegs des Sozialismus innerhalb eines einzigen Landes« darstellte, obgleich Trotzki natürlich die kommunistische Herrschaft in Rußland nicht aufgeben, sondern mit ihrer Hilfe vor allem die Entwicklung der sozialistischen Revolution in Europa erreichen wollte. Denn ohne revolutionäre Ausweitung sah Trotzki[41] die kommunistische Macht auch in Rußland gefährdet. Ein Übergreifen der sozialistischen Revolution vor allem auf die industriell fortgeschrittenen Länder Europas sollte die wirtschaftliche Hilfe bringen, ohne die es – wie Trotzki glaubte – keine Möglichkeit einer sozialistischen Entwicklung im wirtschaftlich und kulturell zurückgebliebenen, kleinbürgerlichen Rußland geben konnte.

Ohne hier weiter die Chancen für ein solches Übergreifen der Revolution auf Europa zu untersuchen, sei nur die Grundeinstellung Trotzkis hervorgehoben, seine Überzeugung nämlich, daß der Sozialismus nicht von einigen wenigen professionellen Revolutionären gegen den Widerstand der absoluten Mehrheit der Bevölkerung und ohne eine vorangehende mächtige Industrieentwicklung aufgebaut werden könne. Im übrigen hatte Trotzki nicht minder dogmatische und zentralistische Vorstellungen von einem sozialistischen System, von verstaatlichter Produktion, die seitens eines Planungszentrums und ohne Marktverhältnisse geplant und geleitet werden sollte. Doch konnte er sich einen solchen Sozialismus nur in industriell weit fortgeschrittenen Ländern vorstellen, und er glaubte, auch nur von dort die nötige ökonomische Hilfe bekommen zu können, ohne die ihm ein industrieller und landwirtschaftlich-technischer Fortschritt in dem absolut verelendeten Rußland illusorisch erschien.[42]

Nebenbei gesagt vertrat Lenin im Grunde dieselbe Auffassung. Auch er wartete ständig auf die Weiterentwicklung der sozialistischen Revolution vor allem in Deutschland. Er sah sogar in der von ihm durchgesetzten NEP nur einen strategischen Rückzug zu Marktverhältnissen, durch den man im kleinbäuerlichen Rußland so lange eine noch nicht sozialistische Wirtschaft ankurbeln könne, bis von außen, aus wirtschaftlich entwickelten *sozialistischen* Ländern, moderne Industrien und eine zeitgemäße Landwirtschaft etabliert werden könnten. Für die Zwischenzeit fürchtete er sogar die Unausweichlichkeit einer Steigerung der kapitalistischen Akkumulation und Produktion in der Sowjetunion.[43]

Trotzki wollte nicht nur auf wirtschaftliche Hilfe von außen warten, sondern auch mit eigenen Mitteln die Industrialisierung Rußlands forcieren. Allerdings sah er erhebliche Schwierigkeiten. Soweit die Akkumulationsmittel hierzu aus der Landwirtschaft gewonnen werden sollten[44], mußte dies – so Trotzki – notwendigerweise zum Widerstand der Bauern führen und somit die Diktatur des Proletariats bedrohen. Eben deshalb schien es nötig, zugleich mit der planmäßig geförderten Industrialisierung Rußlands die Weiterentwicklung der sozialistischen Weltrevolution zu verfolgen, um so die Erhaltung der proletarischen Macht in Rußland abzusichern.

Diesen Standpunkt Trotzkis legte Stalin demagogisch so

aus, als behaupte Trozki, die Erhaltung der Macht hinge von der Revolutionsentwicklung außerhalb Rußlands ab, als glaubte er nicht an das revolutionäre Potential der russischen Bauern und an die Kraft und Fähigkeit des russischen Proletariats, als stellte er sich gegen Lenins Theorie der sozialistischen Revolution, als sei seine Theorie überhaupt ein nichtbolschewistischer Ableger des Menschewismus.[45] Statt der Vertiefung der Gegensätze zwischen Proletariat und armen Bauern, die Trotzki angeblich für unausweichlich ansah, müsse Lenins Theorie eines »Bundes des Proletariats mit den Massen der arbeitenden Bauern« realisiert werden. Die Bauern sollten durch die – der NEP entsprechende – Ausweitung der Marktbeziehungen und eine bessere Versorgung mit Industriegütern, für die Sache des Kommunismus gewonnen werden.

Dieser Kampf gegen Trotzkis permanente Revolutionstheorie entsprach auch den Interessen des Parteiapparats, der nicht nur die politische Niederlage Trotzkis als des ihn kritisierenden Politikers wünschen mußte, sondern der auch in Stalins Ausrichtung auf den selbständigen sozialistischen Aufbau die notwendige Erweiterung und Festigung der führenden Rolle der Partei und damit vor allem des Parteiapparats sah.[46] Mit Hilfe des Parteiapparats und als »konsequenter« Verteidiger von Lenins NEP-Politik (bei gleichzeitiger Verheimlichung der letzten Leninschen Briefe, des sog. Vermächtnisses, vor der Partei) konnte Stalin seine eigene Stellung festigen und auf dem XIII. Parteitag im Jahre 1924 Trotzkis politische Ausschaltung erreichen.

Es muß an dieser Stelle aber betont werden, daß Trotzki selbst auch nicht den eigentlichen Grund für Stalins Machtkonzentration aufgedeckt hat. Er sah zwar die unmittelbare Ursache in der Beherrschung und Ausnützung des Parteiapparats durch Stalin. Die Frage jedoch, warum der Parteiapparat seinem Führer eine solche Macht verschaffen kann, unter welchen Bedingungen dies möglich beziehungsweise unmöglich wird, konnte Trotzki nicht beantworten. Hinweise auf die Notwendigkeit einer Beschränkung der Macht des Apparats und einer Stärkung der Rolle gewählter Organe bleiben nur gutgemeinte Absicht, denn alle politische Praxis beweist, daß politische Parteien ohne bürokratische Apparate nicht auskommen. Immer werden die Vorbereitungen aller Vorschläge, Materialien, Kaderübersichten und so weiter langwierige, zeitraubende Angelegenheiten bleiben, die von einfachen Arbeitern und anderen Werktätigen nicht neben einer normalen Tagesarbeit bewältigt werden können. Immer wird diese Tatsache die Existenz von Apparaten erzwingen. Ein noch so nachhaltiges Eintreten für das »Rätesystem« bleibt ohne Etablierung konkreter Systemmechanismen und institutioneller Sicherungen gegen mögliche Machtkonzentration im Apparat nur Ausdruck eines theoretischen Wunschdenkens.

Schon gar nicht taucht bei Trotzki die Frage auf, ob ein Volk wirklich politisch leben und die notwendige Initiative entwickeln kann, solange die gesamte politische Macht auf eine einzige politische Partei konzentriert ist. Er war nicht mehr Demokrat als die anderen kommunistischen Führer, und er hat das Wesen der proletarischen Diktatur gelegentlich noch krasser als Hegemonie der Arbeiterklasse über die Bauern definiert.[47] Noch klarer als alle anderen forderte er, daß die Bauern von jeder politischen Tätigkeit und eigener Interessenvertretung ferngehalten werden sollten. Der Sozialismus müsse sich aus dem Sieg einer Minderheit über eine Mehrheit arbeitender Menschen ergeben.

Der proletarische Wille also ist entscheidend, auch wenn er mit Gewalt gegen den Willen der Mehrheit der Bevölkerung durchgesetzt werden muß. Dabei besteht die Gefahr, daß diese Diktatur ohne jede Absicherung gegen die Verwandlung des Klassenwillens in den Willen einer Clique proklamiert wird.

Und schließlich ignoriert auch die trotzkistische Industrialisierungstheorie fundamentale ökonomische Interessen der Menschen. Die erste, sehr präzise und eingehend ausgearbeitete Theorie einer staatlichen Planwirtschaft lieferte einer der fähigsten trotzkistischen Theoretiker und Ökonomen, E. A. Preobrazhenski.[48] Von Stalin als trotzkistische Abweichung zwar nicht anerkannt, wurde sie de facto in der späteren Industrialisierungspraxis in ihren Grundzügen doch noch verwirklicht, ohne daß dies je eingestanden worden wäre. Im einzelnen handelt es sich um folgende Postulate, die später noch eingehender zur Sprache kommen: das Akkumulationsvorgehen bei dem Aufbau der Industrie auf Kosten der Bauern; die planmäßige Fixierung der Preise zuungunsten der Landwirtschaft und als zusätzliche Versteuerung konzipiert; die Auffassung der sozialistischen Planmäßigkeit als Gegenpol zum Wertgesetz; die Ausrichtung der Industrialisierung auf den schnellen Aufbau der Schwerindustrie und der militärischen Macht; die Abschaffung der Marktbeziehungen innerhalb der Industrie bei planmäßiger Beherrschung der Marktbeziehungen zur Landwirtschaft und so weiter.

Alle diese Theorien Preobrazhenskis zeigen ein weitgehendes Ignorieren der ökonomischen Initiativen und Interessen der Menschen. Die Wirtschaft ähnelt eher einer militärischen Organisation, bei der ein fähiges Planungszentrum alles mit Hilfe von Planungsdirektiven sowie Finanz- und Preissteuerungen erreichen kann, ohne mit negativen Reaktionen der arbeitenden Menschen rechnen zu müssen. Hier wird also eindeutig davon ausgegangen, daß Menschen immer in jene Richtung gesteuert werden können, welche der

Staat gerade braucht. Preobrazhenski klammert das Äquivalenzprinzip (Wertgesetz) mit dem Hinweis aus, dies sei bereits im Monopolkapitalismus untergraben[49], eine ziemlich oberflächliche Schlußfolgerung, wie sie nur bei Ignorierung der tatsächlichen Marktfunktionen im Spätkapitalismus entstehen kann. Damit hatte Preobrazhenski indessen das theoretische Rüstzeug für die später einsetzende willkürliche administrative Planwirtschaft geliefert, bei welcher die Bedeutung von Marktfunktionen bereits völlig verschwunden ist.

In seinem politischen Kampf gegen die trotzkistische Opposition bediente sich Stalin vorerst auch der von Bucharin ausgearbeiteten Markttheorie, in welcher die Notwendigkeit eines äquivalenten, das Wertgesetz ausnützenden Austauschs von Industriegütern für landwirtschaftliche Güter erklärt wird. So wurde Stalin auch von Bucharin und Sinowjew gegen Trotzkis Konzeption der beschleunigten Industrialisierung unterstützt. Besonders Bucharin kämpfte gegen die trotzkistische Theorie der »ursprünglichen sozialistischen Akkumulation« (deren Autor Preobrazhenski war), was Stalin in dieser Zeit geschickt ausnützte. Ein paar Jahre später wurde dann Bucharin von Stalin mit Hilfe von Argumenten erledigt, welche im wesentlichen der trotzkistischen Industrialisierungstheorie entnommen waren.

Beseitigung von Kamenjew und Sinowjew

Zuvor mußten jedoch noch zwei starke Führungspersönlichkeiten entmachtet werden, die sich bereits früher gegen die wachsende Macht des Parteiapparats gestellt hatten: Sinowjew und Kamenjew. Vor dem XIV. Parteitag 1925 startete Stalin seine ideologische Kampagne gegen diese beiden, die es gewagt hatten, gegen die Möglichkeit eines sozialistischen wirtschaftlichen Aufbaus ohne ausländische Hilfe Zweifel anzumelden, und zwar ausgerechnet zu dem Zeitpunkt, als Stalin anfing, den Aufbau der Schwerindustrie beschleunigt voranzutreiben.

Obgleich die vorangegangene Entwicklung dem Staat nicht genügend Akkumulationsmittel gesichert hatte (vor allem auf Grund ungenügender Produktivitätssteigerungen und einer riesigen bürokratischen Mißwirtschaft), entschied sich Stalin für eine möglichst schnelle Industrialisierung. Er begründete dies mit einer angeblich drohenden, erneuten militärischen Intervention der kapitalistischen Staaten. Daß ein beschleunigter Ausbau der Schwerindustrie und militärischen Macht nur mit Hilfe eines riesigen Mehrwerts und auf Kosten einer weiteren Verelendung der Bevölkerung zu erreichen war, konnte ihn von seinen Plänen nicht abhalten. Auch die damit notwendigerweise zusammenhängende weitere Bürokratisierung und Ausdehnung des administrativen Apparats störten ihn nicht, er sicherte sich damit im Gegenteil dessen noch treuere Unterstützung.

Sobald Kamenjew und Sinowjew Zweifel an der Richtigkeit eines Entschlusses angemeldet hatten, wurden sie zu Feinden des sozialistischen Fortschritts erklärt, obwohl Sinowjew kurz zuvor Stalin gegen die trotzkistischen Industrialisierungsabsichten unterstützt hatte. Damals hatte Stalin allerdings gegen diese Industrialisierungstendenzen gekämpft, weil er Trotzki hatte ausschalten wollen. Und er hatte mit der Leninschen Ausrichtung auf eine marktgerechte Unterstützung der Landwirtschaft gegen die Industrialisierung argumentiert. Nur zwei Jahre später begann Stalin nun, obzwar sich die ökonomischen Bedingungen nicht wesentlich geändert hatten, seinen Kampf um die Industrialisierung. Erinnerte ihn Sinowjew an seine eigene

Ablehnung der Möglichkeit eines Aufbaus der sozialistischen Industrie ohne ausländische Hilfe, so wußte er dies wieder mittels einer scholastischen Argumentation gegen Sinowjew umzudrehen. Er stellte Sinowjews Ansichten als den Ausdruck eines ungenügenden Vertrauens in die Kräfte der Sowjetunion dar.

Man müsse zwischen der »Möglichkeit der Errichtung der sozialistischen Gesellschaft in einem Land« und dem »endgültigen Sieg des Sozialismus in einem Land« unterscheiden.[50] Die Sowjetunion könne zwar mit eigener Kraft eine starke Industrie aufbauen, aber sie würde den Sozialismus nicht *definitiv* sichern können, solange die sozialistische Revolution nicht in einigen weiteren Ländern gesiegt hätte.

Auf dem XIV. Parteitag im Jahre 1925 formierte sich die Sinowjew-Opposition gegen Stalin. Sie verlangte ein bedächtigeres Tempo der Industrialisierung bei gleichzeitiger, Hand in Hand gehender Verdrängung der kapitalistischen Elemente (vor allem der Großbauern [Kulaken]). Der oppositionelle Plan von Sokolnikow[51] schlug eine vorrangige Entwicklung der Lebensmittelindustrie zur schnelleren Beschaffung von Akkumulationsmitteln vor, an welche sich dann auch eine gesicherte Produktionsmittelindustrie anschließen konnte. Bei gleichzeitiger stärkerer Besteuerung kapitalistischer Elemente hätte so die sozialistische Industrialisierung ohne jene spätere unglaubliche Verelendung der arbeitenden Bevölkerung sowie die bis heute andauernde Plünderung des Naturreichtums der UdSSR verlaufen können.

Bereits hier zeigte sich die ganz klare Ausrichtung des bürokratischen Apparats auf den überstürzten Aufbau einer militärischen Machtbasis, bei zynischer Ignorierung der menschlichen Bedürfnisse und der Lebenslage der Bevölkerung. Die inzwischen klargewordene Stagnation des Kommunismus in anderen Ländern führte bei Stalin und dem ganzen bürokratischen Machtapparat zu einer einseitigen Hervorhebung der eigenen Machtinteressen, bei noch krasserer Unterschätzung des Faktors »arbeitende Menschen« sowohl innerhalb als auch außerhalb des Landes. Die Grundidee des Marxismus, daß der Sozialismus nur auf der Basis der Interessen und der bewußten Unterstützung der arbeitenden Mehrheit der Bevölkerung sich entwickeln könne, wird dem bürokratischen Apparat immer fremd sein. Der Gedanke, daß der praktisch realisierte Sozialismus innerhalb eines Landes vor allem für die arbeitenden Massen, und dies auch außerhalb des Landes, attraktiv sein müsse, wird bei Bürokraten immer durch die vereinfachte Vorstellung ersetzt, daß die staatliche Macht den Sozialismus nach innen und nach außen polizeilich und militärisch sichern muß. Für einen Bürokraten wird nicht der Gedankengang typisch sein, daß die *tatsächlichen* Änderungen in der allseitigen Stellung der arbeitenden Menschen in einem sozialistischen Land auch am schnellsten in das Bewußtsein der arbeitenden Menschen in den kapitalistischen Ländern dringen würden, was auch die elementarste Grundlage für eine eventuelle erfolgreiche militärische Verteidigung des sozialistischen Landes sein könnte. Im Unterschied dazu ist der Bürokrat geneigt, auch das Erstarken des Sozialismus in der Welt – ebenso wie im eigenen Land – vor allem als Ergebnis der Stärkung und Zementierung des Machtapparats und der militärischen Macht zu betrachten.

Von Anfang an dominierten deshalb auch nicht wirtschaftspolitische Verbesserungen für die arbeitenden Menschen, sondern eher die Machtinteressen Stalins und seines bürokratisierten Parteiapparats. Sowohl Stalins persönliches Machtstreben als auch das rücksichtslose Machtdenken der Bürokratie führte konsequent zur Ablehnung von allen

Vorschlägen, welche von Stalins Widersachern ausgearbeitet wurden. Es entspricht der Logik der Sache, daß Stalins Opponenten immer zugleich auch Gegner der Mehrheit des Apparats waren und somit auch zu Feinden des »Sozialismus« erklärt werden mußten.

Aus demselben Grund wurden Sinowjew, Kamenjew und ihre Anhänger nicht nur als Vertreter eines abgelehnten wirtschaftspolitischen Vorschlags bezeichnet, sondern mußten sofort als »Parteifeinde« und »Kapitalistensprecher« entlarvt und vernichtet (razgromit) werden.[52] Einen anderen Weg gab es für Stalin nicht.

Mit solchen politischen Schachzügen festigte Stalin seine Machtstellung Schritt für Schritt. Beständig seinen Apparat ausbauend, die Machtorgane erweiternd und die Opposition beseitigend, steuerte er zielbewußt auf ein autoritäres, staatsmonopolistisches System zu. Dieses untermauerte er zielstrebig mit einer rücksichtslos geförderten Industriebasis, deren extensives Produktionswachstum[53] vor allem der Schaffung einer starken Militärmacht diente.

Daß damit alle ökonomische Situation der arbeitenden Massen, der Bauern wie auch der Arbeiter sich nicht verbesserte, sondern verschlechterte, daß statt einer freiwilligen Unterstützung des Sozialismus ein wachsender Widerstand zu verzeichnen war, daß ein solches System auf die Arbeiter im Ausland nicht anziehend wirkte, sondern die sozialistische Idee immer mehr in Verruf brachte, störte Stalin nicht. Er war längst davon überzeugt, daß der Sozialismus, welchen er sich tatsächlich nur in der Form eines *Staatsmonopolismus* vorstellen konnte, sowohl innerhalb als auch außerhalb des Landes *nur mit Hilfe von politischer und administrativer Macht* durchzusetzen sei.

Ohne in seinem Kampf gegen die Trotzkisten zurückzustecken, begann Stalin *de facto* die trotzkistische Industrialisierungstheorie in die Praxis umzusetzen. Die wachsenden Investitionsbedürfnisse, die schneller steigende Investitionsgüterproduktion und die abgebremste Produktion von Konsumgütern wurden durch eine Verringerung der Konsumtion des Volks gesichert, sowohl durch relativ sinkende Lieferungen von Konsumgütern aufs Land als auch durch eine immer schwächere Deckung der Arbeiterlöhne mit Konsumgütern (also durch faktische Senkungen ihrer Reallöhne). Preobrazhenski hatte diesen Weg theoretisch geebnet, da er der Überzeugung war, daß er quasi langfristig dem »Sozialismus« diente.[54] Stalin liquidierte zwar die Trotzkisten als Klassenfeinde, aber ihre Theorien benützte er skrupellos, ohne dies je in seinen politischen und ideologischen Argumenten einzugestehen.

Das Ergebnis einer derart vorangetriebenen Industrialisierungspolitik war eine ungeheure Inflation. Auch wenn die Preise der Industrieprodukte administrativ (im Jahre 1923 gesenkt) gedrückt wurden, begannen die Preise der landwirtschaftlichen Produkte unaufhaltsam zu steigen. Trotz dieser Preissteigerungen hatten noch im Jahre 1927 die mittleren Bauern im Durchschnitt niedrigere Einkommen als die städtischen Arbeiter.[55] Vor allem bekamen dann die Bauern für das inflationäre Geld immer weniger Industriegüter, so daß ihr anfängliches Interesse (mit der NEP beginnend) an einer Produktionssteigerung immer mehr nachließ. Um die Preissteigerungen aufzuhalten, beschloß die Sowjetführung im Jahre 1927/28 die Einkaufspreise für das Getreide administrativ zu senken. Gleichzeitig wurden die Steuern, die ökonomischen Druck hervorrufen sollten, gehoben, was zu einem regelrechten Verkaufsstreik der Bauern führte, den Stalin mit administrativen Mitteln zu brechen beschloß.

Das Abrücken von der NEP

Die administrativen Maßnahmen bedeuteten erneut einen Übergang von den Methoden der NEP, von Marktbeziehungen zwischen Stadt und Land, zu administrativ erzwungenen Requirierungen der Produkte bei den Bauern. Die neuen Methoden wurden zwar als außergewöhnliche Maßnahmen bezeichnet, doch verwandelten sie sich in Wirklichkeit in ein dauerndes System geplanter, verbindlicher Produktionsaufgaben und Abgaben. Durch ungemein hohe Abgabeauflagen wurde de facto auch der freie Verkauf von Agrarprodukten untergraben. Sobald die Bauern versuchten, einen Teil ihrer Produkte zu höheren Preisen auf dem Markt zu verkaufen, wurden die für sie verbindlichen Abgabenormen erhöht, so daß das Produktions- und Marktinteresse der Bauern schnell schwand.

Die erzwungenen Abgaben senkten die Konsumtion auf dem Lande, aber auch in den Städten, wo schließlich Lebensmittelmarken ausgegeben wurden. Während der allgemeine Konsum auf diese Weise gedrückt wurde, erhöhte der Staat den Export von Getreide ins Ausland, um sich damit Devisen für die beschleunigte Industrialisierung zu verschaffen.

Doch das umstrittene System der administrativen Planung der landwirtschaftlichen Produktion und der erzwungenen Abgaben, das den Interessen und der Arbeitsweise des bürokratischen Apparats am besten entsprach, konnte schwerlich auf der Basis des zersplitterten privaten Eigentums von Millionen kleiner Bauern realisiert werden. Da diese Art der Planung und Verteilung der Produktion als »sozialistisch« angesehen wurde, während man Marktbeziehungen nur als notwendige Kompromisse mit den Privateigentümern betrachtete, mußte Stalin, hatte er einmal A gesagt, auch schnell für B entscheiden. Der durch die rasche Industrialisierung und den mangelnden staatlichen Einkauf von Getreide hervorgerufene Übergang zur »sozialistischen« Produktions- und Abgabeplanung in der Landwirtschaft mußte durch überstürzte Schaffung einer »sozialistischen« Eigentumsbasis untermauert werden. Das Signal für sofortige Zwangskollektivierung war gegeben. Während man Jahre vorher dauernd von dem freiwilligen Übergang zur genossenschaftlichen Produktion auf der Basis einer progressiven Mechanisierung der Landwirtschaft gesprochen hatte, begann man nun auf einmal – ohne diese Mechanisierung – die herangereifte Bereitwilligkeit der kleinen Bauern für die Kollektivwirtschaft zu betonen. Angeblich hinderten nur die kapitalistischen Großbauern (Kulaken) diese Kollektiventwicklung, und daher mußte die Kollektivisierung Hand in Hand mit der Liquidierung dieser Großbauern (rozkulatschenie) vor sich gehen. In Wirklichkeit wollte man auf diese Weise den kleinen und mittleren Bauern statt mit den versprochenen landwirtschaftlichen Maschinen und Traktoren[56] mit dem Vieh, Gerät, Inventar und Boden der Großbauern den Übergang zu den Kolchosen schmackhafter machen.

Massenweise Abschlachtungen von Vieh[57], Brände und Vernichtung von Höfen, verzweifelte Aufstände der Bauern und deren rücksichtslose, blutige Niederschlagungen waren das Resultutat dieser »Sozialisierung«. Die besten Landwirte, auch aus den Reihen der mittleren Bauern, wurden nicht nur ökonomisch, sondern physisch liquidiert oder nach Sibirien verschleppt. In kürzester Zeit wurde diese zwangsweise Kollektivierung mit Hilfe der verschiedensten brutalen Druckmittel und Repressionen beendet.[58] Während des Jahres 1930 wurden 55 % aller Bauernhöfe kollektiviert, bis zum Jahre 1934 waren es bereits 93 %. Nicht nur die

Großbauern, sondern auch die kleinen und mittleren Bauern wurden als Klasse selbständig arbeitender (und niemand ausbeutender) Kleinproduzenten gewaltsam liquidiert.

Den Kolchosen wurden enorme Pflichtabgaben vorgeschrieben. Daß diese zu den administrativ niedrig gehaltenen Preisen zu erfolgen hatten, bedeutete eine zielbewußt gesteuerte Ausbeutung der Bauern. Stalin gab ganz offen zu, daß die künstlich geschaffene Kluft zwischen den hohen Preisen der Industrieprodukte, die den Bauern verkauft wurden, und den niedrigen, vom Staat erzwungenen Preisen der landwirtschaftlichen Produkte, eine zusätzliche, indirekte Besteuerung der Bauern darstellte, welche für die Industrialisierung genutzt wurde.[59] Die staatlichen Einkaufspreise der planmäßig erzwungenen, ungemein hohen Abgaben landwirtschaftlicher Produkte der Kolchosen waren jahrelang so niedrig, daß sie gemäß Chruschtschow oft gar nicht die Selbstkosten der Bauern decken konnten.[60] Dies führte unter anderem zu einer unglaublichen Verelendung der Bauern, zu Hungersnöten auf dem Land und zu dauernden Widerständen und Aufständen. Doch alle diese verzweifelten Akte der Bauern wurden jeweils brutal unterdrückt.

Der Verbleib in den Kolchosen wurde administrativ erzwungen, und jede Flucht brachte harte Strafe ein. Im ganzen Land gab es ein System von Ausweisen und Reisesperren, das faktisch die elementarste Bewegungsfreiheit der Menschen unvorstellbar begrenzte. Tatsächlich bedeutete dies also auch eine Rückkehr zur Pflichtarbeit, welche einst Lenin selbst verworfen hatte.

Dieses tatsächliche Abrücken von Lenins NEP und vor allem der Politik des dauernd beschworenen Bündnisses zwischen der Arbeiterklasse und den Massen arbeitender Bauern sowie der Übergang zu einer Politik der Ausbeutung und Unterdrückung der Bauern durch den Staat wurde von Stalin nie zugegeben. Heuchlerisch hob er dieses Bündnis weiterhin als die soziale Grundlage der Diktatur des Proletariats hervor. Bucharins Kritik an diesen administrativen Maßnahmen gegen die Bauern sowie ihrer Ausbeutung als Grundlage der Industrialisierung benützte Stalin lediglich zur politischen Beseitigung dieses seines letzten großen Widersachers.

Noch auf dem XV. Parteitag im Dezember 1927 hatte Bucharin Stalin im Kampf gegen die sogenannte Trotzki-Sinowjew-Gruppe unterstützt und für ihre Ausschließung aus der Partei gestimmt.[61] Er war nie mit der trotzkistischen Industrialisierungstheorie auf Kosten der Bauern einverstanden gewesen. Nach dem XV. Parteitag schrieb Bucharin verschiedene Abhandlungen gegen die trotzkistische Politik in Richtung Landwirtschaft, mit welcher er aber in Wirklichkeit bereits Stalins Politik kritisierte, indem er sie als »militärisch-feudale Ausbeutung der Bauern« bezeichnete. Dies müsse notwendigerweise zur Zerschlagung des Bündnisses zwischen dem Proletariat und den Bauern führen.[62]

Bucharin wandte sich vor allem gegen ein Abgehen von den Grundprinzipien der NEP sowie gegen das übertriebene Tempo der Industrialisierung, bei welchem das Marktgleichgewicht zwischen Industrie und Landwirtschaft nicht erhalten werden könne. In seinem Artikel »Die Bemerkungen des Ökonomen« betonte er, daß das höchste, nicht nur vorübergehende, sondern dauerhafte Wachstumstempo bei einer Koordination erreicht werden könne, bei welcher die Industrie sich auf der Basis der schnellwachsenden Landwirtschaft entwickelt.[63] Es war die Konzeption einer sich wechselseitig bedingenden Steigerung der landwirtschaftlichen und industriellen Produktion und der allmählichen Schaffung von landwirtschaftlichen Genossenschaften auf

63

Grund einer modernen technischen Basis der kollektiven Großproduktion.

Bucharins Theorie ging von der grundlegenden Vorstellung aus, daß die sozialistische Produktion nicht mit administrativen Machtmitteln, mit außerökonomischem Zwang und mit Repressionen eingeführt werden könne, sondern auf Grund ihrer ökonomischen wie sozialen Vorteile gegenüber der privaten Produktion siegen müsse. Nur über den Markt, im Zuge der Konkurrenz, und mittels der Anziehungskraft der modernen landwirtschaftlichen Maschinen und Technik, die von der sozialistischen Industrie produziert würden, sollten die Bauern von den ökonomischen und sozialen Vorteilen der Genossenschaften überzeugt werden. Bucharin zitierte sogar schon 1925 von Mises: Sofern die Kommunisten die Produktion mit Befehlen, mit dem Stock leiten wollen, wird ihre Politik, und hat diese bereits einen Knacks erlitten.[64]

Dabei lehnte Bucharin jedoch Mises' Meinung ab, daß die Marktentwicklung zurück zum Kapitalismus führen müsse. Er glaubte, daß die arbeitenden Menschen nicht gegen ihren Willen, sondern nur auf Grund des eigenen Interesses an einer Erleichterung der Arbeit, einer Hebung ihres Lebensniveaus mit Hilfe der produktiveren Kollektivproduktion, einer kollektiven Sicherung ihres Alters und so weiter, zum Sozialismus gebracht werden können. Deshalb forderte er auch, daß zugleich mit der Entwicklung der NEP die Politik des sozialistischen Staats sich ändern und vor allem seine repressive und diktatorische Tätigkeit überwunden werden müsse.[65]

Doch ebendiese politische Einstellung Bucharins, seine Kritik der repressiven Staatstätigkeit, der Zwangspolitik, der riesigen Bürokratisierung und vor allem der wachsenden Machtkonzentration in den Händen des Parteiapparats wurde für Stalin untragbar und immer gefährlicher. Weder die Theorie der allmählichen Überwindung der privaten Produktion durch die Konkurrenz der sozialistischen Produktion, des allmählichen Aufbaus der Leichtindustrie im Zusammenhang mit der landwirtschaftlichen Produktion als Ausgangspunkt und Akkumulationsquelle für die Schwerindustrie[66] noch die Auffassung der allmählichen Demokratisierung und Liberalisierung des Staats war für Stalin annehmbar.

War schon für Stalin das dogmatisierte Denken in total vereinfachten Freund-Feind-Kategorien, in welchem jedermann Feind war, der nicht seine Vorstellungen des »Sozialismus« vertrat, charakteristisch, so war es vor allem sein persönliches Machtinteresse, welches ihn zur rücksichtslosen Beseitigung eines jeden Kritikers seines Vorgehens trieb. Aus diesem Denken und Interesse heraus konnte nur eine *Theorie des dauernd sich verschärfenden Klassenkampfs* sowohl innerhalb als auch außerhalb des Landes entstehen, wobei Bucharin und seine Anhänger als Vertreter des »Klassenfriedens mit den Kapitalisten« verurteilt werden mußten.[67] Im November 1929 wurde Bucharin aus dem Politbüro ausgestoßen, und damit hatte Stalin sich von seinem letzten großen Opponenten und Kritiker befreit.

Politik des verschärften Klassenkampfes

So richtig Bucharins Vorstellungen von der Ausnützung der Marktbeziehungen zwischen Industrie und Landwirtschaft, zwischen Stadt und Land waren, auf Grund derer sich die ökonomischen und sozialen Vorteile der sozialistischen Produktion gegenüber der privaten Produktion hätten allmählich durchsetzen sollen, so unrealistisch waren sie unter den gegebenen politischen und ideologischen Bedingungen. Bucharins theoretische Vorstellungen waren in dieser Zeit notwendigerweise noch zu einseitig und kompromißhaft, berührten nicht die eingewurzelten Vorstellungen über das Staatseigentum in der Industrie und ihre zentrale planmäßige Leitung und schon gar nicht die Vorstellung über die Diktatur des Proletariats mittels der monopolisierten Macht der kommunistischen Partei. Selbstverständlich kann dies nicht als eine Kritik Bucharins verstanden werden, denn schon auf Grund der von ihm vertretenen Theorien wurde er als »kapitalistischer Verräter« verurteilt. Doch ergaben sich aus dieser verständlichen theoretischen Halbheit notwendigerweise auch Bucharins scheinbare Schwächen gegenüber Stalins Argumentation.

Eine Industrieproduktion, die von einem riesigen, bürokratisierten, zentralen Apparat und ohne Marktansporn geleitet wurde, konnte sich nicht so entwickeln, wie es für eine allmähliche Ablösung der privaten Produktion nötig gewesen wäre. Die ungeheure Unwirtschaftlichkeit und niedrige Produktivität sicherten kaum die notwendige Akkumulationsentwicklung, und das zu langsame industrielle Wachstum stimulierte die landwirtschaftliche Produktion nicht ausreichend. Ohne Marktzwang und Marktstimulierung selbständiger Industriebetriebe konnte aber auch keine strukturell flexible Lieferung von Industrieprodukten, besonders moderner Produktionsmittel für die Landwirtschaft gesichert werden, was wiederum die Voraussetzung für einen freiwilligen Übertritt der Bauern in technisch attraktive genossenschaftliche Großproduktionen gewesen wäre. Ohne alle diese Bedingungen konnte auch in der Landwirtschaft nur eine normale sozialökonomische Differenzierung vor sich gehen, bei welcher die Großbauern nur immer reicher und die kleinen Bauern immer ärmer geworden wären.

Höchstwahrscheinlich wären auch Bucharin und andere Theoretiker zu den notwendigen Konsequenzen gekommen und hätten die Ausnützung des Markts auch innerhalb der Industrie beziehungsweise die unumgängliche Verselbständigung von industriellen kollektiven Marktbetrieben erkannt. Doch war eine solche Entwicklung für den bürokratischen Apparat von vornherein gefährlich und feindlich; sie war, ist und wird immer in ihrem Wesen antibürokratisch sein. In ihrer Konsequenz verlangt sie eine immer stärkere Demokratisierung sowohl innerhalb der Wirtschaft als auch in der Politik. Schon die ersten Vorwürfe gegen den bürokratischen Apparat trugen Bucharin die nie vergessene Feindschaft des Apparats und Stalins ein.[68]

Bucharin war sich in der Zeit, in welcher er seine Theorie und Kritik ausarbeitete, noch nicht voll klar darüber, bis zu welchen antisozialen und terroristischen Konsequenzen die bürokratische Macht gelangen würde, und daß sich in Stalins Politik und Vorgehen sehr genau die Logik des bürokratischen Systems spiegelte. Er war sich nicht bewußt, daß in einem Einparteisystem die sogenannte Diktatur des Proletariats notwendig zur Diktatur des Parteiapparats und seines personifizierten Machthabers degenerieren mußte, dessen einzige verläßliche soziale Stütze der gesamte bürokratische Machtapparat blieb.

Da die vollkommen bürokratisierte Industrie nicht imstande war, die kapitalistische Produktion in einem ökonomischen Wettbewerb zu besiegen und zu verdrängen, und der Staat sich auch nicht durch einen freien Warenaustausch genügend Getreide besorgen konnte, blieb die normale bürokratische Reaktion auf eine solche Situation: die Beseitigung der Marktbeziehungen und die Liquidierung der Großbauern. Nachdem der Staat nicht genügend Maschinen und keine neue Technik für moderne Kollektivproduktionen bereitstellen und die erzwungene, marktlose Beschaffung von Lebensmitteln von Millionen kleiner Einzelproduzenten nicht überwacht und realisiert werden konnte, war die schnelle Zwangskollektivierung der Bauern ebenfalls eine normale bürokratische Reaktion. Und da dies alles nicht ohne verzweifelten Widerstand der Bauern und hungernden Massen geschah, war die dauernde Vergrößerung und Stärkung des Machtapparats ebenfalls eine verständliche bürokratische Reaktion, die man mit der *Theorie des sich verschärfenden Klassenkampfs auch nach der völligen Liquidierung der Bourgeoisie* begründete.

Es ist selbstverständlich, daß jeder, der sich unter solchen Bedingungen gegen die unökonomische und antisoziale Politik stellte, die Interessen der arbeitenden Menschen verteidigte, einen wesentlich anderen Industrialisierungsvorgang vorschlug und die bürokratischen, administrativen Methoden kritisierte, zum Klassenfeind deklariert und liquidiert werden mußte. Folgerichtig wurde Bucharin als »Vertreter kleinbürgerlicher Interessen und Beschützer der Kulaken« (Großbauern) denunziert und für seinen angeblichen Widerstand gegen die sozialistische Kollektivierung verurteilt. Stalin, der einst an Trotzki kritisiert hatte, daß er die Kleinbauern als kleinbürgerliche, antisozialistische Klasse einschätzte und diese, statt sie zu gewinnen, unter das Diktat des proletarischen Staats stellen wollte, nahm nunmehr in der Praxis dieselbe Position ein. Mit einer unglaublichen Demagogie erledigte er Bucharin, der von Anfang an konsequent gegen diese Theorie und daher auch gegen die spätere Praxis kämpfte. Hatte Stalin dereinst Trotzki vorgeworfen, daß er die »revolutionären, sozialistischen Entwicklungsmöglichkeiten der Kleinbauern« unterschätzte, so klagte er Bucharin nun an, nicht die »kapitalistische Entwicklungstendenz der Bauern« zu sehen.[69]

Bucharins Kritik war die letzte offene Kritik an Stalin, die von einem Mitglied der höchsten Führungsgruppe vorgetragen wurde. Nach seiner politischen Niederlage wurde die sogenannte Einheit der Partei erreicht, die sich aber in Wirklichkeit als alleiniger Wille Stalins erwies. Von jenem Augenblick an war Stalin Alleinherrscher. In den formell höchsten Parteiorganen war er nur mehr von Jasagern umgeben. Und jede, auch die geringste kritische Bemerkung wurde fortan als Ausdruck einer feindlichen Gesinnung gewertet.[70]

Einige inszenierte Sabotage-Prozesse, wie zum Beispiel der Schachtinprozeß im Donezer Kohlenrevier, mußten als Beweis für die feindliche, schädigende Tätigkeit des Klassenfeindes und für den daher sich verschärfenden Klassenkampf dienen. Mit solchen Aufdeckungen von Feinden und ihrer Sabotagetätigkeit sollte die wachsende Unzufriedenheit des Volks von den eigentlichen Ursachen der riesigen Mängel in der Warenversorgung und ihrer ganzen Lebenslage ab- und ihr Zorn auf die von Stalin präsentierten »Volksfeinde« hingelenkt werden.[71]

Auf dem XVII. Parteitag im Jahre 1934 traten Bucharin, Rykow, Tomski, Sinowjew und Kamenjew mit einer menschenunwürdigen Selbstkritik auf. Es war ihr verzweifelter Versuch, sich nicht nur in der Partei zu halten, sondern vor allem innerhalb der Partei weiterhin gegen Stalins Diktatur kämpfen zu können. Stalin, der diese denkenden und erfahrenen Politiker fürchtete und ihnen keine Chance für eine weitere politische Tätigkeit mehr geben wollte, antwortete auf diesen Vorgang mit einer unglaublich teuflischen Attacke, welche zum Signal eines schwer vorstellbaren Massenterrors im ganzen Land wurde. Im Dezember 1934 ließ er Kirow, der ihm vollkommen ergeben war, aber wegen seiner steigenden Popularität beim Volk für ihn unbequem und gefährlich wurde, heimtückisch ermorden.

Diese Ermordung Kirows wurde dann als ein Komplott Trotzkis, Kamenjews, Sinowjews und anderer ausgegeben und diente als Vorwand für den ersten, perfekt inszenierten Schauprozeß.[72] Die mittels Folterungen, Erpressungen und fabrizierter »Beweismaterialien« erzielten Geständnisse wurden in einer riesigen Propagandakampagne so präsentiert, daß beim Volk der Eindruck einer breitangelegten und mit dem Ausland Verbindung haltenden antisowjetischen Verschwörung entstehen mußte.[73] Diese bewährte Methode wurde später auch von anderen kommunistischen Ländern angewendet und ist zu einem charakteristischen Wesenszug des Systems geworden.

Stalin entfesselte im ganzen Land eine Terrorwelle, welcher Hunderttausende unschuldiger Menschen zum Opfer fielen.[74] Seit damals haben die Verfolgungen nie mehr aufgehört, und die Denunziationen, die Willkür des Sicherheitsapparats und die Bespitzelungsmethoden wurden zu alles erdrückenden Tageserscheinungen. Stalin hat ein System geschaffen, das sich durch Terror und Angst der arbeitenden Menschen auszeichnete und das die Bezeichnung »Kommunismus« zu einem Synonym für »Unmenschlichkeit«, »Brutalität« und »Ungerechtigkeit« werden ließ.

Stalin hätte jedoch nie eine derartige Macht erlangen und sie jahrelang in der brutalsten Form ausüben können, wenn er nicht in verschiedensten, sich wesentlich ändernden Situationen am besten die Interessen des Parteiapparats auszudrücken und durchzusetzen vermocht hätte. Plötzliche Wendungen, ein geschicktes Abgehen von politischen Forderungen, die er zuvor als Prinzipien der Parteipolitik dargestellt hatte, Übergänge zu politischen Linien, die er in früheren Jahren als antileninistisch bekämpft hatte, die Verbindung mit bestimmten Politikern im Kampf gegen andere, um im nächsten Augenblick die ehemaligen Verbündeten mit den Argumenten derer zu liquidieren, gegen welche man gemeinsam vorgegangen war, all dies konnte Stalin nur deshalb helfen, seine Macht auszubauen, weil es jeweils den Interessen des Parteiapparats entsprach.

Die konsequente Verteidigung der Prinzipien der Neuen ökonomischen Politik, auch nach Lenins Tod, gegen die trotzkistischen Theorien einer Industrialisierung mit Hilfe einer Ausbeutung der (privaten) Bauern entsprach dem anfänglichen Interesse des Parteiapparats. Solange dieser Apparat noch relativ klein und schwach war und ohne freiwillige Unterstützung breiter Volksschichten nicht hätte existieren können, lag eine Industrialisierung, die einen zu starken Widerstand der Bauern hervorgerufen hätte, nicht in seinem Interesse. Daher konnte auch der trotzkistische Vorschlag einer beschleunigten Industrialisierung mit Hilfe zentralisierter Akkumulationsmittel aus der Landwirtschaft nicht siegen.

Die Bekämpfung jeglicher Dezentralisierung und Verselbständigung von Industriebetrieben mit Hilfe von Arbeiterräten und dergleichen sowie der zielbewußte Aufbau einer hochzentralisierten Leitungsorganisation der Industrie waren jedoch gleichzeitig das dominante Interesse dieses Apparats. Stalin verstand es am konsequentesten, diese innerlich widersprüchliche Interessenlage der Parteibürokratie auszudrücken und zu verteidigen.

Als die Bürokratie merkte, daß sie mit einer Weiterentwicklung der sozialistischen Weltrevolution nicht rechnen konnte und die Perspektive der eigenen Zukunftsexistenz zu verlieren begann, gab ihr Stalin – gegen die trotzkistische Linie der permanenten Revolution – die Existenzsicherheit mit der Ausrichtung auf den »Aufbau des Sozialismus in einem einzelnen Land«. Wieder war er der bessere Psychologe der Bürokratie.

Als der Widerstand der Bauern gegen Ende der zwanziger Jahre die Versorgung der Städte gefährdete und Bucharin eine Erweiterung des Marktmechanismus und eine Entbürokratisierung der Industriebetriebe forderte, um diese zu einer flexibleren, produktiveren und marktgerechteren Produktion zu zwingen, war dies die stärkste Bedrohung des bürokratischen Apparats. Und wieder scheute sich Stalin nicht, ihn zu retten und seinen Wirkungsbereich noch zu erweitern, indem er alle Prinzipien der NEP über Bord warf und zur Zwangskollektivierung überging. Mit Hilfe dieser unerwarteten und materiell unvorbereiteten Kollektivierung konnten Bedingungen für eine dirigistische Leitung und Kontrolle der landwirtschaftlichen Produktion, für polizeiliche Requirierungen der Agrarprodukte, für eine nie dagewesene Ausbeutung der Bauern, für eine Beschleunigung der Industrialisierungsfinanzierung und einen weiteren Ausbau des bürokratischen Verwaltungs- und Repressionsapparats gewonnen werden. Die einst, zusammen mit Bucharin, bekämpften trotzkistischen Industrialisierungsmaßnahmen wurden zur praktischen Realität, nachdem der Apparat bereits genügend stark war, um jeden Widerstand zu unterdrücken, und diese Unterdrückung zur Voraussetzung für eine Machtstärkung des Apparats selbst wurde. Trotzki war damals bereits politisch liquidiert, und als größte antibürokratische Gefahr wurde nun Bucharin beseitigt.

Der Parteiapparat, von Stalin geschaffen und verteidigt, stand in allen kritischen Momenten konsequent hinter ihm, hat ihn emporgehoben, idealisiert und glorifiziert. Er hat den Personenkult um Stalin aufgebaut, denn mit dessen Hilfe konnten alle Gegner des bürokratischen Zentralismus mühelos liquidiert werden.

Aber auch die Beseitigung dieses Stalinkults nach Stalins Tod lag im Interesse des Apparats. Denn die Identifizierung des Sozialismusbegriffs mit der Person Stalins im breiten Volksbewußtsein konnte plötzlich zu einer großen Gefahr für das System werden. Nach dem Ableben des »Führers« mußte eine bedrohliche Schwächung der Bereitschaft der Bevölkerung, für den »Sozialismus« zu darben, Mängel, Versorgungslücken und Wirtschaftsverluste kritiklos hinzunehmen, eintreten. Außerdem wurden alle einst von Stalin verfolgten und noch überlebenden Menschen, die Verwandten und Freunde seiner zahllosen Opfer, zur potentiellen Gefahr für das System, das nun nicht mehr durch Stalins Person gedeckt war. Der neue Repräsentant des Apparats mußte notwendigerweise das Bild Stalins zertrümmern, um die Partei und ihr System über alle Kritik zu stellen.

Chruschtschows Kritik des Stalinkults, die Lostrennung der »Sozialismusidee« von Stalins Person und Tätigkeit und die Verurteilung aller seiner Verbrechen nahm der Kritik von seiten der Stalingegner den Wind aus den Segeln. Chruschtschow war ein Vertreter jener Teile des Parteiapparats, der mit der verbrecherischen Tätigkeit Stalins nicht unmittelbar in Verbindung gebracht werden und daher öffentlich gegen diese auftreten konnte. Er wurde zum vermeintlichen Verteidiger aller stalinistischen Opfer, aber mehr und vor allem zum Retter des parteibürokratischen Systems. Auch die schnelle Liquidierung Berijas lag im Interesse des Parteiapparats, denn die potentielle Einnahme des höchsten Rangs durch diesen Mann des Sicherheitsapparats hätte viele Parteibürokraten gefährdet beziehungsweise einen Aufstieg des staatlichen Sicherheitsapparats im ganzen Machtsystem und die Bedrohung der Vormachtstellung des Parteiapparats mit sich bringen können.

Durch die Kritik des Personenkults wurde ganz gezielt alle existierende und angestaute Unzufriedenheit in der Bevölkerung von ihrer eigentlichen Ursache, dem bürokratischen

System, abgelenkt und auf einen zweitrangigen Faktor, den persönlichen Charakter und die Eigenschaften Stalins, hingeleitet. Wie wir weitersehen werden, sind alle politischen und ökonomischen Wesenszüge des bürokratischen Systems bis heute beibehalten worden; trotz der Aufdeckung und Verurteilung des verbrecherischen und terroristischen Stalinismus am XX. Parteitag der KPdSU haben sich nur die repressiven *Formen* ein wenig geändert. Die wesentlichsten, noch unter Lenin eingeführten und unter Stalin dann weiter ausgebauten Systemprinzipien, die die Entstehung des stalinistischen Terrorismus überhaupt zuließen, sind von Chruschtschow nicht nur nicht kritisiert, sondern im Gegenteil verteidigt worden.[75]

Die folgende Analyse der allgemeingültigen Wesenszüge des kommunistischen Systems soll beweisen, daß diese auch nach der Kritik Stalins nicht beseitigt wurden, daß sie in allen ihren Ansätzen bereits vor seiner Machtusurpation existierten und als solche das Resultat einer bereits einseitig vereinfachten, fehlerhaften und in der Praxis noch negativer pervertierten Theorie sind.

III. Das Wesen der kommunistischen Bürokratie

Persönliche Machtinteressen der Funktionäre

Bei einfachen Mitgliedern der kommunistischen Parteien, besonders in westlichen Staaten, und bei einem Teil der linken, revolutionären Jugend und ähnlicher Kreise entsteht sofort Mißtrauen, wenn man von der Bürokratisierung und von den Machtinteressen der kommunistischen Funktionäre in den »sozialistischen« Staaten spricht. Meist sind diese Menschen mehr emotional und sympathiemäßig als rational mit der kommunistischen Bewegung verbunden. Sie sehen in den kommunistischen Funktionären ehrliche, durch die bürgerliche Macht nicht zu korrumpierende Menschen, die während ihres Kampfes gegen den Kapitalismus oft schwerer Verfolgung ausgesetzt waren. Sie können und wollen deshalb nicht glauben, daß sich nach der Machtergreifung an dieser Integrität etwas ändern könnte.

Diese Einstellung gab es eine Zeitlang auch bei »alten« Kommunisten in den »sozialistischen« Ländern. Noch mehr als vor der Machtergreifung sind es aber hier nicht mehr unmittelbare Erfahrungen, welche diese Einstellung formen, denn die einfachen Parteimitglieder kommen immer weniger mit den hohen Funktionären in direkten persönlichen Kontakt; größtenteils bilden sich solche Vorstellungen auf Grund von Propaganda, die das Vertrauen und die Ergebenheit nicht nur der Parteimitglieder, sondern oft breiter Volksmassen bis zum Heldenkult der Führer verwandeln kann (Stalin, Mao Tse-tung, Castro usw.).

Es erhebt sich aber die berechtigte Frage, warum dies nur

eine propagandistische Verherrlichung sein sollte und warum diese Führer nicht auch nach der Revolution die konsequentesten Verteidiger der Volksinteressen sein können. Meist hört man den Einwand, daß sie ja auch das ureigenste Interesse an der Verteidigung der Volksinteressen haben müßten. Viele Menschen im Westen sind auch geneigt, ernste Fehler und Mängel des »Sozialismus« zuzugeben; sie können die Existenz riesiger bürokratischer Apparate nicht leugnen, doch verstehen sie dies alles nicht als Schuld der Führer. Man weist im Gegenteil darauf hin, daß all diese Mängel dauernd auch von den Führern kritisiert und bekämpft werden.

Doch entsteht hier bereits eine Konfusion in der Problemstellung und Argumentation, und wir müssen die Frage präzisieren. Zuerst einmal taucht die Frage auf, ob es die Möglichkeit einer harmonischen, effektiven und erfolgreichen Entwicklung der Wirtschaft unter den Bedingungen einer hochzentralisierten Leitung der gesamten wirtschaftlichen und anderweitigen sozialen Tätigkeit überhaupt geben kann. In »Argumente für den Dritten Weg«[1] wurde ziemlich eingehend gezeigt, warum ein derart organisiertes Wirtschaftssystem nicht recht funktionieren kann und warum es in der Effektivität hinter der kapitalistischen Wirtschaft zurückbleibt. Auch die fähigsten und charaktervollsten Führer können die wesentlichen Mängel und Widersprüche dieses Systems – im Falle seiner Beibehaltung – nicht beseitigen. Die andere Frage ist dann, inwieweit die Führer in dem gegebenen System seine wesentlichen Widersprüche überhaupt erkennen können und inwieweit sie bereit sind oder bereit sein dürfen, ein solches System wesentlich zu ändern. Lassen wir dabei die Frage beiseite, was für Beweggründe, was für einen Charakter, Fähigkeiten und so weiter die Führer vor der Machtergreifung haben. Es ist klar, daß auch hier so manches von Anfang an von den Massen beziehungsweise ihnen gegenüber idealisiert wird. In jeder politischen Bewegung gibt es charaktervolle und charakterlose, ehrliche Kämpfer und Opportunisten, Menschen, welche die Volksinteressen über die eigenen stellen, und andere, die diese Volksinteressen nur als Mäntelchen für ihre persönlichen Ambitionen benützen wollen. Zweifelsohne wird der Charakter der führenden Persönlichkeiten einen Einfluß auf die Bewegung vor und nach der Revolution beziehungsweise Machtergreifung haben[2], welcher um so negativer sein dürfte, je egoistischer und machtgieriger der einflußreichste Führer ist.

Auch wenn die Eigenschaften Stalins einen unübersehbaren negativen Einfluß auf die Entwicklung nicht nur der Partei nach der Revolution, sondern auch des ganzen sowjetischen Systems hatten, so darf dieser Einfluß doch auch wieder nicht überschätzt werden. Es ist kein Zufall, daß die heutigen Machthaber und ihre Ideologen alle negativen Erscheinungen der Vergangenheit Stalin anlasten wollen und in dem sogenannten Stalinkult die Ursachen aller schwerwiegenden Mißbräuche seiner Macht sehen. In Wirklichkeit gibt es jedoch bei allen Führern in den kommunistischen Systemen, ganz abgesehen von den spezifisch negativen Charakterzügen Stalins, etwas Gemeinsames, was ohne Ausnahme für alle gilt und was daher nicht das Resultat eines zufälligen Charaktermangels ist.

Allen gemeinsam ist die Verbundenheit mit der Partei sowie mit der unbezweifelten Vorstellung, die Partei müsse den »Sozialismus« beziehungsweise die »Diktatur des Proletariats« machtmäßig dadurch sichern, daß ihre Mitglieder alle wichtigen Positionen im neuen Staat besetzen. Diese Vorstellung, daß nur die Parteimitglieder und auch hier wieder nur die »professionellen Revolutionäre«, das heißt also der

Parteiapparat, beurteilen können, *wer* und *was* dem Sozialismus nützt und *wer* und *was* diesem feindlich ist, beruht auf der Überzeugung einer *notwendigen kommunistischen Elite*. Und ebendiese Überzeugung, die zum grundlegendsten Prinzip der kommunistischen Praxis in allen Ländern wurde, in denen Kommunisten die Macht erlangten, ist jener Schatten, welchen bisher kein kommunistischer Spitzenfunktionär hinter sich zu lassen vermochte. Mit diesem Prinzip sind nämlich *a priori* die Grenzen aller Fehler- und Mängelaufdeckungen durch den oder die jeweiligen Führer vorgegeben.

Das kommunistische System ist nicht funktionsfähig, solange es an ganz bestimmten *Grundprinzipien* festhält; mit anderen Worten: solange es nicht *wesentlich* geändert wird. Die wesentliche Änderung muß dann keineswegs einen Übergang zu einem kapitalistischen System bedeuten, sondern könnte im Gegenteil Bedingungen schaffen, durch die erst ein wirklich *sozialistisches* System entstehen würde. Die Aufdeckung der Notwendigkeit einer solchen wesentlichen Systemänderung liegt jedoch eben nicht mehr innerhalb der Kompetenzen der Führer, die mit der Partei und an ihrer Spitze das kommunistische System errichteten beziehungsweise von diesem später an die Spitze gehoben wurden. Als Chef der Partei, deren führende Rolle zu den Grundprinzipien des Systems gehört, kann er sich nicht mehr für eine Änderung des Systems einsetzen, die das Verschwinden der »führenden Rolle dieser Partei« bedeuten würde.[3] Und eben darin besteht das eigentliche Dilemma aller kommunistischen Führer bei ihren »Versuchen«, die bestehenden Mängel zu beseitigen.

Auch wenn wir also von der Tatsache ausgehen, daß die kommunistischen Führer die verschiedensten Charaktere, moralischen Profile und Beweggründe hatten, daß es solche gab, denen die Bedürfnisse und Interessen der arbeitenden Bevölkerung wirklich am Herzen lagen, aber auch solche, denen sie nur als Vorwand für persönliches Machtstreben dienten, so war und ist ihnen eines gemein: daß nämlich ihr persönliches Vorgehen immer an die Partei, besser gesagt an die »professionellen Revolutionäre«, also an den Parteiapparat gebunden war. Nur das konnten sie aufdecken, verfolgen und durchsetzen, was nicht gegen den Parteiapparat gerichtet war. Sobald sie gegen die Interessen des Parteiapparats gehandelt hätten, wären sie damit keine kommunistischen Führer mehr gewesen, was zugleich bedeutet, daß sie nur mit einer anderen sozialen Unterstützung bestimmte gesellschaftliche Ziele hätten verfolgen können.

Eine solche Problemstellung ist hier nicht künstlich entwickelt worden, sondern sie bezeichnet ein dauerndes Dilemma verschiedener, kommunistischer Führer, für das gelegentlich schon unterschiedliche Lösungsversuche vorgeschlagen wurden, ohne indessen je wirklich gelöst zu werden. Selbstverständlich entstand dieses Dilemma nicht unter Stalin, Novotný, Ulbricht, Breschnew und anderen, die als ureigenste Produkte des Parteiapparats mit dessen Interessen von Anfang an und dauernd verbunden gewesen waren und deren eigene Machtstellung nur mit Hilfe des Apparats aufrechterhalten werden konnte. Führer, die also ganz zielbewußt ihre eigene persönliche Macht verfolgten, die die Bedürfnisse und Interessen der Bevölkerung nur insoweit vertraten, als ihre Durchsetzung sich nicht gegen ihre eigenen persönlichen Interessen richtete, solche Führer konnten überhaupt keinen Widerspruch zwischen den Interessen des Volks und den Interessen des Parteiapparats aufdecken. Auch wenn sie – wie zum Beispiel Stalin – als Produkt des Parteiapparats über diesen hinauswuchsen und eine künstlich geschaffene »Popularität« beim Volk erlangten, so war ihnen doch deutlich bewußt, daß auch diese »Popularität« nur vom Apparat geschaffen war, daß sie ohne diesen verloren gewesen wären.

Doch waren nicht alle Führer so veranlagt, man denke nur an Lenin oder Mao Tse-tung. Lenin wurde sogar von seinen häufigen Opponenten und Widersachern als Mensch charakterisiert, dem es nicht um eigene, persönliche Machtaspirationen ging. Trotzki, der am häufigsten innerhalb der Partei von Lenin bekämpft wurde, sagt über Lenin: »Lenin schätzte die Macht als Aktionsinstrument äußerst hoch, aber das Streben nach Macht um der Macht willen war ihm völlig fremd. Nicht so Stalin.«[4]

Lenin kann daher nicht als ein machtgieriges Produkt des Parteiapparats bezeichnet werden. Sein persönliches Suchen nach Bedingungen und Wegen für eine Durchsetzung der Interessen arbeitender Menschen konnte zwar als fehlerhaft, vereinfacht oder fanatisch, jedoch nicht als unehrlich bezeichnet werden. Trotzdem hatte auch er Grenzen gesetzt, die er nicht mehr überschreiten konnte. Als höchstwahrscheinlich fähigster Theoretiker und Sozialanalytiker aller kommunistischen Führer kam er auch nach der Machtergreifung zu der weitestgehenden Kritik der Bürokratie und Bürokratisierung der Partei. Er suchte bis zu seinem Lebensende angestrengt nach Wegen und Institutionen zur Überwindung dieses furchtbaren sozialen Phänomens. Nach Trotzki kam er sogar schon zu der Schlußfolgerung, daß die Ursache der Bürokratisierung beim Organisationsapparat der Partei selbst und bei deren Generalsekretär zu suchen sei.[5] Doch die wirklichen Ursachen hatte er auch damit nicht aufgedeckt. Solange die kommunistischen Funktionäre mit monopolisierter Macht unabhängig von den Massen der arbeitenden Menschen wichtige und attraktive Positionen in der Gesellschaft besetzen und über die gesamte Gesellschaftsentwicklung entscheiden können, werden sie sich auch immer wieder zu einer bürokratischen Kaste zusammenschließen. Dies hatte auch Lenin nicht mehr erkannt. Besser gesagt, es wird eine nichtbeantwortete Frage bleiben, ob er dies wirklich nicht gesehen hat, denn seine Kritik der bürokratisierten Parteifunktionäre während seiner letzten Lebensjahre war äußerst scharf und häufig. Aber das Zugeständnis, daß dies ein notwendiges Resultat eines undemokratischen Einparteisystems ist, hätte die Negierung seines Lebenswerks wie seine Abtrennung von jener sozialen Machtelite bedeutet, der er zu ihrer sozialen Sonderstellung verholfen hatte. Und dies war daher auch die Grenze seiner öffentlich zugestandenen Erkenntnis und seiner Möglichkeit, die kritisierten Mißstände zu beseitigen.

Nach Lenin verfügte keiner der kommunistischen Funktionäre mehr über eine solche politische Stellung und die nötigen analytischen Fähigkeiten, um sich über die Partei und den Parteiapparat hinweg direkt an die Bevölkerung wenden und diese zu einer Systemänderung aufrufen zu können, die gegen das Prinzip der »führenden Rolle der Partei« gerichtet gewesen wäre. Von Interesse ist der wenig beachtete Versuch von N. S. Chruschtschow – obwohl ein typischer Vertreter des Parteiapparats –, im Jahre 1962 den Parteiapparat in zwei selbständige Sektionen, eine industrielle und eine landwirtschaftliche, mit allen dazugehörigen Abteilungen und eigenen Sekretariaten aufzuteilen. Auch wenn dies nicht das Ende der Vormachtstellung des Apparats gegenüber dem Volk bedeutet hätte, so wäre doch eine relativ selbständigere Durchsetzung von Bedürfnissen und Interessen der Landwirtschaft gegenüber der einseitig forcierten Industrieentwicklung vielleicht möglich gewesen. So problematisch und unkoordiniert alle diese Schritte Chruschtschows (auch seine Abschaffung der zentralen Ministerien, die vorbereitete Dezentralisierung des Planungsamts und so weiter, waren – und so wenig sie das Prinzip der führenden Rolle der Partei berühren sollten –), so gefährlich wurden sie in Wirklichkeit für den bürokratischen Apparat. Sie gefährdeten die einheitliche Hierarchie, die konfliktlose Durchsetzung seiner Interessen und die Erhaltung seiner privilegierten Vormachtstellung. Es war dies einer der Hauptgründe, warum Chruschtschow schließlich die Unterstützung des Apparats verlor und gestürzt wurde.

Noch interessanter ist der Versuch Mao Tse-tungs, die Despotie des bürokratischen Apparats mit Hilfe einer antibürokratischen Kulturrevolution zu überwinden. Es ist der *einzigartige Versuch* eines kommunistischen Führers, sich nicht nur über den Parteiapparat hinweg, sondern auch gegen ihn und mit dem Ziel einer Umwandlung des Staats- wie auch Parteiapparats, an die arbeitenden Massen zu wenden. Es ist aber zugleich der Ausdruck eines Machtkampfs in der Parteispitze selbst, in welcher der Einfluß Liu Shao-tschis, mit wachsender Unterstützung des Apparats, auf die Systementwicklung immer stärker wurde. Zweifelsohne wollte Mao Tse-tung mit Hilfe einer neuen sozialen revolutionären Welle einer Entwicklung entgegenwirken, mit der er nicht nur ideologisch nicht einverstanden war, sondern die sich auch machtmäßig immer mehr gegen ihn wandte. Er reagierte also auf die Tendenz, daß ein wachsender Teil des Apparats in seiner eigenen gesetzmäßigen Entwicklung in Mao Tse-tung nicht mehr seinen verläßlichen Vertreter und Verteidiger sah.

Eine eingehende spezifische Analyse der chinesischen Entwicklung würde vermutlich auch aufzeigen, warum die Entwicklung des bürokratischen Apparats Machtinteressen hervorbringen mußte, denen es nicht nur um die Stabilisierung der inneren sozialen Verhältnisse und Strukturen ging, sondern die auch mit der Entwicklung des Systems in der Sowjetunion sympathisierten. Die sowjetische Machtbürokratie war wieder einmal versucht, die politische Entwicklung in China für ihre eigenen außenpolitischen Ziele und Hegemonieansprüche auszunützen. In diesem Bestreben fand sie nicht nur in Liu Shao-tschi, sondern auch in weiteren Vertretern des Apparats Verbündete. Diese Entwicklung mußte sich zwangsläufig gegen Mao Tse-tung wenden, der durch seine Theorien, zum Beispiel durch die Theorie über »mögliche innere Widersprüche im Sozialismus zwischen Partei und Volk«[6], und durch seine außen- und innenpolitischen Bestrebungen Unruhen hervorrief, die immer mehr auf den Widerstand sowohl der heimischen als auch der ihr nahestehenden sowjetischen Machtbürokratie stießen.

Es kann nicht Aufgabe dieser Arbeit sein, die spezifische chinesische Problematik eingehend zu analysieren. Hier sollte nur in Kürze der einzigartige Prozeß aufgezeigt werden, in dem ein kommunistischer Führer sich auch gegen das Interesse des kommunistischen Parteiapparats an das Volk wandte: Er wurde durch die Spezifik der interessenmäßigen Loslösung eines großen Teils dieses Apparats von Mao sowie durch außenpolitische, mit diesem Apparatteil konform verlaufende und gegen Mao gerichtete Bestrebungen der UdSSR hervorgerufen. Es waren daher die objektiven Bedingungen, welche Mao zwangen, sich nach einer neuen, aktionsfähigen sozialen Unterstützung gegen den bürokratischen Apparat umzusehen. Doch auch diese einzigartige Aktion war nicht gegen das Prinzip der führenden Rolle der kommunistischen Partei, also gegen die monopolistische politische Macht einer Partei gerichtet. Auch hier wurde die grundlegende Ursache der dauernden Bürokratisierung kommunistischer Funktionäre nicht beseitigt.[7] Der Zorn und die Kritik der jugendlichen und antiautoritären Kämpfer führte zwar zu einer Säuberung der Apparate von einer großen Anzahl meistgehaßter Bürokraten, wobei jedoch schon der äußerst emotionelle, stoßartige und von vielen Zufällen abhängige Charakter einer solchen einmaligen Säuberungswelle nicht immer geschickt getarnte Karrieristen treffen mußte. Doch das Wesen des Apparats selbst wurde dadurch nicht betroffen, und sobald sich die Wogen der Kulturrevolution geglättet hatten, begann dieser, sich neu zu formieren und zu rekrutieren: aus teilweise neuen Mitarbeitern. Nach einer bestimmten Zeit wird dieser Apparat notgedrungen wieder Bürokraten erziehen und mehr oder weniger mit denselben Methoden arbeiten wie zuvor. Auch wiederholte »Kulturrevolutionen« können das bürokratische Phänomen nicht beseitigen (abgesehen von den verschiedensten damit verbundenen enormen wirtschaftlichen Verlusten), solange sich nicht bestimmte Grundzüge des Systems selbst ändern. Es ist eben notwendig, die Lösung nicht bei den großen Führern zu suchen, auch wenn einige von ihnen dieses gefährlichste Phänomen sahen, kritisierten und sogar mit den oder jenen Aktionen überwinden wollten. Zugleich kann jedoch nicht übersehen werden, daß während der bisherigen kommunistischen Entwicklung im sowjetischen Machtbereich der bürokratische Apparat in seiner sozialen Stärke mehr Führer zur Macht brachte, die sich nicht gegen ihn wandten, sondern im Gegenteil zu seinen expressivsten Interessenvertretern wurden.

Es ist dabei nicht so, daß die Führer, die Parteioberhäupter, die Generalsekretäre der Partei in einem kommunistischen Land kein Interesse an einer funktionierenden Wirtschaft, einem steigenden Lebensstandard des Volks oder an einem prosperierenden sozialistischen System hätten. Dieses subjektive Interesse der politischen Führer existiert, aber ihr

Hauptanliegen, daß dies alles unter ihrer Kontrolle verläuft, daß ihre Leitungsfunktion erhalten bleibt und allem vorgebeugt wird, was ihre personelle Macht bedrohen könnte, dieses Interesse steht an erster Stelle und prägt ihre Tätigkeit. Sie werden dabei immer subjektiv überzeugt sein, daß zwischen diesem Interesse an ihrer eigenen Stellung und dem Interesse der Gesellschaft kein Widerspruch besteht. In Wirklichkeit müssen aber notwendigerweise solche Widersprüche entstehen. Denn die Erkenntnismöglichkeit der Machthaber entspricht nicht immer den Bedürfnissen der sich entwickelnden Gesellschaft, sie kann dagegen von einem bestimmten Entwicklungsstadium an in Widerspruch mit neuen Entwicklungsbedürfnissen geraten, da die Auswahl der Führer − einer *bestimmten Entwicklungsetappe* gemäß (soweit es überhaupt um eine Auswahl ging) − nicht mit den Anforderungen einer *qualitativ unterschiedlichen, späteren Etappe* konform gehen muß. Bereits damit läßt sich die demokratische Forderung einer periodischen Ablösung von Parteiführern, Regierungschefs und so weiter begründen. Nur sie gewährleistet, daß jeweils die fähigsten, am besten vorbereiteten, qualifiziertesten Männer an die Spitze der Gesellschaft gelangen. Denn jene, die beispielsweise die Aufgaben des eigentlichen Revolutionskampfs gut bewältigen konnten, müssen sich keineswegs auf einen sozialistischen Wirtschaftsaufbau verstehen; das richtige Verständnis der Probleme einer Industrialisierungsetappe sowie der ihr entsprechenden extensiven wirtschaftspolitischen Mittel muß keineswegs ein richtiges Begreifen vollkommen neuer Ziele und Mittel einer Entfaltungsperiode bedeuten, in der es keine Reserven an Arbeitskräften gibt und das Effektivitätsproblem eine entscheidende Bedeutung erlangt, und so fort. Sobald jedoch das kommunistische System eine solche automatische Ablösung der Führungskräfte sowie eine wirklich freie und öffentliche Konfrontation unterschiedlicher Ansichten, Lösungsvorschläge und der damit notwendigerweise verbundenen Initiativen verschiedener Politiker und Gruppierungen nicht zuläßt, entstehen schwerwiegende und unnatürlich anwachsende Entwicklungshindernisse und Verluste für die Gesellschaft.

Noch gefährlicher als solche Mängel, die bei kommunistischen Führern nach längeren Regierungszeiten eintreten und zu Widersprüchen mit dem Volk führen, sind eben deren Machtinteressen, die es ihnen nicht erlauben, Änderungen zuzulassen, die zugleich ihre Machtposition bedrohen würden. Sobald die Gesellschaft keine wirkliche Wahlmöglichkeit hat, kann sie nicht mit normalen, institutionell gesicherten Mitteln die Führer kontrollieren, kritisieren und – wenn nötig – abberufen. Wo Politiker *de facto* nicht dem Volk gegenüber verantwortlich sind, sondern über diesem stehen, wo alle sich vor einem beugen und dieser mit Hilfe eines bürokratischen Apparats darüber entscheiden kann, welche Ansichten zugelassen und publiziert werden können, welche als richtig anerkannt und welche als feindlich eingestuft werden, dort kommt es notwendigerweise zur Personifizierung der »gesellschaftlichen« Interessen, zur Identifizierung der Interessen des Oberhauptes mit den Interessen der Gesellschaft. Jede gegensätzliche Ansicht, jeder Vorschlag, der den persönlichen Interessen des Führers nicht entspricht, wird unterdrückt und machtmäßig liquidiert, ohne daß die Gesellschaft die Möglichkeit hätte, sich zu überzeugen und zu entscheiden, ob ihr diese Ansichten besser entsprechen als jene des Führers.

Die Hervorhebung des sogenannten Prinzips der »kollektiven Führung« als Schranke gegen eine solche Einmannmacht ist nur eine rein formale Maßnahme und berührt nicht das Wesen der Sache. Solange das Volk nicht wirklich die

Möglichkeit hat, eine Führungsgruppe zu wählen, zu kontrollieren, zu kritisieren und abzuberufen, bedeutet dies nichts anderes als die Höherstellung der Interessen dieser Gruppen gegenüber den Interessen des Volks. Abgesehen davon kommt es in der Praxis auch innerhalb dieser Gruppe immer zu stillen Machtkämpfen, zu Machtungleichgewichten und -verschiebungen und schließlich wieder zum Machtübergewicht des einen gegenüber den anderen. Und hier liegt das eigentliche verdeckte Problem, nämlich die Existenz der bürokratischen Macht hinter der persönlichen Macht der Spitzenfunktionäre.

Auch wenn es so scheint, als hätten Stalin, Chruschtschow, Breschnew oder andere die eigentliche Macht in Händen gehabt und immer ihre persönlichen Interessen durchsetzen können, gibt es doch eine dialektische Beziehung zwischen der Macht der Spitzenfunktionäre und der Macht des bürokratischen Parteiapparats, in der zwar die Ersteren eine relative Selbständigkeit haben – und dies um so mehr, je größer ihre propagandistisch aufgebauschte Popularität ist –, aber in Wirklichkeit die größere Macht *langfristig* beim Parteiapparat liegt. Solange der Erste Sekretär mehr oder weniger eine Politik durchsetzt, die den grundsätzlichen Interessen der Parteibürokratie entspricht, so lange wird er auch seine dominierende Stellung behaupten. Sobald er jedoch versucht, politische Änderungen durchzusetzen, die sich gegen die Interessen des Parteiapparats wenden, wird er früher oder später scheitern. An dieser Gesetzmäßigkeit des kommunistischen Systems kann auch das einmalige Vorgehen Mao Tse-tungs nichts ändern, der immerhin noch so machtvoll war (als er seinen Einfluß auf den Parteiapparat schwinden sah), daß er eine revolutionäre Welle gegen die Bürokratie initiieren konnte.

Allgemein ist jedoch die gesamte Bürokratie im kommunistischen System die eigentlich entscheidende, leitende und herrschende Schicht, ohne die sich kein einzelner beziehungsweise keine Führungsgruppe länger behaupten könnte. Die Bürokratie ist die bestorganisierte und interessenmäßig einheitlichste soziale Schicht, wobei innerhalb dieser wieder die kommunistische Parteibürokratie die eigentlich führende Rolle spielt. Auch wenn die Parteibürokratie zur Beherrschung des Volkes notwendigerweise den ganzen bürokratischen Staatsapparat braucht und in den Grundinteressen mit diesem übereinstimmt, bildet sie eine Machtelite, der gegenüber sich die Staatsbürokratie in einer untergeordneten Stellung befindet.

Die Parteibürokratie verfügt über eine solche Menge ausschließlicher und komplexer Informationen sowie monopolistischer Instrumente zur Manipulierung von Menschen, daß der Politiker, der die Unterstützung dieser Bürokratie erhält, unter normalen Umständen (solange die Bürokratie diese Macht zum Beispiel durch revolutionäre Aufstände und ähnliches nicht verliert) alle seine Widersacher besiegen kann. Persönliche Machtkämpfe zwischen rivalisierenden kommunistischen Spitzenpolitikern waren und sind daher immer vor allem Kämpfe um die Erlangung einer entscheidenden Unterstützung des Parteiapparats. Dabei geht es nicht nur darum, wer von diesen Politikern den augenblicklichen Interessen dieses Apparats am nächsten steht, sondern auch, wer durch persönliche Bindungen die meisten und entscheidenden Bürokraten (Sekretäre, Abteilungsleiter und dergleichen) auf seine Seite bekommt. Letzteres benötigt oft jahrelange Vorbereitungen und zielbewußtes Handeln.

Der Politiker, der daher eigentlicher Repräsentant des Parteiapparats ist und seine Unterstützung erhält, wird auch immer in Situationen eines offenen wie stillen persönlichen

Machtkampfs andere besiegen oder in eine untergeordnete Stellung drängen können. Wer die Unterstützung des Parteiapparats nicht hat oder diese verliert oder wer gegen den favorisierten Vertreter des Parteiapparats ankämpft, wird diesen Kampf mit ziemlicher Gewißheit verlieren. Dies mußten einst Trotzki und andere im Kampf gegen Stalin erfahren, dies bekam unerwartet Chruschtschow zu spüren, als er begann, gegen die Interessen des Apparats vorzugehen, und dies mußte auch Kossygin erkennen, als er der tatsächlichen Vormachtstellung Breschnews zu weichen hatte. Wenn Breschnew in seiner Politik die Unterstützung des Parteiapparats verlieren sollte, wird es ihm ebenso wie seinen Vorgängern ergehen. Als Gomulka durch eine ungeschickte Lohn- und Preispolitik breite Schichten von Arbeitern zu Verzweiflungskämpfen trieb und dadurch die Stellung der ganzen Parteibürokratie gefährdete, verlor er deren Unterstützung und mußte Gierek, dem neuen Vertreter des Parteiapparats, weichen. Auch Novotný hätte nie gestürzt werden können, wenn der Parteiapparat nicht bereits längere Zeit gegen seine Führung wachsende Bedenken gehabt und sich auf einen Wechsel an der Spitze vorbereitet hätte. Als dann jedoch durch eine revolutionäre Welle Änderungen an der Spitze gegen den Willen der Mehrheit des Parteiapparats eintraten, war es auch diese Parteibürokratie, die zum stärksten Feind der Reformentwicklung wurde und die militärische Intervention von außen mitvorbereiten half. Auch wenn daher die politischen Führer in einem kommunistischen System immer eine weitaus wichtigere Rolle spielen als in einem demokratischen System, und dies sowohl in ihrer revolutionären, umwälzenden als auch in ihrer späteren überwiegend konservierenden, zementierenden Tätigkeit im Hinblick auf das System, so kann diese Rolle erst dann voll verstanden werden, wenn wir die spezifische Problematik der »sozialistischen« Bürokratie erkennen. Nur im Verhältnis zu dieser besonderen sozialen Interessengruppe und ihrer Rolle im System können die Möglichkeiten und Entwicklungstendenzen auch der führenden Persönlichkeiten hier klarer hervortreten.

Allgemeine Charakteristik der Bürokratie

Will man die spezifische Eigenart der kommunistischen Bürokratie wirklich verstehen, so muß man auf Grund einer allgemeinen Charakteristik des Bürokratieproblems zur Erkenntnis der sowjetischen Besonderheiten und ihrer Ursachen gelangen. Die Entwicklung der Bürokratie und ihrer herrschenden Stellung in der Gesellschaft, sowohl als wichtiges Instrument der Machtausübung anderer sozialer Klassen als auch eigener Machtinteressen, ist geschichtlich nicht neu. Bis auf kurzfristige Ausnahmesituationen jedoch – Situationen von machtmäßigen Gleichgewichten (Pattsituationen) zwischen einander bekämpfenden Klassen, in welchen die Bürokratie vorübergehend zur stärksten Macht im Staate werden und sich über diese Klassen erheben konnte[8] – war die Bürokratie immer den Interessen der ökonomisch und politisch mächtigsten sozialen Klassen im Staate unterstellt. Erst mit der Entstehung des kommunistischen Systems in der Sowjetunion sowie der damit verbundenen Beseitigung wichtiger interner und externer antibürokratischer Faktoren wurde die Bürokratie erstmals in der Geschichte zur absoluten Alleinherrscherin in der Gesellschaft, wobei die Bürokratisierung der gesamten gesellschaftlichen Verwaltung *ad absurdum* geführt wurde. Um dies jedoch zu verstehen, wollen wir hier zunächst eine allgemeine Charakteristik der Bürokratie geben.

Es soll versucht werden, in einer kurz zusammenfassenden Verallgemeinerung die Stellung und Rolle der Bürokratie vor allem in legalen bürgerlichen Herrschaftsformen mit einem bürokratischen Verwaltungsapparat sowie die daraus entspringende charakteristische Tätigkeit, Interessentwicklung und Verhaltensweise der Bürokratie aufzuzeigen.[9] Damit sollen zugleich die Begrenzungen und *antibürokratisch* wirkenden Faktoren, Interessen und Strukturen hervortreten. So kann dann klarer verständlich gemacht werden, wie sich bei einer Beseitigung solcher antibürokratischer Faktoren in einem kommunistischen System die Stellung und Rolle der Bürokratie wesentlich ändert und wie verschiedene, bereits in den heutigen hochentwickelten kapitalistischen Staaten negativ wirkende bürokratische Tendenzen verabsolutiert werden und zur völligen Pervertierung des sozialistisch gedachten Systems führen.

Allgemein gesprochen ist die Bürokratie das Produkt einer solchen Arbeitsteilung in der Gesellschaft, die zur Lostrennung des Handwerks von der Landwirtschaft, zur Entstehung der Städte, zur Entwicklung des Handels zwischen Stadt und Land und schließlich zu einer Klassenstruktur und Staatsbildung führte. Diese geschichtliche Entwicklung führte zur Entstehung kompliziert zusammenhängender organisierter Tätigkeiten und Prozesse innerhalb der Gesellschaft, bei denen hoch konzentrierte und komplexe Entscheidungen über die Entwicklung dieser vergesellschafteten Tätigkeit und Prozesse mit Hilfe spezieller professioneller Verwaltungsorganisationen gefällt werden müssen. Unterschiedlich breite ˇund konzentrierte Agglomerationen von Tätigkeiten und zwischenmenschliche bzw. -sachliche Beziehungen verlangen auch unterschiedlich ausgeweitete kontinuierliche oder periodische Entscheidungsfällungen über den Verlauf dieser Tätigkeiten und Beziehungen. Die damit verbundene Informationsbeschaffung, Informationsbearbeitung, Beurteilung, Entscheidungsfällung, Entscheidungsübermittlung, Registrierung, Kontrolle, Vorschriftenabfassung, Vorschriftendurchsetzung und -überwachung usw. kann allgemein als Verwaltungstätigkeit bezeichnet werden; diese Verwaltungstätigkeit hat wieder in ihrer Kompliziertheit zur Entstehung mehr oder weniger ausgedehnter Verwaltungsorganisationen (Verwaltungsapparate) mit vielen professionellen Beamten und anderen Angestellten sowie zu einer spezifischen Arbeitsteilung innerhalb dieser Apparate geführt.

Die relativ größten Verwaltungsapparate entstanden als Staatsapparate und sind mit der geschichtlichen Entwicklung der staatlich organisierten Klassengesellschaften verbunden. Verwalten heißt daher auch immer Macht walten lassen und herrschen, denn immer wird die Verwaltung mit der Verfolgung bestimmter politischer Interessen und diesen entsprechender Willensdurchsetzung, als auch mit der Erteilung von Befehlen, denen ein bestimmter Umkreis von Menschen zu gehorchen hat, verbunden sein. »Jede Verwaltung bedarf irgendwie der Herrschaft, denn immer müssen zu ihrer Führung irgendwelche Befehlsgewalten in irgend jemandes Hand gelegt sein.«[10] Die Verwaltungstätigkeit kann daher nie als nur rein rationale, auf der Erkenntnis von objektiven Zusammenhängen und Entwicklungsbedürfnissen der verwalteten Menschen- und Sachagglomerationen beruhende, sondern immer auch als eine interessenmäßige, das heißt bestimmten Interessen entsprechende und eventuell anderen, abweichenden Interessen entgegengesetzt wirkende Tätigkeit angesehen werden. Auch wenn daher »herrschen« nach Weber immer auch bedeuten muß, für »Befehle bei einer angebbaren Gruppe von Menschen Gehorsam zu finden«[11], so bedeutet dies nicht, daß die *gehor-*

chenden Menschen immer dieselben Interessen wie die *Befehlenden* haben müssen und daß sie immer *gern und freiwillig* gehorchen. Auch das Gehorchen, das durch »Furcht vor der Rache des Machthabers«[12] in autoritären Herrschaftssystemen, ohne Interessenidentifikation der Herrschenden und der Beherrschten erzielt wird, schafft einen für die Herrschaftsrealisierung nötigen Gehorsam.

Die Bezeichnung von Angestellten der Verwaltungsapparate als Bürokraten beziehungsweise der ganzen sozialen Gruppe als Bürokratie hat von jeher einen pejorativen Beigeschmack, in welchem die menschliche Erfahrung mit verschiedenen negativen Begleiterscheinungen dieser Verwaltungstätigkeit zum Ausdruck kommt.[13] Wie selten eine menschliche Tätigkeit ist die Verwaltungstätigkeit innerlich widersprüchlich. Ihr eigentlicher Inhalt ist die gesellschaftlich benötigte und nützliche Verwaltung jener Tätigkeiten und Prozesse, die ohne diese Verwaltung nicht organisiert ablaufen könnten. Gleichzeitig werden sich aber immer durch eine Zielverfolgung in der Verwaltungstätigkeit, die bestimmten spezifischen, dem Volk entfremdeten Interessen entspricht, als auch durch einen exzessiv formalisierten Ablauf der Verwaltungstätigkeit, bei welchem wachsende Effizienzmängel zu verzeichnen sind, negative Auswirkungen ergeben, die als eigentlicher Bürokratismus zu bezeichnen sind. Diese negative Ausdrucksform der Verwaltungstätigkeit kann derart anwachsen (sowohl bei übertriebener Größe des Verwaltungsapparats als auch unter spezifischen gesellschaftlichen Bedingungen), daß sie den positiven Verwaltungsinhalt stark berührt und auf die verwalteten Menschen sowie ihre Tätigkeit stärker negativ als positiv wirkt. Die negativen Auswirkungen auf breite Bevölkerungsschichten können unter bestimmten Bedingungen und besonders im kommunistischen System sowjetischer Prägung, wie wir weiter sehen werden, so unerträglich werden, daß die Untersuchung des Wesens und der Ursachen dieser negativen Seite der Verwaltungssysteme, des eigentlichen Bürokratismus, an Bedeutung gewinnt.

Selbstverständlich kann dies nicht bedeuten, daß man dabei den positiven, gesellschaftlich nützlichen Inhalt der Verwaltungstätigkeit außer acht läßt. Auch die anarchistischen Kritiker der staatlichen Bürokratie, Proudhon, Bakunin, Kropotkin und andere haben nicht die Notwendigkeit gesellschaftlicher Verwaltungstätigkeit als solche verneint, sondern eben nur die negative Funktion des Staats und der Bürokratie auf ihre Weise dargestellt und Wege zu ihrer Überwindung gesucht. Die Kritik der entfremdeten Machtkonzentration und Repressionsfunktion des Staats führte sie zur Ablehnung und Bekämpfung der Staatsorganisation als solcher und zur Hervorhebung von Selbstverwaltungsformen.

Eine professionelle Staatsverwaltung hat die allgemeine, gesellschaftlich benötigte und in diesem Sinne positive Aufgabe, eine schier unübersehbare Menge von arbeitsteilig getrennten Tätigkeitssphären, die sich innerhalb eines mehr oder weniger großen staatlichen Territoriums entwickeln, zusammenzuhalten, zu koordinieren, rechtliche Verhaltensrahmen, als auch bestimmte materielle Bedingungen für ihren Verlauf zu schaffen, und diese schließlich vor zerstörerischen inneren als auch äußeren Aggressionen zu schützen. Die Notwendigkeit einer solchen professionellen Verwaltungstätigkeit in einer produktionsmäßig und arbeitsteilig hoch entwickelten Gesellschaft ist offensichtlich, denn ihre Verwaltung ohne einen spezifischen Beamtenapparat ist auf der heutigen Stufe der Entwicklung schwer denkbar. Jedoch bereits die Art und Weise dieser Verwaltungstätigkeit, ihre innere Organisation, ihre Effizienz, die Art der Willensbildung im Verwaltungsapparat, seine Unterordnung unter bestimmte Interessen in einer interessenmäßig zersplitterten Gesellschaft, die benützten Formen und Wege für eine Interessen- und Willensdurchsetzung, dies alles kann unterschiedlich verlaufen und in bestimmten Zeiten und unter bestimmten gesellschaftlichen Bedingungen auch unterschiedlich starke positive oder negative Wirkungen auf die Entwicklung einer staatlich organisierten Gesellschaft haben. Da nun mit dem Begriff des Bürokratismus vor allem die auf das Volk negativ wirkende Ausdrucksform der Verwaltungstätigkeit verstanden wird, wollen wir uns auf ihre Analyse hier konzentrieren.

Die Aufdeckung der nützlichen Seite der Verwaltungstätigkeit bleibt uns auch deshalb erspart, weil sie bereits in Max Weber ihren großen Interpreten gefunden hat. Seine Darstellung der Vorteile bürokratischer Verwaltungstätigkeit dürfte allerdings in dem Maße eine einseitige Apologie sein, wie die anarchistische Auslegung eine einseitige Verurteilung ihrer negativen Ausdrucksformen bedeutet. Wenn Max Weber die Vorteile der bürokratischen Organisation gegenüber anderen nichtbürokratischen Verwaltungstätigkeiten beschreibt, so abstrahiert er beispielsweise davon, daß diese »Vorteile« nicht allen Klassen und Schichten gleichermaßen als Vorteile erscheinen und nicht allen gleich dienlich sind, die bürokratische Tätigkeit also eine unterschiedliche Bedeutung für unterschiedlich Betroffene in einer klassenstrukturierten Gesellschaft hat. Jede einzelne seiner Charakteristiken kann unter diesem Aspekt sowohl bejaht als auch verneint werden, ein Tatbestand, der die Notwendigkeit zumindest einer Relativierung seiner überwiegend positiven Darstellung deutlich macht. »Präzision, Schnelligkeit, Eindeutigkeit, Aktenkundigkeit, Kontinuierlichkeit, Diskretion, Einheitlichkeit, straffe Unterordnung, Ersparnisse an

Reibungen, sachlichen und persönlichen Kosten...«[14] sind Webers Charakteristiken der bürokratischen Organisationsvorteile, die, verglichen mit einer dilettantischen, ungeschulten, nebenamtlichen Verwaltungstätigkeit – und auch dies nur mit Vorbehalten – akzeptiert werden können. Im weiteren werden wir entgegengesetzte Momente hervorheben, die nicht weniger wichtig sind und mit Recht die Suche nach wesentlichen Änderungen des staatlichen Verwaltungssystems beziehungsweise verschiedener seiner Organisationsprinzipien unter bestimmten Bedingungen als notwendig erscheinen lassen.

Wenn man die gesellschaftlich nützliche Seite des Berufsbeamtentums darin sieht, daß dieses eine Koordinierung und Leitung verzweigter und komplizierter, hochvergesellschafteter Tätigkeiten ermöglicht, und zwar höchstwahrscheinlich effektiver, als dies bei einer »nebenamtlich« durchgeführten Verwaltungstätigkeit der Fall wäre, dann zerfällt die negative, eigentlich bürokratische Ausdrucksform der Verwaltungstätigkeit in zwei besondere Problemkreise. Erstens handelt es sich um die Erforschung jener Interessen, die sich hinter der bürokratischen Tätigkeit verbergen beziehungsweise denen diese entscheidend dient; zweitens geht es um die genauere Erkenntnis jener Beschränktheiten und Mängel der – unter bestimmten Bedingungen eintretenden – bürokratischen, ineffektiven Tätigkeit, die als entscheidender Mangel empfunden werden. Nachfolgend werden diese zwei Problemkreise behandelt:

1. Solange die Gesellschaft in Klassen und Schichten mit unterschiedlichen oder entgegengesetzten Interessen aufgeteilt und daher die Politik ein Machtkampf zwischen Interessengruppen ist, so lange wird auch der Staat als Komplex der wichtigsten Machtinstrumente immer bestimmten Interessengruppen mehr dienlich sein als anderen. Dies steht nicht

in Widerspruch zu der quasi neutralen, über den Gruppeninteressen stehenden Funktion des Staates, der eben deshalb entstehen mußte, um die Interessenkonflikte zu kanalisieren und ihre Austragung innerhalb einer allgemein akzeptierten Rechtsordnung zu sichern.[15] Ja, diese unterschiedliche Gruppeninteresseneinstellung existiert auch im modernen demokratischen Staat, der formell als Hüter der Rechtsgleichheit aller Bürger auftritt. Schon die Tatsache, daß die Gesetze selbst immer in einer bestimmten Interessensituation entstehen, in welcher die ökonomisch und politisch stärksten Interessengruppen die Gesetzesgestaltung entscheidend beeinflussen, bedeutet, daß Gesetze bestimmten Interessen mehr als anderen entsprechen. Es geht hier nicht nur um die grundlegende marxistische Erkenntnis, daß die ökonomisch stärksten Klassen, die Klassen der Produktionsmitteleigentümer, der Besitzenden, immer mehr von jenen Grundgesetzen profitieren werden, die die Erhaltung der gegebenen Eigentumsverhältnisse zu sichern haben, als die Besitzlosen – eine Erkenntnis, die sogar M. Weber hervorheben mußte: »Insbesondere ist den besitzlosen Massen mit einer formalen ›Rechtsgleichheit‹ und einer ›kalkulierbaren‹ Rechtsfindung und Verwaltung, wie sie die ›bürgerlichen‹ Interessen fordern, nicht gedient. Für sie haben naturgemäß Recht und Verwaltung im Dienst des Ausgleichs der ökonomischen und sozialen Lebenschancen gegenüber den Besitzenden zu stehen, und diese Funktion können sie allerdings nur dann versehen, wenn sie weitgehend einen unformalen, weil inhaltlich ›ethischen‹, (Kadi-)Charakter annehmen.«[16]
Jedoch nicht nur bestimmte Grundgesetze mit ihrer bewahrenden Wirkung gegenüber den vorhandenen Eigentumsverhältnissen und daher unterschiedlicher Bedeutung für besitzende und besitzlose Klassen, sondern auch die große

Anzahl anderer Gesetze, Vorschriften und Bestimmungen, die der Staat jeweils in vollständig verschiedenen ökonomisch-politischen Systemen erläßt, werden immer von den betreffenden Regierungen und daher den hinter ihnen stehenden Interessen, mehr oder weniger zuungunsten der jeweiligen Interessengegner, bestimmt. Überdies lassen Gesetzesauslegung und Konkretisierung von Vorschriften immer eine gewisse Elastizität zu, abgesehen von der Aktionsfreiheit innerhalb wirtschaftlicher und anderer Rahmengesetze. Dies alles bedeutet aber, daß die quasi interessenneutrale Tätigkeit der Staaten in Wirklichkeit immer eine interessenbevorzugende Tätigkeit ist und sein muß, solange wesentlich unterschiedliche Gruppeninteressen und Interessengegensätze existieren.

Wo die Staatsbürokratie gar einer der entscheidenden Faktoren der gesamten Staatsmaschinerie ist, wird ihre Tätigkeit immer eine unterschiedliche Wirkung auf interessenmäßig unterschiedlich eingestellte Klassen und Schichten haben – und dies um so mehr, je konsequenter sie an der Einhaltung aller gegebenen Gesetze und Vorschriften festhält. Je breiter dann die Schichten der Bevölkerung sind, die jeweils in den gegebenen politischen Situationen ihre Interessen nicht durchzusetzen vermögen, um so stärker wird der Widerstand gegen die bürokratische Tätigkeit, die als Ausdruck eines interessenfremden Drucks nur mit wachsendem Widerwillen ertragen wird und bei Gruppen mit wesentlich unterschiedlichen Interessen auch offenen Widerstand hervorrufen kann.

Die Bürokratie hatte zwar stets Einfluß auf die konkrete Rechtsordnung der Staaten und auf ihre detaillierten Tätigkeitsformen, doch war sie in allen Gesellschaftssystemen bis zum Entstehen der kommunistischen Systeme immer nur ausführendes Instrument mächtigerer Interessen, die hinter der politischen Macht standen. So sehr die Bürokraten die Staatsmaschinerie prägten, so sehr waren sie selbst Gefangene dieser Macht. Je stärker sie sich mit dieser Macht identifizierten, um so weniger spürten sie ihre eigene Gefangenschaft, aber um so mehr wurden sie als Repräsentanten der Macht gehaßt.[17] Haß spürt man jedoch um so weniger, je mehr Macht man besitzt; je höher oben, je majestätischer man ist, desto mehr Unterwürfigkeit der Untergebenen und Ehrfurcht von seiten der Gemeinen schlägt einem entgegen. Je stärker die Bürokratie dann als personifizierte Macht auftritt, desto mehr entfremdet sie sich dem Volk und entwickelt ihre eigenen spezifischen Interessen.

Das entscheidende Interesse einer jeden Bürokratie ist die Erhaltung und ständige maximale Ausweitung des bürokratischen Apparats. Nur mit der Existenz des jeweils gegebenen Apparats ist auch die Durchsetzung der spezifischen ökonomischen und machtmäßigen Interessen der Bürokratie gesichert. Das ökonomische Interesse der Bürokraten konzentriert sich auf ihre Besoldung (in unterentwickelten Ländern notwendigerweise noch zusätzlich auf das Backschisch und andere Bestechungsgelder). Die Abstufung der Gehälter (und entsprechend auch der Bestechungsgelder) in einem hierarchisch organisierten Beamtensystem bewirkt ein starkes Streben nach Beförderung und Karriere.

Die beständige Ausübung einer bürokratischen Tätigkeit, deren eigentlicher Inhalt die Herrschaftsrealisierung ist, gibt den Bürokraten immer eine Vormachtstellung gegenüber einfachen Bürgern. »Vorschriften, Anweisungen, Dirigieren, Verbieten, Vorlagen ausarbeiten, Beschlüsse fassen, Überwachen, Warnen, Schikanieren und Schulmeistern wird zur ausschließlichen Tätigkeit und zum Beruf bestimmter Leute.«[18] Die Ausübung einer solchen »herrschaftlichen« Tätigkeit ruft bei vielen Bürokraten eine gewisse Befriedigung und Selbstbestätigung hervor, deren beständige Wiederholung und Erweiterung zum stärksten Interesse, zu einem spezifischen Machtinteresse der Bürokratie werden kann. Das Machtinteresse braucht sich nicht nur mit dem ökonomischen Interesse zu koppeln, sondern kann mitunter zu einem noch stärkeren Tätigkeitsantrieb als dieses anwachsen.

Je mehr ein bürokratischer Apparat wächst, je mehr Mitarbeiter und Abteilungen zu ihm gehören, desto größer werden die Aufstiegschancen jedes einzelnen Bürokraten in eine höhere Besoldungsgruppe und zugleich damit auch die Chancen für eine Erweiterung seiner Machtstellung und seines Wirkungsbereichs. Daher gehört auch die Tendenz zur Ausweitung bürokratischer Aktivitäten, von künstlichen Schaffungen immer neuer Recherchen, Sachbearbeitungen, Vorschläge, Vorschriften, Kontrollen, Informationsformulare, Akten und so weiter, gesetzmäßig zu allen bürokratischen Apparaten. Das Wachstum bürokratischer Tätigkeit verläuft dabei viel schneller als jene Tätigkeiten, die von der Bürokratie verwaltet werden, was schon C. N. Parkinson klar formulierte.[19] Jeder alteingesessene Bürokrat wird darum bemüht sein, immer mehr neue Mitarbeiter unterstellt zu bekommen, da dies automatisch seinen Machtbereich erweitert.

Dieses spezifische Macht- und Einkommensinteressen der Bürokratie gerät schon an und für sich immer wieder in Widerspruch mit den Interessen der übrigen Bevölkerung. Es ist der Widerspruch zwischen der Masse der Bevölkerung, die zu gehorchen hat, und denen, die den Gehorsam erzwingen können. Dieses Verhältnis wird auch dann immer wieder zum Spannungsfeld, wenn die Gehorchenden interessenmäßig mit den Vorschriftszielen konform gehen. Bei den Bevölkerungsschichten, die gegen bestimmte rechtlich fundierte Ziele eingestellt sind, wird ihre bürokratische Durchsetzungsart um so stärkere Frustrationen hervorrufen. Wenn dann überdies die materielle Sicherung der Bürokratie aus Steuern gedeckt werden muß, kommt zu dem machtmäßigen noch der ökonomische Widerspruch hinzu.

2. Aus den spezifischen Interessen der Bürokratie sowie aus verschiedenen weiteren Faktoren erwächst eine besondere Art bürokratischer Tätigkeit, die weiterhin zur negativen Bewertung von seiten der Bevölkerung beigetragen hat. Innerhalb der großen bürokratischen Apparate muß sich eine spezifische Arbeitsteilung entwickeln. Je größer die Menge von Beurteilungen, Entscheidungen, Vorschriften, Untersuchungen, Informationen, Kontrollen wird und je mehr verwaltete Sphären und Branchen es gibt, um so mehr Beamte können mit Arbeit versorgt werden, weil sie von einzelnen nicht mehr bewältigt werden kann. Wenn dann noch – wie erwähnt – ein spezifisches bürokratisches Interesse an einer möglichst starken Ausweitung des Apparats hinzukommt, wird die Arbeitsteilung meist so ausgedehnt, daß ihre Zusammenfassung und Synthetisierung immer schwieriger wird. Es entsteht eine Eigenbewegung von Tätigkeiten einzelner Bürokraten beziehungsweise einzelner Abteilungen, die im Grunde Ausdruck des Verlusts an Übersicht der realen Zusammenhänge innerhalb des komplizierten Komplexes der verwalteten Tätigkeiten ist. Einzelne Abteilungen, Sektionen, Ämter vermögen in ihrer hierarchischen Abstufung, Über- und Unterordnungsbeziehung die sehr vermittelt hervorgerufenen Folgen ihrer Entscheidungen in völlig anderen Sphären als jenen, die sie direkt verwalten, nicht mehr zu erkennen, ebensowenig wie sie Wirkungen anderer Verwaltungen auf die ihnen unterstellten Bereiche beurteilen oder verhindern können. Die so entstandene administrative Arbeitsteilung bringt einen

immer stärkeren Leerlauf bürokratischer Apparate beziehungsweise eine negative Wirkung dieser Apparate auf die verwalteten Sphären mit sich. Rein mechanische, unsachgemäße, schablonenhafte, verspätete Entscheidungen und Anordnungen sind die Beweise für ungenügende Kenntnis des realen Lebens, für eine hinter diesem herhinkende und sich selbst reproduzierende bürokratische Tätigkeit. Je mehr die Eigenentwicklung zum Selbstzweck wird, desto wichtiger werden Akten, Formulare und die gesamten Papieragenda. Damit entsteht jene gefürchtete Kleinlichkeit und Schreibstubenwirtschaft, in der Formulare zum realen Leben und das reale Leben zur Reflexion der Formulare wird.[20] Der Apparat genügt sich selbst, seine Werturteile sind lebenswichtig für jeden Bürokraten, und die »Klienten« werden zu lästigen Zeiträubern seiner von oben bewerteten Agenda. Die Pflichterfüllung und Disziplin, zum obersten bürokratischen Gesetz erhoben, läßt menschliche Regungen ersticken und ist zugleich die sicherste Leiter zur Karriere.

»Die Befolgung der Regeln, ursprünglich ein Mittel, wird zum Selbstzweck; es kommt zu dem wohlbekannten Prozeß der Verschiebung von Zielen, wodurch ein ›instrumenteller Wert zum Endwert‹ wird. Die Disziplin, leicht als Regeltreue in jedweder Situation verstanden, wird vom Bürokraten nicht als Maßnahme zur Erfüllung bestimmter Zwecke gesehen, sondern wird zu einem unmittelbaren Wert in seiner Lebensführung. Diese aus der Verschiebung der ursprünglichen Ziele herrührende Betonung von Disziplin führt zu Starrheiten und zur Unfähigkeit, sich leicht anzupassen. Formalismus und sogar Ritualismus sind die Folgen des unbeirrten Beharrens auf der peinlich genauen Einhaltung formalisierter Verfahrensweisen.«[21]

Für die untergeordneten Amtsstellen sind alle Anordnungen und Befehle von oben, als von höheren Instanzen kommend, Ausdruck jenes Allwissens der obersten Macht, das dem letzten Kanzlisten die staatstragende Bedeutung seines Seins als Amtsperson garantiert. Ob Kaiser oder Parteichef – ihre unangezweifelte Kenntnis der Staatsnotwendigkeiten sind für den einzelnen Bürokraten die Abschirmung gegen alle Kritik seiner Amtsführung. Und der Parteichef wie der Kaiser verlassen sich ihrerseits auf die Informationen ihrer Bürokraten[22], denen sie die genaue Kenntnis der Volksprobleme amtlich verordnet haben. Die Beamten sind das Sprachrohr des Volks und die Verbindung zu diesem. Was sie nicht gemeldet haben, kann im Volk nicht existieren. Da jedoch die Informationen von unten im Grunde verallgemeinert ins Zentrum gelangen und das Ergebnis von Einzelerfassungen sind, die den allgemeinen Richtlinien entsprechen müssen, ergänzen sich zentrale Desinformation mit schablonenhafter Lebensbetrachtung der Clerks.

Je weniger effektiv die bürokratische Tätigkeit, je mehr Formalismus und realitätsfremde Anweisungen, je stärker der Widerwille in der Bevölkerung, desto stärker die Wahrung der bürokratischen Autorität! Das Wissen der Bürokratie darf nicht angezweifelt werden, denn es ist durch seine rechtliche Befugnis über alle Vernunft der Plebs erhaben. »Die Autorität ist daher das Prinzip ihres Wissens, und die Vergötterung der Autorität ist ihre Gesinnung.«[23] Der antiautoritäre Skeptiker wird von des Kaisers Beamten ebenso wie von den Gewaltigen des Parteiapparats zum Erbfeind gestempelt.

Um den bürokratischen Apparat gegen jede Kritik abzuschirmen und den Schein einer unfehlbaren und interessenneutralen, »nur dem Volk dienenden« Leitungs- und Verwaltungstätigkeit zu bewahren, muß diese Tätigkeit in einen undurchdringlichen Schleier von Amtsgeheimnissen gehüllt werden.[24] Die wahren Interessen, die sich hinter allen Entscheiden und Beschlüssen verbergen, die Unkenntnis des realen Lebens und die Ineffektivität endloser Sitzungen und Agenda, die Ressortkämpfe zwischen Abteilungen, Sektionen und Ministerien, karrierefördernde Intrigen und Gerüchtesammlungen für die Vorgesetzten, die Bespitzelung politisch nichtkonformer Individuen, dies alles muß hinter einem Mäntelchen des Geheimnisses und der Undurchdringlichkeit verschwinden, das den zaristischen wie den kommunistischen Machtkörper gleich gut kleidet. »Der Allgemeine Geist der Bürokratie ist das Geheimnis, das Mysterium, welches sie innerhalb ihrer selbst durch die Hierarchie, nach außen als geschlossene Korporation bewahrt.«[25]

Wenn wir nun die internen und externen Faktoren untersuchen, die die bürokratischen Entwicklungszüge der Verwaltungstätigkeit eindämmen oder stark beschränken, so müssen wir als internen Faktor vor allem die *Marktinteressen der Beamten* und als externen Faktor die *demokratischen Staatsbedingungen* erwähnen.

Marktinteressen der Beamten beziehen sich auf jene Leitungs- und Verwaltungstätigkeit, die vorwiegend mit der Produktion und dem Verkauf von Waren (sei es materieller Güter oder Dienstleistungen) zu tun hat. Es handelt sich also nicht um Verwaltungsapparate des Staats, sondern um jene, die vor allem in der Wirtschaft entstehen. Das Besondere dieser Verwaltungstätigkeit besteht darin, daß der *Effekt* ihrer Tätigkeit unmittelbar im *Marktresultat* zutage tritt und ihre Bezahlung auch direkt davon abhängig ist. Während die Resultate staatlicher und ähnlicher Verwaltungstätigkeit überwiegend nicht auf dem Markt verkauft werden können und daher ihr Effekt auch schwer meßbar ist, bildet die Verwaltung in Produktion und Handel einen Kostenanteil der verkauften Waren. Als solcher tritt sie daher immer unmittelbar in ein quantitatives Verhältnis zum Gesamterlös der verkauften Waren. Je relativ kleiner dieser Kostenanteil beziehungsweise je größer der Erlös im Verhältnis zu diesem Kostenanteil ist, desto effektiver ist diese Verwaltungstätigkeit.

Da die Verwaltung in der Wirtschaft wesentlich auf den quantitativen und qualitativen Verlauf der unmittelbaren produktiven und handelsmäßigen Tätigkeit einwirkt und diese mehr oder weniger produktiv gestalten kann, wird sie um so effektiver sein, je höher sich der Gesamterlös sowohl zu ihren eigenen Kosten als auch zu allen übrigen Produktions- und Handelskosten gestaltet. Bereits diese unmittelbare Meßbarkeit der Verwaltungstätigkeit in der Wirtschaft gibt den Unternehmern die Möglichkeit, ihre Effektivität zu kontrollieren. Der beständige Vergleich mit der Konkurrenz zeigt sehr schnell, ob der Verwaltungsapparat zu groß (wenig effektiv) oder angemessen ist. Die Effektivität der Verwaltung kann dann erstens durch ihre beständige qualitative Verbesserung (höhere Qualifikation der Beamten, bessere Organisation und Mechanisierung der Verwaltung und so weiter) gehoben werden, und zweitens können alle bürokratischen Bestrebungen um selbstzweckmäßige Ausweitungen des Verwaltungsapparats abgebaut werden. Wenn dann noch überdies die Bindung eines Teils der Einkommen (Gewinnbeteiligung, Prämien und dergleichen) der Beamten beziehungsweise der leitenden Beamten an den Gewinn (Unterschied zwischen Kosten und Erlösen) ein Eigeninteresse dieser an einer möglichst hohen Effektivität hervorruft, dann werden die Hindernisse für eine Entwicklung von Bürokratisierungsformen noch bedeutend vergrößert.

Man kann zwar nicht ganz übersehen, daß mit der Entstehung sehr großer, ungemein konzentrierter oder verzweigter Unternehmen auch riesige Verwaltungsapparate in der Wirtschaft entstehen, in welchen sich unverkennbar Bürokratisierungstendenzen durchsetzen. In solch großen Apparaten wird die Kontrolle der Zweckmäßigkeit der Verwaltungstätigkeit tatsächlich schwieriger, da der Apparat selbst immer unübersichtlicher wird und seine Effektivität immer weniger mit Konkurrenzunternehmen verglichen werden kann. Je stärker die Monopolisierung und je größer die Profite bei relativ abnehmendem Konkurrenzdruck werden, desto schwerer meßbar und vergleichbar wird die Effektivität der Verwaltung. Damit verstärken sich auch bestimmte Bürokratisierungstendenzen. Meist geht in diesen riesigen Verwaltungsapparaten auch die Möglichkeit einer direkten Bindung der Beamteneinkommen an die Profite der Unternehmung zurück – es gibt immer mehr vermittelte Beziehungen zwischen dem zentralen Verwaltungsapparat und einer größeren Menge von Produktions-, Verkaufs- und anderen Stellen, so daß auch das Eigeninteresse der im Apparat Tätigen an der Effektivität verschwindet.

Trotz dieser Tendenzen in der Wirtschaft bleibt jedoch die Effektivität der Verwaltungsapparate hier im wesentlichen noch meß- und kontrollierbar, und auch das diesbezügliche Eigeninteresse der Beamten an der Effektivität ist noch weitaus größer als im Staatsapparat. Deshalb ist hier auch die Bürokratisierung der Verwaltung weitaus schwächer als im Staatsapparat, und größtenteils wird immer nur an diesen gedacht, wenn man von Bürokratismus spricht. Ganz abgesehen davon dient der Wirtschaftsapparat nicht der Durchsetzung von politischen, sondern ökonomischen Interessen, was die Methoden der Verwaltungstätigkeit wesentlich ändert. All der typische Papierkrieg, die künstliche Agendaerzeugung, Ausdehnung von Recherchen und Kontrollen, die Prestigekundgebungen, Feindverfolgungen und andere

Auswüchse unkontrollierbarer Herrschaftsapparate kann es in marktorientierten Unternehmen schwerlich geben. Der gesellschaftlich nützliche Inhalt der Verwaltungstätigkeit wird in der Wirtschaft nicht derart von Bürokratisierungstendenzen (nicht einmal in den großen Konzernen) negiert, wie es in Staatsapparaten und ähnlichen Verwaltungen unter bestimmten Umständen vor sich geht. Wenn man daher den Begriff »Bürokratie« soziologisch, das heißt als Bezeichnung einer spezifisch sozialen Gruppe innerhalb der gesellschaftlichen Struktur verwendet, sollte man damit die Staatsbeamten bzw. Beamten anderer politischer Apparate (Parteiapparate und ähnlicher) verstehen und diese soziale Gruppe grundsätzlich von den administrativen und technisch-ökonomischen Angestellten in marktwirtschaftlichen Unternehmen unterscheiden.

Solange die Beamtentätigkeit unmittelbar mit der wirtschaftlichen Effektivität verbunden ist und gemäß dieser direkt beurteilt und entlohnt werden kann, wird auch diese Tätigkeit selbst weder zum machtausgerichteten Selbstzweck noch zur aufgedunsenen Scheintätigkeit. Die rationelle Erfassung der produktiven und handelsmäßigen Tätigkeiten in möglichst allen ihren Zusammenhängen, das beständige Bestreben um höchstmögliche Wirtschaftlichkeit und die Einbringung optimaler Resultate werden zum Charakteristikum marktausgerichteter Verwaltungstätigkeiten. Sobald nun diese direkte Gebundenheit der Verwaltungstätigkeit an Marktresultate zu schwinden beginnt, verliert sich auch immer mehr ihr rationeller Charakter, und Bürokratisierungsprozesse gewinnen die Oberhand. Die Schwierigkeit, ja in vielen Sphären die Unmöglichkeit einer direkten Bindung der staatlichen und allgemein politischen Verwaltungstätigkeit (ihrer Beurteilung und Entlohnung) an Marktkriterien, das ist an Input-Output-Beziehungen, die sich bei Marktpreisen und Konkurrenzbedingungen ergeben, ist einer der Hauptunterschiede zwischen staatlicher und wirtschaftlicher Verwaltungstätigkeit.

Wenn zum Beispiel nicht nur private Eigentümer, sondern auch gewinnbeteiligte Angestellte von Marktunternehmen über Investitionsprojekte zu entscheiden haben, so wird sich der Entscheidungsprozeß frappant von demjenigen staatlicher Beamtenkommissionen unterscheiden, auch wenn diese sich aus sogenannten Fachleuten zusammensetzen. Sobald jemand weiß, daß sein eigenes künftiges Einkommen zu einem beachtlichen Teil von jenen Investitionen abhängt, über die er heute entscheidet, wird er mit größtem Engagement, bei Ausnützung aller nur zugänglichen Informationsquellen und mit bewußter Verantwortung über ein Investitionsprojekt entscheiden.

Auch eine Beamtenkommission wird zwar versuchen, alle Informationen auszunützen, aber die engagierte Verantwortlichkeit wird bei der Entscheidung selbst fehlen. Ökonomisch desinteressierte Bürokraten werden einen, zwei, vielleicht mehrere Tage über ein Projekt diskutieren, aber nach Vorbringung aller Argumente und nach längeren ermüdenden Diskussionen wird jeder Teilnehmer bestrebt sein, die Kommission zu einem raschen Ergebnis kommen zu lassen. Das Bewußtsein, daß für eine Fehlentscheidung später niemand zur Verantwortung gezogen werden kann und daß auch keiner ökonomische Verluste zu erleiden braucht, wird sich auch in der Einstellung manifestieren, die langwierigen Sitzungen mit einer Entscheidung endlich hinter sich zu bringen.

Je mehr ökonomische Prozesse den Entscheidungsbereich der Unternehmen überschreiten und von ökonomisch desinteressierten Staatsbeamten beeinflußt werden, desto eher kommt es zu einer Bürokratisierung der Gesamtwirtschaft.

Die immer größer werdende staatlich betriebene und gelenkte Infrastruktur, die notwendigerweise zunehmenden Bau- und Umweltschutzvorschriften, die Qualitäts-, Gesundheits-, Preisanordnungen, die überquellenden Transportregulierungen, die zahlenmäßig wachsenden Staatsunternehmen in der Industrie, die wirtschaftspolitischen antizyklischen und antiinflationären Maßnahmen und Vorschriften, die Regulierung der Arbeitsbedingungen, das Anwachsen der sozialen, medizinischen, kulturellen und erzieherischen Staatstätigkeit, die mit all dem verbundene, immer stärkere Einkommens- und Umverteilungsrolle des Staats und so weiter, dies alles bedeutet ein derartiges Maß anwachsender bürokratischer Untersuchungen, Sitzungen, Fragebogen, Formulare, Vorschriften, Kontrollen, Nachforschungen, Warnungen, Vorladungen und anderes mehr bei immer unmöglicheren Koordinierungen und Abstimmungen zusammenhängender Prozesse, daß allein dadurch eine Unmenge von wirtschaftlichen Widersprüchen, Verzögerungen, Fehlentscheidungen, Verlusten und schwerwiegenden Störungen entstehen muß – abgesehen von all jenen bürokratischen Entscheidungen, welche diese oder jene interessenmäßigen, machtpolitischen und ideologischen Hintergründe haben und immer gegen die Interessen anderer großer Bevölkerungsteile erfolgen.

Mit dem Wachstum dieser staatlichen bürokratischen Tätigkeit beginnt in einer Demokratie auch immer das Suchen nach Mitteln und Wegen, um zu zielbewußten Beschränkungen zentralisierter Entscheidungen (Dezentralisationen), zur Einsetzung von ökonomischen Kriterien, wo immer dies möglich ist, Erweiterungen und Intensivierungen demokratischer und öffentlicher Kontrollen sowie zur Ersetzung zentraler detaillierter Entscheidungen durch globale Zielfixierungen und Rahmenplanungen zu kommen.

All das kann sich nur unter demokratischen Bedingungen durchsetzen, unter denen breitere Bevölkerungsschichten, die am stärksten unter den Folgen der bürokratischen Verwaltungstätigkeit zu leiden haben, wenigstens in einem begrenzten Ausmaß gegen die fortschreitende Bürokratisierung der Gesellschaft ankämpfen können. Hier kommen wir also zum externen antibürokratischen Faktor.

Demokratische Verhältnisse sind nicht ein für allemal gegeben, sondern allenfalls ihre Prinzipien, Institutionen und Mechanismen entwickeln sich und entsprechen jeweils den historisch gewachsenen Bestrebungen breiter Massen der Bevölkerung, die ihre Interessen durch neue demokratische Staatsformen gesichert sehen wollen. Größtenteils hatten solche Demokratisierungsbestrebungen und -kämpfe als Reaktionen auf diktatorische Regierungsformen revolutionären Charakter und grundsätzlichere, systemändernde Ziele.

Aber auch in Demokratien gab es von Zeit zu Zeit ein Bedürfnis zu weiterer, tiefgreifenderer Demokratisierung[26], besonders dann, wenn die existierenden demokratischen Verhältnisse immer formeller wurden, die wirkliche Durchsetzung von Interessen breiter Volksschichten sich komplizierte und die Staatstätigkeit sich diesen gegenüber noch mehr entfremdete. Ob in einem totalitären oder in einem demokratischen System, immer war die Entfremdung des Staats dem einfachen Volk gegenüber verbunden mit seiner wachsenden Bürokratisierung und seiner Ausnützung durch relativ kleine, aber mächtige Interessengruppen, auch wenn der Grad dieser Entfremdung unter totalitären und demokratischen Bedingungen wesentlich unterschiedlich war und ist. Der Kampf um die Erweiterung und Vertiefung der Demokratie war also zugleich immer ein Kampf um eine Begrenzung des Herrschaftsbereichs der Bürokratie, um eine stärkere Beeinflussung und Kontrolle ihrer Tätigkeit durch breitere Volksschichten, um die Durchsetzung neuer, effektiverer, dem Volk besser dienender Entscheidungs- und Verwaltungssysteme.

Zu dem Wesen demokratischer Verhältnisse gehört, daß die Masse der verwalteten Menschen gewisse Möglichkeiten hat, politischen Druck gegen allzu krasse bürokratische Herrschaftsmethoden auszuüben und seine Auswüchse zu beschränken. Wichtig ist die Tatsache, daß innerhalb einer pluralistischen Demokratie immer eine Konkurrenz zwischen unterschiedlichen bürokratischen Parteiapparaten existiert, die auch eine Monopolisierung der Staatsbürokratie verunmöglicht. Mit Hilfe konkurrierender politischer Alternativen für verschiedene Verwaltungs- und Leitungsvorgänge können bürokratische Interessen- und Verhaltensweisen leichter bekämpft und eingeschränkt werden.

Sobald durch eine Beseitigung demokratischer Bedingungen im Kapitalismus (etwa in einem faschistischen System) eine Monopolisierung der Parteibürokratie und auf Grund dessen mehr oder weniger auch der Staatsbürokratie eintritt, wird das spezifische Interesse der Parteibürokratie zwar grundlegend mit dem Interesse des Großkapitals konform gehen, kann aber zugleich in verschiedenen Teilzielen von diesem abweichen und – in spezifischen Vorgängen sich durchsetzend – mit diesem in Widerspruch geraten. Doch auch in einem faschistischen System bleibt die Bürokratie den Grundinteressen des Großkapitals untergeordnet, wird nicht zur alleinigen politischen Macht, auch wenn ihr bürokratisches Vorgehen dem Volk gegenüber in seiner Unbeschränktheit unerträgliche Formen einnimmt.

Der soziale Inhalt demokratischer Staatsformen kann zwar unterschiedlich sein, aber – verglichen mit totalitären Staatsformen – kann man sich doch gegen bürokratische

Unsinnigkeiten, Schikanen, Verfolgungen und Repressionen zur Wehr setzen. Vor allem bleibt ein gewisser Spielraum, um auf demokratische Weise, legal und öffentlich für weitere Antibürokratisierungsmaßnahmen und herangereifte Systemreformen zu kämpfen.

Der bürokratische Apparat wird in den verschiedensten Staatsformen natürlich immer und grundsätzlich gegen alle Demokratisierungsbestrebungen sein; er wird ferner alles daransetzen, um eine Abgrenzung und Formalisierung auch der verbalen Demokratiebekenntnisse in demokratischen Staaten um des »Staatsinteresses« willen zu erreichen. So wie es keine absolute Demokratie gibt, sondern nur einen ewigen Kampf des Volks um jene Freiheiten und Rechte, die es ihm ermöglichen sollen, seine wirklichen Interessen durchzusetzen, so war auch seit jeher der Kampf um Demokratie ein Kampf gegen die allmächtige Bürokratie, die immer vorgab, einzig und allein die »wahren« Volksinteressen zu kennen und daher ihr berechtigter Interpret und Protektor zu sein. Die Bürokratie kämpft gegen jede Kontrolle von unten, denn diese würde ihre – auf geheimgehaltenem Wissen aufgebaute – Machtstellung untergraben. »Stets ist die Machtstellung der vollentwickelten Bürokratie eine sehr große, unter normalen Verhältnissen eine überragende«, stellt Max Weber fest. »Einerlei, ob der ›Herr‹, dem sie dient, ein mit der Waffe der ›Gesetzesinitiative‹, des ›Referendums‹ und der Beamtenabsetzung ausgerüstetes ›Volk‹, ein mit dem Recht oder der faktischen Maßgeblichkeit des ›Mißtrauensvotums‹ ausgerüstetes, auf mehr aristokratischer oder mehr ›demokratischer‹ Basis gewähltes Parlament oder ein rechtlich oder faktisch sich selbst ergänzendes aristokratisches Kollegium oder ein vom Volk gewählter Präsident oder ein erblicher ›absoluter‹ oder ›konstitutioneller‹ Monarch ist – stets befindet er sich den im Betrieb der

112

Verwaltung stehenden geschulten Beamten gegenüber in der Lage des ›Dilettanten‹ gegenüber dem ›Fachmann‹.«[27]

An der Machtstellung der Bürokratie änderte auch die Tatsache nichts, daß sie in unterschiedlichen sozial-ökonomischen Verhältnissen unterschiedlichen Klasseninteressen dienen muß und als Staatsbürokratie niemals gegen die entscheidenden Interessen der ökonomisch und politisch stärksten Klasse auftritt. Ob als Diener der feudalen Aristokratie oder der bürgerlichen Kaufleute, ob den Großgrundbesitz oder die kapitalistische Industrie beschützend, immer fand sie genügend eigenen Entscheidungsspielraum, innerhalb dessen das Reich ihrer gesetzlich geschützten bürokratischen Willkür begann. Bei Respektierung der Grundinteressen der regierenden Klasse und bei ständigem Respekt vor den reichsten und mächtigsten Familien war die Bürokratie Herr der gesamten konkreten Verwaltungstätigkeit und verfolgte hier immer ihre spezifischen Machtinteressen, die die breite Masse der Bevölkerung unmittelbar zu spüren bekamen.

Nur dort, wo demokratische Bedingungen dem Volk verschiedene öffentliche Druckmittel in die Hände geben, sei es in den alten Demokratien der Sklavenstaaten (selbstverständlich unter Ausschluß der Sklaven) oder in der bürgerlichen Demokratie, kann die Willkür der Bürokratie ein wenig eingeschränkt werden. In einem begrenzten Ausmaß dienen dazu auch Wahlakte – begrenzt deshalb, weil alle gewählten Vertreter – gleich welcher Partei und in welcher Form einer mehr oder weniger direkten, parlamentarischen Demokratie – früher oder später in die Abhängigkeit von der Bürokratie geraten, gegen deren konkretes Wissensmonopol sie hilflos sind.[28]

Trotzdem gibt aber allein schon die Möglichkeit, sich frei politisch zu organisieren beziehungsweise Vertreter unterschiedlicher politischer Parteien zu wählen, der Bevölkerung ein bestimmtes Druckmittel gegen bürokratische Herrschaftsmethoden in die Hand. Dieses Druckmittel genügt zwar nicht, um das gegebene sozialökonomische System mit seiner sozialen Struktur und dem eingefahrenen bürokratischen System zu beseitigen, aber es gibt dem Volk – verglichen mit totalitären Staaten – die Möglichkeit, weit mehr Informationen zu erlangen, über diese frei zu diskutieren, verschiedenste Initiativen zu lancieren und vor allem auch wesentliche Gesellschaftsreformen zu erwägen und diese theoretisch wie auch politisch vorzubereiten.

Mehr noch als die Wahlen bewirkt die öffentliche Meinung mit Hilfe relativ liberaler und fortschrittlicher Massenmedien. Die Bürokratie kann es sich in einer Demokratie nicht erlauben, alle Kritiker ihrer Handlungen zu unterdrücken, zu verunglimpfen, sie als Staatsfeinde abzustempeln und ihr Leben zu vernichten, so wie sie es etwa im kommunistischen System tut. Wo die Bürokratie allein das Publikations- und Informationssystem beherrscht, wo sie die Wahrheit auf den Kopf stellen und aus Schwarz Weiß machen kann, wo sie keine einzige nichtkonforme Stimme öffentlich zulassen muß und tagtäglich ihre bürokratischen Machtziele als gesellschaftliches Interesse propagieren kann, gibt es keine Begrenzung der bürokratischen Willkür durch die öffentliche Meinung. Die Möglichkeit, in Demokratie gegen allzu krasse und langfristig unerträgliche Verhaltensweisen oder Vorgänge der Administrationen mit öffentlichen Kritiken und Enthüllungen vorzugehen, stellt eine nicht zu unterschätzende Einschränkung der bürokratischen Herrschaft dar, deren Bedeutung – auch wenn sie diese Herrschaft nicht zu brechen vermag – vor allem bei der Betrachtung des kommunistischen Systems hervortritt.

Es ist interessant, heute die Voraussage Webers über die

Bürokratisierung in einer kommunistischen Wirtschaft zu lesen, die er vor der Oktoberrevolution in Rußland machte: »Wo aber der moderne eingeschulte Fachbeamte einmal herrscht, ist seine Gewalt schlechthin unzerbrechlich, weil die ganze Organisation der elementarsten Lebensversorgung alsdann auf seine Leistung zugeschnitten ist. Theoretisch wohl denkbar wäre eine immer weitergehende Ausschaltung des Privatkapitalismus – wennschon sie wahrlich keine solche Kleinigkeit ist, wie manche, die ihn nicht kennen, träumen. Aber gesetzt, sie gelänge einmal: so würde sie praktisch keineswegs ein Zerbrechen des stählernen Gehäuses der modernen gewerblichen Arbeit bedeuten, vielmehr: daß nun auch die Leitung der verstaatlichten oder in irgendeine ›Gemeinwirtschaft‹ übernommenen Betriebe bürokratisch würde. Die Lebensformen der Angestellten und Arbeiter in der preußischen staatlichen Bergwerks- und Eisenbahnverwaltung sind durchaus nicht irgendwie fühlbar andere als die in den großen privatkapitalistischen Betrieben. Unfreier jedoch sind sie, weil jeder Machtkampf gegen eine staatliche Bürokratie aussichtslos ist und weil keine prinzipiell gegen sie und ihre Macht interessierte Instanz angerufen werden kann, wie dies gegenüber der Privatwirtschaft möglich ist. Das wäre der ganze Unterschied. Die staatliche Bürokratie herrschte, wenn der Privatkapitalismus ausgeschaltet wäre, allein. Die jetzt neben und, wenigstens der Möglichkeit nach, gegeneinander arbeitenden, sich also immerhin einigermaßen gegenseitig im Schach haltenden privaten und öffentlichen Bürokratien wären in eine einzige Hierarchie zusammengeschmolzen. Etwa wie in Ägypten im Altertum, nur in ganz unvergleichlich rationalerer und deshalb: unentrinnbarerer Form.«[29]

In Stichworten können also folgende negative Interessen und Verhaltensseiten der Bürokratie zusammengefaßt werden, die sich allerdings innerhalb einer bürgerlichen Demokratie nur als eine begrenzte Tendenz durchsetzen können. Hervorgehoben werden vor allem jene Tendenzen, die sich bei jeder politisch monopolisierten Bürokratie und besonders bei der spezifisch kommunistischen Bürokratie nicht nur wieder vorfinden, sondern hier dann in besonderen Bedingungen in stark ausgeprägten, teilweise verabsolutierten Formen auftreten:

1. Interesse der Bürokraten an der eigenen Karriere und Machtausübung. Daraus folgend Hauptinteresse an der Festigung und Ausweitung des bürokratischen Apparates und Kampf gegen alle Änderungen, die die Macht der Bürokratie einschränken würden;

2. Disziplineinhaltung bei der Aufgabenerfüllung und rein formelle Durchsetzung von Obrigkeitsbefehlen und Vorschriften, gegeben durch das hierarchische Dienstreglement, wird zum Selbstzweck. Einheitliches und autoritäres Vorgehen gegenüber dem gemeinen Volk;

3. wachsende Entfremdung der Bürokratie vom Volk, gegeben durch die Machtausübung, Interessenspezifik, Ausschließlichkeit von besonderem Wissen und Informationen, Geheimnisschaffung, ökonomische Privilegien, autoritäre Prestigeverfolgungen, formelles Vorgehen und dergleichen, des bürokratischen Verwaltungsapparates;

4. Gruppierungen und Intrigen innerhalb der Bürokratie, die vor allem durch Machtkämpfe verschiedener Spitzenfunktionäre entstehen, aber das einheitliche Vorgehen gegen das Volk nicht verunmöglichen;

5. Anonymität der Entscheidungsfällungen und daher Unverantwortlichkeit gegenüber der Öffentlichkeit. Öffentliche Kritiken, die überwiegend nur Politiker treffen, verlieren sich größtenteils im Dschungel bürokratischer Vorschriften und Alibis;

116

6. Nichtexistenz materieller Interessen an Entscheidungsfällungen, die die Wirtschaft betreffen, da weder ökonomische Gewinne noch Verluste auf die Entlohnungen von Staatsbürokraten direkt rückwirken. Bürokratische Lenkung der Produktion führt zu wachsenden Effektivitätsverlusten.

Die spezifische Struktur der Bürokratie im kommunistischen System

Die Beseitigung der internen und externen antibürokratisch wirkenden Faktoren im kommunistischen System sowjetischer Prägung, in welchem zugleich (durch die Liquidierung des privaten Kapitals) die Unterordnung der Bürokratie unter die Macht der kapitalistischen Klasse verschwand, führte nicht nur zu der Entstehung einer *enorm breiten, auch die ganze Wirtschaft beherrschenden bürokratischen Schicht* und zu einer *nie dagewesenen Uneffektivität ihrer Tätigkeit,* sondern vor allem zur *Monopolisierung der Macht in den Händen der Parteibürokratie.* Ähnlich wie zuvor, nur in verschiedenen historischen Ausnahmesituationen, ist hier eine spezifische *Parteibürokratie für eine ganze Entwicklungsepoche zur absoluten politischen Macht* erwachsen, die mit Hilfe eines ausgedehnten, ihr untergeordneten Staats- und Wirtschaftsapparates herrschaftsmäßig realisiert wird.[30] Weder die Arbeiterklasse noch eine andere soziale Klasse oder Schicht der sowjetischen Gesellschaft kann ihre Interessen und ihren Willen der Parteibürokratie aufzwingen, sondern diese berücksichtigt anderweitige Interessen in ihrer Politik und Herrschaft nur insofern, als sie mit ihren eigenen Interessen konform verlaufen. Dies ist eine der *entscheidenden Besonderheiten der sowjet-kommunistischen bürokratischen Entwicklung.*

Schon unsere Schilderung der Entstehung des stalinistischen Systems in der Sowjetunion ließ erkennen, daß es nicht die Interessen der Arbeiter und Bauern waren, denen die Partei- und Staatsbürokratie sich unterordnen mußte, sondern daß im Gegenteil jeweils nur jene politischen Ansichten und Vorschläge sich durchsetzen konnten, die den Interessen des Parteiapparats entsprachen. Hier wollen wir nun zusammenfassend und verallgemeinernd aufzeigen, warum die Bürokratie im Unterschied von früheren vorangegangenen Gesellschaftsformationen erstens rein quantitativ so sehr anwachsen und zweitens zum eigentlichen monopolistischen Herrscher über die gesamte Bevölkerung werden konnte – oder generell: unter welchen Bedingungen sich eine Systementwicklung durchsetzen kann, die nur den spezifischen bürokratischen Interessen und nicht den Interessen der Mehrheit der Bevölkerung entspricht.

Wir haben gesehen, daß es überhaupt nicht wichtig ist, aus welchen Klassen und Schichten die Bürokraten kommen und mit welchen politischen, ideologischen, religiösen und ähnlichen Bewußtseinsformen sie vor ihrem Beamtendasein ausgestattet wurden. Obwohl die Bolschewiken in Rußland zum Beispiel den alten Staatsapparat zielbewußt zerschlagen und den überwiegenden Teil der ehemaligen zaristischen Beamten durch Söhne von Arbeitern und Bauern ersetzt haben, und obwohl sie einen Parteiapparat aus den verläßlichsten kommunistischen Revolutionären bildeten, sind auch aus ihnen binnen kurzem wieder Bürokraten mit eigenen Interessen und typisch bürokratischen Verhaltensweisen geworden. Sogar die verläßlichsten Kämpfer der Bolschewiki, aus welchen die leitenden Mitarbeiter des Parteiapparats ausgewählt wurden, haben sich über kurz oder lang in – von der Bevölkerung gefürchtete, aber auch meistgehaßte – Bürokraten verwandelt, die sich wie die eigentlichen

Herrscher gegenüber dem Volk benahmen. Mehr denn je hat sich gezeigt, daß die spezifischen Interessen und Ziele der Menschen, ihre Verhaltensweisen, ihre gruppenmäßige Abkapselung und Differenzierung von anderen sozialen Schichten vor allem ein Ergebnis der spezifischen Tätigkeits-, Einkommens- und Lebensbedingungen sind, in welche sie eingehen. Aber ebendiese – Marx einst wohlbekannte – Wahrheit hat Lenin nicht mehr gesehen und wollten alle seine Nachfolger nicht wahrhaben.

Zwei entscheidende Faktoren, die auf der gegebenen Entwicklungsstufe der Produktivkräfte und daher der Gesellschaft die Entwicklung der Bürokratieherrschaft allein hätten eindämmen können, hat man in der marxistischen Theorie und erst recht in der kommunistischen Praxis ignoriert: erstens das Problem der *realen Effektivität* menschlicher Tätigkeit für die Gesellschaft und ihrer *Entlohnung gemäß dieser Effektivität* – dieses Problem ist ungemein simplifiziert und in der Wirklichkeit der kommunistischen Praxis nicht gelöst worden; zweitens das Problem der *Interessendifferenzierung* auch in einer sozialistischen Gesellschaft sowie die Notwendigkeit *demokratischer Bedingungen* für die reale *Manifestierung und Durchsetzbarkeit von Volksinteressen* – dieses Problem hat man nicht verstanden und später nicht verstehen wollen; im Grunde war beides zugleich das Nichtverständnis und Ignorieren der voranerwähnten *internen und externen antibürokratischen* Faktoren.

Betrachten wir zunächst einmal das erste Problem. Es betrifft vor allem das Verständnis der menschlichen Arbeit für die Gesellschaft in einer nicht simplifizierten, sondern wirklich komplexen Weise, damit zusammenhängend die Notwendigkeit einer angemessenen Entlohnung der Arbeit nach ihrer gesellschaftlichen Effektivität und schließlich die Möglichkeit einer objektiven Messung bzw. Ausdrucksweise der Arbeitseffektivität als Bedingung für eine angemessene Entlohnung. Es wird sich zeigen, daß das mangelnde Verständnis für diese Probleme bzw. ihr Ignorieren zu einer Bürokratisierung der gesamten kommunistischen Wirtschaftsverwaltung führte, was zwangsläufig wiederum im Vergleich zu allen vorangehenden Gesellschaftssystemen eine unerhörte Ausweitung bürokratischer Herrschaft zur Folge hatte.

Die Simplifizierung des Begriffs Arbeit besteht vor allem darin, daß man in ihr nur eine Verausgabung menschlicher Arbeitskraft versteht. Gemäß dieser Auffassung wird in der sowjetischen Wirtschaftspraxis nur die Menge der Arbeit einzelner arbeitender Menschen (also verausgabte Arbeitskraft) sowie die Qualität der Arbeit als Ausdruck unterschiedlicher Qualifikation der Arbeitskraft gemessen und auch entlohnt. Man glaubt, daß die Entlohnung unterschiedlicher Mengen Arbeit (gemessen entweder direkt an der Arbeitszeit oder indirekt an bestimmten Mengen erzielter Produkte bzw. anderer Arbeitsresultate) sowie unterschiedlicher Qualifikationen der Arbeitskraft (durch Einteilung der Arbeitskräfte in verschiedene Kategorien in einer Qualifikations-Stufenleiter) der sozialistischen Forderung einer Entlohnung gemäß geleisteter Arbeit vollkommen entspricht.

In Wirklichkeit werden auf diese Weise wesentliche Aspekte der Arbeit, ihrer gesellschaftlichen Nützlichkeit und Effizienz beiseite gelassen bzw. übersehen. Denn es ist entscheidend wichtig, ob die Arbeit Produkte schafft, die tatsächlich die gesellschaftlichen Bedürfnisse befriedigen, also gesellschaftlich benötigte Gebrauchswerte sind. In einer entwickelten Industrieproduktion werden solche Gebrauchswerte nicht von einzelnen Arbeitern, sondern von ganzen Betriebskollektiven geliefert, und nur dann, wenn alle Mitarbeiter dieser Kollektive nicht nur auf Grund einer mechanisch gemessenen Arbeitsmenge und -qualifikation, sondern auch auf Grund tatsächlich produzierter Gebrauchswerte für die Gesellschaft entlohnt werden, wird auch das ganze Betriebskollektiv an einer gesellschaftlich benötigten Produktion interessiert sein.

Das heißt aber, daß bei einer großen Menge unterschiedlicher Produktarten, die ein großer sozialistischer Betrieb oder eine Betriebsvereinigung produziert (Tausende, ja oft Zehntausende Produktarten), alle Produktarten in gesellschaftlich benötigten Mengen (proportional zu den gesellschaftlichen Bedürfnissen) und bei optimaler Qualitätsentwicklung hergestellt werden müssen. Das heißt weiter, daß alle diese Produkte bei einer optimalen Produktivität der Arbeit und höchstwirtschaftlichen Ausnützung aller Produktionsfaktoren zu produzieren sind. Und schließlich muß sich eine optimale Innovation der Produkte, der Produktionstechnik, aber auch der Produktionsorganisation durchsetzen. All diese Seiten der Arbeit eines Produktionskollektivs müssen in ihrer Bewertung erfaßt und entlohnt werden, wenn sich die Arbeit den gesellschaftlichen Bedürfnissen folgend optimal entwickeln soll.

Wird nun vorausgesetzt, daß alle diese Seiten der Produktion – ihre optimale strukturelle, proportionale, qualitative, wirtschaftliche und innovative Entwicklung – erstens durch die zentrale Planung und zweitens durch die Entscheidungsfällung der Branchen- bzw. Betriebsverwaltungen gewährleistet wird, und daß es dann innerhalb dieser Entwicklung genügt, die Betriebsmitarbeiter nur gemäß der Menge und Qualifikation der Arbeit zu entlohnen, so ist dies eben eine der grundlegendsten Fiktionen, denen die kommunistische Wirtschaftspraxis unterliegt. Weder das zentrale Planungsamt noch die Branchenministerien können all diese komplizierten Seiten der Produktionsentwicklung einer großen Menge ihnen untergeordneter Betriebe bestimmen, planen und kontrollieren. In Wirklichkeit haben sie sich damit zu begnügen, rein globale Wachstumsaufgaben zu fixieren und innerhalb dieser einige wenige Präferenzaufgaben konkreter zu bestimmen. Alles andere, alle oben erwähnten wichtigen Seiten der Produktionsentwicklung werden entweder voll den Betriebsleitungen zur Entscheidung überlassen oder auf Grund der Informationen der Betriebe selbst in den Plan eingereiht und materiell stimuliert.

Die Betriebsleitungen entscheiden jedoch unter Bedingungen, die infolge des Fehlens jeglicher Marktmechanismen keine Objektivierung zulassen. Mit der Beseitigung der Marktpreise, des Konkurrenzdrucks und der Bindung aller Entlohnungen an reale Marktresultate verschwanden sowohl grundlegende Informationen für optimale Produktionsentscheidungen als auch eben jenes entscheidende Interesse der Betriebsverwaltungen an einer möglichst effektiven Entwicklung sowohl der von ihnen geleiteten Produktions- und Handelstätigkeit als auch der Verwaltung selbst. Die Nichtexistenz einer realen Konkurrenz bedeutet, daß niemand mehr aufdecken kann, ob eine Betriebsverwaltung ihre Entscheidungen in struktureller, proportionaler, qualitativer, wirtschaftlicher und innovativer Hinsicht innerhalb einer Branche tatsächlich optimal gefällt hat, oder ob sie in dieser Hinsicht mehr hätte tun können. Da es keine freien Marktpreise und keinen Konkurrenzdruck (nicht einmal eine potentielle Konkurrenz) gibt, gibt es auch kein Steigen oder Fallen der Einkommen der Betriebsverwaltungen bei mehr oder weniger optimalen Produktionsentscheidungen bzw. bei mehr oder weniger effektiven Produktionsentwicklungen. Und das bedeutet die Beseitigung des internen antibürokratischen Faktors. Der Weg ist frei für eine unaufhalt-

122

same Bürokratisierung der betrieblichen Verwaltungstätigkeit, die durch keine moralischen Aufforderungen und politischen Mobilisationen von oben mehr überwunden werden kann.

Nun ist es nicht nur so, daß die Betriebsverwaltungen rein subjektiv, ohne objektivierende Konkurrenzeinflüsse oder zumindest eine drohende potentielle Konkurrenz entscheiden und leiten, sondern sie werden obendrein durch vereinfachte Wachstumsaufgaben der zentralen Pläne, an deren Erfüllung die Auszahlung der geplanten Löhne bzw. Prämien gebunden ist, zu einer einseitigen Verfolgung und Erreichung dieser quantitativen Erfolgsziffern gezwungen, wobei dies immer auf Kosten der qualitativen und wirtschaftlichen Produktionsentwicklung geht. Sehr oft wird dieses quantitative Wachstum rein fiktiv mit Hilfe struktureller und preislicher Produktionsverzerrungen erreicht, die sich immer zum Schaden der Konsumenten auswirken und eine andauernde, kriegsähnliche Mangelwirtschaft sowie eine technische Rückständigkeit gegenüber dem Kapitalismus zur Folge haben.[31]

Es ist selbstverständlich, daß durch das Nichtvorhandensein objektiver Meßbarkeit der Effizienz von betrieblichen und um so mehr überbetrieblichen Verwaltungsapparaten sowie durch die Beseitigung von Marktinteressen der hier tätigen Beamten nicht nur ein immer stärkerer bürokratischer Leerlauf in diesen Apparaten, sondern auch die Möglichkeit einer schwer kontrollierbaren Durchsetzung rein bürokratischer Interessen entsteht. Das Bestreben jedes Beamten, die Verwaltungsagenda möglichst auszudehnen, die Recherchen und Entscheidungsunterlagen zu vervielfältigen, die Kontrollen zu multiplizieren und die Plantätigkeit als Selbstzweck den realen Voraussichtsmöglichkeiten überzuordnen, wird durch keine objektiven Kriterien gebremst und ist zugleich der sicherste Weg zur Hervorhebung der eigenen Unabkömmlichkeit sowie zur Absicherung des Aufstiegs.

Auf diese Weise wird die gesamte Wirtschaftsverwaltung zu einem bürokratischen Moloch. Nicht rationale Erwägungen hinsichtlich einer möglichst hohen Einsparung von Produktionsfaktoren und einer qualitativen Entwicklung der Technik und der Güter sind das Hauptziel, sondern papierverschleißende Plan- und Meldeagenda entwickeln sich zum bürokratischen Selbstzweck eines nie dagewesenen Ausmaßes: Meldungen an das übergeordnete Branchenministerium, Ausfüllen von Planungsformularen, Planerfüllungsformularen und statistischen Fragebögen, Erstellung von Preisvorlagen und neuen Preisgesuchen, Unterlagenausarbeitung für Materialanforderungen und für die Güterverteilungsstellen, Anforderungen von Arbeitskräften, Formularausfüllen für das Ministerium der Technik, für die Produktqualitätskontrolle, für die Zentralbank, für das Kontrollministerium, für das Außenhandelsministerium, Erfolgsmeldungen für Parteiorgane, Papieragenda und Aktenerzeugung, Scheinaktivität und Leerlauf. Die formelle Agenda wird zum eigentlichen Inhalt der bürokratischen Aktivität, und der effektive Inhalt der produktiven Ergebnisse wird zum Nebenzweck. Und je schneller dieser Bürokratismus wächst, je größer die Leitungs- und Verwaltungsapparate werden, desto größer sind die Karrierechancen für einzelne Beamte, das Wachstum ihrer Besoldung und ihres Herrschaftsbereichs. Der Automatismus der bürokratischen Selbstvermehrung weist ein viel schnelleres Wachstum des überbetrieblichen Verwaltungsapparats auf als die Zahl der Erwerbstätigen in den Produktionsbetrieben sowie der eigentlichen Produktion.

Dies ist zum Beispiel ersichtlich aus der folgenden Übersicht, die das Wachstum der Ausgaben für den zentralen Verwaltungsapparat im Verhältnis zu dem Wachstum der Produktion sowie der Anzahl von Erwerbstätigen in den Betrieben in einigen wichtigen Branchen in der UdSSR von 1966 bis 1968 aufzeigt (angegeben in % des Jahres 1968 zum Ausgangsjahr 1966 = 100%):

	Zahl der Betriebe	Zahl der Erwerbstätigen in der Produktion	Produktion pro Kopf der Erwerbstätigen	Bruttoproduktion	Kosten des zentralen Verwaltungsapparats
Unionsministerien für:					
Schwer- und Transport-					
maschinenbau	99,2	104,3	111,6	116,7	128,0
Elektroindustrie	94,8	108,5	111,5	118,0	135,5
Chemie- und Erdöl-					
maschinenbau	103,5	107,1	117,0	125,0	142,0
Maschinenbau für die					
Bauindustrie	102,8	105,1	117,9	124,8	126,8
Landwirtschafts-					
maschinenbau	107,1	104,5	112,7	117,9	131,0
Unions-republikanische Ministerien für:					
schwarze Metallurgie	101,8	105,2	110,0	115,5	133,0
Kohlenförderung	97,0	98,0	106,8	104,9	123,3
Erdölförderung	97,5	104,4	108,5	113,9	120,6

Entnommen aus: J. Kusnezow, A. Tichomirova, Fragen der Effektivität der Verwaltungsorganisation von Industriezweigen, ›*Voprosy Ekonomiky*‹, Nr. 11, 1970, S. 76.

Über den Betrieben müssen in hierarchischer Abstufung die Generaldirektionen, Hauptverwaltungen, Branchenministerien, Planungsämter mit allen dazugehörigen horizontalen Ämtern und Ministerien (Arbeitsministerium, Finanzministerium, Zentralbank, Ministerium für Technik, Preisministerium, Kontrollministerium, Rohstoffversorgungs- und Verteilungsstellen, statistisches Amt usw.) entstehen: ein bürokratischer Apparat ungeheuren Ausmaßes. In Moskau gibt es allein neben den politischen Ministerien, wie sie in westlichen Ländern üblich sind, noch 41 Wirtschaftministerien, jedes mit einigen Tausend Beamten; das Ganze wiederholt sich in allen Republiken mit entsprechenden Zweigstellen auf regionaler Ebene. Und solch riesige Staatsapparate für die Planung und Leitung der insgesamt noch größeren Apparate der Betriebe und Betriebsvereinigungen existieren in allen Ostblockstaaten und konzentrieren so viel bürokratischen Unsinn und realitätsfremden Formalismus in sich, daß die Verluste für die Gesellschaft, die aus diesen Kosten allein schon entstehen, durch ihre Tätigkeit weitaus vervielfacht werden, aber leider durch keine Statistik aufzudecken sind.

Nicht einmal die Anzahl aller Bürokraten kann festgestellt werden, denn dies gehört zu den bestgehüteten Geheimnissen des bürokratischen Systems selbst und darf der Arbeiterklasse, als der »herrschenden Klasse« nicht zu Ohren kommen. Nur jene Bürokratie, die der wirtschaftlichen und staatlichen sowie jeder anderen Bürokratie übergeordnet ist, nämlich die Bürokratie des kommunistischen Parteiapparats, hat Kenntnis vom Ausmaß und von der Tätigkeit der ihr untergeordneten bürokratischen Verwaltung. Aber diese Parteibürokratie weiß am besten, daß sie mit der Existenz des ganzen Systems steht und fällt, daß sie am wenigsten die Aufdeckung des unveränderlichen bürokratischen

Wesens dieses System zulassen darf. Und so wird nicht das System selbst als bürokratisch bezeichnet, sondern seine auftretenden bürokratischen Mängel werden von Zeit zu Zeit von den Parteihäuptern kritisiert. Es ist die Parteibürokratie selbst, die immer wieder zu bestimmten Zeiten, wenn die wirtschaftlichen Schwierigkeiten zu sehr wachsen und die Unzufriedenheit der Bevölkerung (vor allem der Arbeiter) zu bedrohlich wird, mit einer Kritik des Staats- und Wirtschaftsapparats beginnt. Man startet immer stärkere Kritiken des Bürokratismus in den Ministerien, in den Hauptverwaltungen oder in den Betrieben. Dabei wird aber nicht erwähnt, daß der zentrale Apparat überhaupt nicht imstande ist, die unübersehbare Menge von ökonomischen Zusammenhängen bei der Existenz von Millionen dauernd sich ändernder Produktarten zu erkennen, geschweige denn durch eine zielbewußte Leitung aller ökonomischer Tätigkeiten zu respektieren und zu harmonisieren.

Man ignoriert das grundsätzliche Problem des nicht zu lösenden Widerspruchs zwischen Aggregation und Desaggregation von Produktionsinformationen: Von den Betrieben zum Zentrum hin werden Angaben über die Menge benötigter Produkte in große allgemeine Produktgruppen aggregiert. Das zentrale Planungsamt weiß nicht, wieviel an einzelnen konkreten Produkten benötigt wird, sondern bilanziert nur die hochaggregierten Input-Output-Beziehungen. Die Planaufgaben werden bis auf wenige Ausnahmen aggregiert und über den ganzen hierarchischen Apparat den Betrieben zugeleitet, wo sie in letzter Instanz desaggregiert werden und sich in konkrete Produktionsentscheidungen und -tätigkeiten verwandeln. Man will nicht sehen, daß große Widersprüche zwischen den allgemeinen, zentralgeplanten und den konkreten, einzelnen Produktionsentscheidungen in den Betrieben nicht nur und nicht vor allem aus der planmäßigen Unkoordinierbarkeit der riesigen Menge konkreter Produkte auch mittels modernster Computersysteme entstehen, sondern ihre Hauptursache vor allem in der Gegensätzlichkeit von Interessen der Betriebskollektive und Interessen, die die zentralen Organe durchzusetzen haben, zu suchen sind.

Während die Grundaufgabe der zentralen Planungs- und Leitungsorgane darin besteht, den Output der Betriebe im Verhältnis zum Input zu maximieren bzw. ihren Input zu einem gegebenen Output zu minimieren, werden die Betriebe immer darauf bedacht sein, möglichst Reserven für eine leichtere Erfüllung ihrer Aufgaben zu bilden – es wird daher ihr Interesse sein, im Verhältnis zu dem von ihnen erforderten Output einen möglichst hohen Input beziehungsweise im Verhältnis zu dem erreichbaren Input einen möglichst niedrig geplanten Output zu erlangen. Dieser Grundwiderspruch stellt das Hauptproblem einer zentralistisch und dirigistisch geplanten Wirtschaft dar und kann durch keine Teilreformen, Kennziffer- oder Anspornungsänderungen und schon gar nicht durch Verwaltungsreorganisationen überwunden werden.

Auch die Vorstellung, mit Hilfe moderner volkswirtschaftlicher Optimierungsberechnungen bei Ausnützung breit angelegter Computersysteme die bürokratischen Leitungsmängel zu überwinden und die Planung effektiver zu gestalten, ignoriert geflissentlich die Tatsache, daß ein zentrales Planungsamt bei der Existenz von vielen hunderttausenden Produktenarten nicht die *Mikrostruktur* der Produktion optimieren kann und nur Berechnungen für hochaggregierte Produktengruppen und/oder wenige konkrete Präferenzprodukte durchzuführen vermag. Eine eventuelle praktische Anwendung solcher Optimierungsberechnungen für hochaggregierte Produktgruppen würde dann bei Nichtexi-

128

stenz eines Marktinteresses und -druckes nicht das grundlegende Problem der dirigistischen Planwirtschaft beseitigen, nämlich das *Desinteresse* der Branchenorgane und der Betriebe, die Möglichkeiten einer optimal effektiven Produktionsentwicklung anzustreben und in diesem Sinne dem zentralen Planungsorgan Informationen zuzuleiten. Ebensowenig würde sich ihr Desinteresse ändern, die vom Zentrum kommenden globalen Planaufgaben in solche konkrete Produktionsentscheidungen umzuwandeln, die sich in Richtung eines gesellschaftlichen Optimums bewegen. Dieses *Desinteresse* ist der springende Punkt, und es gilt sowohl für industrielle als auch landwirtschaftliche Betriebe – für die letzteren in womöglich noch stärkerem Ausmaß. Dieses Desinteresse kann dann durch keinen Ansporn von den zentralen Organen überwunden werden.

Ob der geplante und von den Betrieben geforderte Output mit Hilfe von Bruttoproduktions-, Nettoproduktions-, Gewinn- oder Produktivitäts-Planungskennziffern angegeben wird, ob ihre Produktion mit Hilfe einer größeren oder kleineren Anzahl von Kennziffern gesteuert wird, immer werden die Betriebe erstens bestrebt sein, von den übergeordneten Organen ein möglichst niedriges Plansoll im Verhältnis zu den vorhandenen Arbeitskräften und Investitionen zu erreichen. Zweitens werden sie immer versucht sein, den zentralen Organen Informationen zukommen zu lassen, auf Grund welcher sie sich eben Reserven und leichtere Bedingungen für die Planerfüllung schaffen. Und daran kann auch kein Ansporn etwas ändern, denn die zentralen Organe haben eben keine eigenen konkreten Kenntnisse der Produktionsmöglichkeiten in den Betrieben und sind daher auf deren Informationen angewiesen. Ob sie daher Prämien für die Erfüllung des Produktivitätswachstums, für Produktionskostensenkung, Profitzuwachs u. ä. m. festsetzen, immer werden die Betriebe starkes Interesse daran haben, falsche Informationen nach oben zu leiten, um eben relativ niedrigere Planauflagen zu bekommen und dann durch deren leichtere Erfüllung höhere Prämien, Lohnsteigerungen und andere Vergünstigungen zu erlangen.

Die zentralen Entlohnungen (im weitesten Sinne) der Betriebe, auf deren Informationen die zentralen entlohnenden Organe selbst voll angewiesen sind, bilden einen nicht zu beseitigenden Widerspruch dieses Planungssystems. Da die materielle Entlohnung noch immer die entscheidende Anspornung für jede Mehrarbeit, jede Anstrengung und jeden Leistungsanstieg der Betriebe ist und die zentralen anspornenden Organe eben nie das konkrete Wissen der Betriebsleitungen haben können, werden sie auch nie die wesentlichen Informationsverzerrungen der Betriebe (die sie gar nicht als Verzerrungen aufdecken können) zu beseitigen imstande sein. Rein moralischer Ansporn und nicht-materielle Belohnungen würden nicht nur unzureichende Leistungs- und Effektivitätsentwicklungen in den Betrieben erwecken, sondern obendrein wieder nur auf Grund verzerrter Informationen von unten entstehen.

Wer diesen systemimmanenten Widerspruch einfach nicht sehen will oder ihn mit Phrasen über »sozialistische Bewußtseinsentwicklung« zu überwinden sucht, ist entweder ein – durch seine eigene attraktive Stellung bedingter – systeminteressierter Heuchler, oder er begibt sich auf den Pfad idealistischer Wunschträume. Im letzteren Fall ist es die Verkennung der Tatsache, daß der überwiegende Teil der Bevölkerung noch sehr lange nicht an der zumeist anstrengenden und monotonen Arbeit selbst interessiert sein kann, sondern der Entlohnung und Konsumtion wegen arbeitet, was daher auch immer bei allen Betriebskollektiven und -leitungen ein Feilschen um möglichst wenig Arbeitssteigerungen (qualitative Produktionsänderungen sind auch Leistungsanstrengungen) und möglichst hohe Entlohnungen hervorrufen wird. Dies mußte Lenin sehr bald nach der Revolution erkennen; dies war die Erfahrung der tschechoslowakischen, ungarischen, polnischen und anderer kommunistischen Politiker nach ein paar Jahren revolutionären Enthusiasmus; dies mußte die kubanische Parteiführung nach den Jahren erfolgloser Guevara-Träumereien einsehen, und das wird schließlich früher oder später auch zur chinesischen Erfahrung werden.

Immer wieder tauchen heute marxistisch orientierte Theorien auf, die zwar den sowjetischen Bürokratismus grundsätzlich kritisieren und dem sowjetischen System den sozialistischen Charakter absprechen, gleichzeitig jedoch alle Versuche einer Einführung sozialistischer Marktbeziehungen in diesem System entrüstet ablehnen. Mit Berufungen auf die positiven Ergebnisse chinesischer Wirtschaftsentwicklung wird zum Beispiel von A. Carlo[32] als Ursache der sowjetischen ökonomischen Schwierigkeiten die Existenz der Bürokratieherrschaft angegeben, die zum Unterschied von der chinesischen Parteiführung zu einer solchen planmäßigen Lenkung der Volkswirtschaft führt, die gegen die Interessen der arbeitenden Bevölkerung gerichtet ist und zu ihrer Ausbeutung und Entfremdung führt. Bis dahin kann die Kritik Carlos als richtig angesehen werden und im weiteren wird der Mechanismus der sowjetischen Bürokratieherrschaft und seine Folgen noch eingehender erklärt und dokumentiert. Carlos negative Einstellung jedoch zu den marktwirtschaftlichen Reformversuchen in den Ostblockstaaten und seine Ablehnung von sozialistischen Marktbeziehungen[33] beruht auf einer grundlegenden Unterschätzung von materiellen Interessen der Arbeiter und anderer werktätigen Menschen auf der heutigen Stufe der Entwick lung der Arbeit und ihres bestimmenden Charakters.

Im Grunde glaubt er, daß es genügen würde, wenn man statt einer Bürokratieherrschaft eine »reale Arbeiterdemokratie«[34] hätte. Die Existenz einer solchen proletarischen Demokratie würde gemäß Carlo bedeuten: »Die Arbeiterklasse hätte alle für die Gesamtheit notwendigen wesentlichen Entscheidungen in breiter und freier Diskussion zu klären und als Rahmenplan zu beschließen. Die einzelnen Betriebsleitungen hätten an diesem Klärungs- und Entscheidungsprozeß teilzunehmen, aber nicht in gegenseitiger Konkurrenz, sondern in Zusammenarbeit mit den Arbeitern. Ziel der in dieser Weise organisierten Produktion wäre die Produktion von Gebrauchswerten für die gesellschaftlichen Bedürfnisse. Dieses Modell wäre tatsächlich sozialistisch.«[35]

Abgesehen davon, daß er die Entstehung der sowjetischen bürokratischen Herrschaft ungemein vereinfacht und diese als ein Ergebnis der »Ausblutung des Proletariats während des Krieges und Bürgerkrieges, der Vernichtung seiner Avantgarde, der Unmöglichkeit des Wiederaufbaues einer neuen politischen Arbeiter-Avantgarde und der Notwendigkeit eines Zurückgreifens auf das alte Personal des zaristischen Staatsapparates«[36] darstellt, glaubt er, daß das Bewußtsein und die Moral der wirklichen Arbeiter beziehungsweise ihrer Avantgarde genügen würden, um eine bedürfnisausgerichtete und höchst effektive Produktionsentwicklung zu sichern. Diese Vorstellung vereinfacht dermaßen das Problem einer optimalen Produktionsentwicklung in einem industriell hoch entwickelten Land, daß sie nur das Ergebnis eines rein idealistischen Wunschdenkens sein kann.

Erstens wird bei einem solchen Denken vorausgesetzt, daß die von Arbeiterräten geführten Betriebe auch ohne Markt immer im voraus *erkennen* würden, welche Produktenarten sie produzieren sollten, um die Bedürfnisse der Konsumenten im ganzen Land zu befriedigen. Wie dies jedoch bei der Existenz von Millionen von Produktenarten (die er selbst erwähnt) und bei der beständigen Änderung der Bedarfsstruktur konkret geschehen sollte, wie zum Beispiel ein Betrieb auf eine Steigerung der Nachfrage reagieren könnte, wenn seine Produktionssteigerung wieder abhängig ist von der unterschiedlich wachsenden Zulieferung von Produkten hunderter anderer Lieferanten, Sublieferanten, Subsublieferanten, also der proportionell steigenden Produktion von Rohstoffen, Halbfabrikaten, Maschinen, Energie usw., dies sagt er nicht mehr. Es müßte entweder wieder eine ex post verlaufende Anpassung der Produktion existieren, wie bei einem Marktsystem, jedoch ohne Angebot und Nachfrage ausgleichender Preise (also mit unzähligen Versorgungslücken und nicht befriedigten Bedürfnissen), oder man müßte versuchen, die gesamte Produktion in allen ihren millionenfachen Zusammenhängen und der konkreten Bedürfnisvoraussage ex ante zu planen. Dies wären jedoch weder die Arbeitervertreter noch ein bürokratisches Planungsamt imstande, was auch Carlo selbst einsieht.[37]

Die Vorstellung, daß es genügen würde, nur die *globale* Produktionsentwicklung (also nur die Branchenstruktur gemäß *globaler* Bedürfniserforschung) zentral vorauszuplanen und die Festsetzung der konkreten Mikrostruktur der Produktion den Betrieben zu überlassen, ignoriert erstens den determinierenden Zusammenhang zwischen zentral fixierten Investitionsentwicklungen (für einzelne Branchen) und den konkreten Produktionsmöglichkeiten der Betriebe. Jeder Fehler in der zentralen Investitionsfixierung würde ebenso wie heute zu Produktionsentwicklungen führen, die nicht den Bedürfnissen entsprechen (also wieder Versorgungslücken). Zweitens setzt jedoch Carlo ein Interesse aller Betriebskollektive voraus, beständig die Mikrostruktur ihrer Produktion flexibel zu ändern (konform mit den konkreten Bedürfnisänderungen), optimal die Produkte zu verbessern und neue, nützlichere einzuführen (was die wichtigste Voraussetzung auch des technischen Fortschritts ist), die Produktionsfaktoren höchstwirtschaftlich auszunützen und mit immer besseren Technologien, Produktionsorganisationen, Arbeitsteilungsfortschritten etc. die Produktivität zu steigern, und dies alles ohne entsprechender Änderungen in ihren Einkommen, sozusagen nur auf Grund ihrer »sozialistischen Moral«. Dies ist jedoch Ausdruck einer ausgesprochenen Unterschätzung der materiellen Motivation für zusätzliche Arbeitsleistungen im Sozialismus, die selbst von Marx und Lenin für diese Entwicklungsetappe hervorgehoben wurde.

Auch in den von Carlo geforderten Produktionsverhältnissen müßten alle Produktionsstrukturänderungen, Qualitätsverbesserungen, Produktinnovationen, technologischen Fortschritte etc. als zusätzliche Arbeitsleistungen entlohnt werden, da die Arbeit auf der heutigen Stufe der Entwicklung der Produktivkräfte noch für die große Mehrheit der Menschen eine schwere Bürde ist, nicht ihr eigenes Interesse bildet und vor allem als Konsumtionsvoraussetzung geleistet wird. Sobald Kollektive, die alle Möglichkeiten optimaler Produktionsentwicklungen durch Mehrarbeit ausnützen, nicht entsprechend höhere Entlohnungen erhalten würden als Kollektive, die sich nur wenig anstrengen und nicht alle Potenzen ausnützen, würden in Kürze auch die ersteren in ihrer Leistung nachlassen. Da aber diese völlig unterschiedlichen und beständig sich ändernden Möglichkeiten der Produktionsverbesserungen von keinem überbetrieblichen Organ geplant, gemessen und bewertet werden können und nur ein wirklicher Marktmechanismus mit seiner Preisbewegung, Wettbewerb und marktgebundener Einkommen die Betriebe zwingt, beständig das Produktionsoptimum zu suchen, würde auch in einem System, das Carlo vorschwebt (in industriell hochentwickelten Ländern[38]), die Produktionseffektivität weit hinter der kapitalistischen zurückbleiben. Im Endeffekt müßten ganz ähnliche Folgen für die Bevölkerung eintreten wie im sowjetbürokratischen System.

Die Erkenntnis der *spezifischen Interessenwidersprüche,* die in sozialistischen Produktionsbedingungen auf Grund von langfristig nicht zu ändernden *Arbeits- und Konsumtionsbedingungen* entstehen müssen und die mit Hilfe keiner zentralen Planungs- und Kontrolltätigkeit (um so weniger moralischen Appellen), aber mittels sozialistischer, *regulierter* Marktbeziehungen innerhalb einer *makroökonomischen Orientierungsplanung* gelöst werden können, war einer der wesentlichsten Fortschritte der tschechoslowakischen theoretischen Entwicklung. Wer – wie Carlo – diese *Interessenproblematik* ignoriert und sogar behauptet, die tschechoslowakische Reformentwicklung hätte keine neuen theoretischen Erkenntnisse gebracht[39], geht in Wirklichkeit auf jenen theoretischen Entwicklungsstand zurück, der für die leninistische Zeitperiode mit ihrer ungemeinen Vereinfachung des Verständnisses ökonomischer Interessen charakteristisch war.

Weder Lenin noch seine Nachfolger waren nämlich imstande, mehr einzugestehen, als daß materielle Anreize auch im Sozialismus existieren und ausgenützt werden müßten. Daß aber ebenfalls ganze Betriebskollektive und ihre Verwaltungen gemäß ihrer Arbeit und Gebrauchswertschaffung für die Gesellschaft entlohnt werden müßten und daß dies ohne Marktpreise und Konkurrenz nicht zu sichern ist, das sah Lenin nicht mehr und das können und *wollen* die höchsten Repräsentanten des Parteiapparats heute nicht einsehen, denn in dem Augenblick würde ihre sicherste Stütze, der breite bürokratische Staatsapparat, mit seiner dirigistischen Vormachtstellung überflüssig werden.

Nur Bürokraten können daran glauben, daß sie die Betriebskollektive und ihre Leitungen mit Hilfe von Moralappellen zu einer optimalen Produktionstätigkeit bringen werden. Die formalisierte, bürokratische Denkweise, die weder ein tieferes Verständnis für Moral selbst, ihr Wesen, ihre Entstehung und ihren Wirkungsbereich[40] noch für das Wesen des Widerspruchs zwischen Gesellschaftsinteressen und ökonomisch bedingten Betriebsinteressen aufweist, drückt sich in immer häufiger verbreiteten moralischen Traktaten aus, mit welchen systemkonforme Ideologen der Bürokratie apologetische Selbstentschuldigungen liefern.[41] Die Unfähigkeit und der Unwille, die wahren Ursachen der gesellschaftsschädigenden und ineffektiven Produktionstätigkeit aufzudecken und sie in den objektiv gegebenen ökonomischen Verhältnissen zu sehen, drückt sich schon darin aus, daß man als Ursache aller Wirtschaftsmängel beständig die »ungenügende sozialistische Moral« der arbeitenden Menschen zitiert, als ob mit einer »anderen Moral« in den Betrieben erstens beständig die Erkenntnis zu schaffen wäre, welches die *optimalen* Produktionsmethoden und Produktionsänderungen sind, und zweitens eine solche Produktionstätigkeit der Betriebskollektive erzielt werden könnte, welche sich gegen das ökonomische Interesse dieser Kollektive richten würde. Welch typisch bürokratische Pose, sich über die »ungenügende sozialistische Moral« des Volks zu beklagen, ohne daß ein einziger Bürokrat sagen könnte, wie die optimale Produktion in einem einzelnen Betrieb aussehen sollte, und ohne zu verstehen, daß diese durch den jeweiligen zentralen Plan sogar verhindert wird.

136

Nur marktorientierte Betriebe (und dies gilt ebenso für kollektiveigene Betriebe) sind gezwungen, aus eigenem Interesse heraus möglichst hohe Outputs im Verhältnis zu ihren Inputs, bedarfsgerechte Produktionsstrukturen und überhaupt optimale Produktions- und Handelsergebnisse anzustreben, wenn sie gegenüber ihren Konkurrenten und bei freien Marktpreisen möglichst hohe Erträge erzielen wollen. Nicht durch verzerrte Informationen nach oben, rein einseitige quantitative Produktionssteigerungen und fiktive Planerfüllungen mittels Strukturverschiebungen können sie Lohnsteigerungen und Prämienauszahlungen erreichen, sondern nur durch wirkliche Effektivitätssteigerungen. Solange jedoch solche sozialistischen Marktbedingungen von der kommunistischen Machtbürokratie nicht zugelassen werden, solange wird der Interessengegensatz zwischen bürokratischen Zentren und der Wirtschaftsbasis mit ihren immer wieder auftretenden Informationsverzerrungen, ihrer Papierflut und ihren *wachsenden Wirtschaftsverlusten* von der Gesellschaft hingenommen werden müssen. Wenn auf Grund zunehmender Disproportionen, Versorgungslücken, Produktionsunterbrechungen, Mengen nicht benötigter Produkte, Qualitätsbeschwerden, Nichtbeendigung von Investitionsbauten, Kostensteigerungen und Produktivitätsrückgängen die Klagen und Kritiken innerhalb der Partei sich zu häufen beginnen, im Volk sich Unruhe verbreitet und die Parteiführung unsicher wird, dann ist jeweils für den Parteiapparat die Zeit gekommen, mit der Kritik des Bürokratismus im Staatsapparat zu beginnen. Weder ein konkret schuldiger noch die eigentliche systemimmanente Ursache können benannt werden; statt dessen wird die Reorganisation des Verwaltungsapparats angekündigt und mit ihr die Lösung der Schwierigkeiten versprochen.
Es wäre eine spezielle Forschungsaufgabe, einmal alle Re-

organisationen des Verwaltungsapparats in den kommunistischen Ländern festzuhalten: Ministerien verschiedener Branchen wurden vereinigt, nach ein paar Jahren wieder getrennt; neue Ministerien wurden gegründet, dann wieder aufgelöst; Trustorganisationen wurden in ministerielle Hauptverwaltungen verwandelt und später wieder in Generaldirektionen zurückgebildet; Zentralisierungen wurden durch Dezentralisierungen und diese wieder von Zentralisierungen abgelöst; Betriebe wurden in Betriebsvereinigungen zusammengeschlossen und nach ein paar Jahren wieder verselbständigt; die Rolle der Ministerien verstärkt, dann wieder geschwächt, um nach ein paar Jahren wieder gestärkt zu werden und so weiter.

Um ein Beispiel zu geben: Die ČSSR übernahm am 1. 1. 1953 das sowjetische Führungssystem, und die Zahl der Ministerien vergrößerte sich schlagartig. Die Generaldirektionen wurden abgeschafft und dafür bei den Ministerien Hauptverwaltungen eingeführt. Die Kompetenzen der Betriebe wurden beschnitten, besonders in der Slowakei, da die Hauptverwaltungen ihren Sitz in Prag hatten. Im Jahre 1958/59 wurden die Hauptverwaltungen wieder abgeschafft und an ihrer Stelle Produktionswirtschaftsvereinigungen (VHJ) mit gemeinsamer Direktion gegründet (also wieder etwas Ähnliches wie Generaldirektionen). Im Jahre 1962 machte Novotný die VHJ für aufgetretene große Wirtschaftsmängel verantwortlich und beschränkte ihre Selbständigkeit durch die Ministerien. 1965 wurde die Macht der Wirtschaftsministerien wieder abgebaut; statt dessen schuf man Betriebsvereinigungen in Form von Trusts oder Konzernen. 1972 wurde wieder die Rolle der Ministerien gestärkt und ein differenziertes 3-Stufen-Leitungssystem geschaffen: Ministerium – Trust oder Branchenbetriebsorgan – Betriebe.

Als Chruschtschow einst in der UdSSR die Branchenministerien auflöste und regionale Wirtschaftsräte einführte, vergaß er »eine Kleinigkeit«: nämlich die dirigistische Planung
aufzuheben und marktwirtschaftliche Beziehungen einzuführen. Das zentrale Planungsamt sollte weiterhin die
gesamte Volkswirtschaft planen und die Input-Output-Beziehungen zwischen allen Branchen innerhalb des ganzen
Landes regeln. Es fehlten ihm jedoch die Ministerien als
Transmissionen zu den Betrieben der unterschiedlichen
Branchen. Statt mit diesen, mußte das Planungsamt nun mit
einer Unmenge von Branchenabteilungen innerhalb der regionalen Wirtschaftsräte zusammenarbeiten, um auf diese
Weise alle Beziehungen zwischen den Branchen im ganzen
Land zu koordinieren. Diese Sisyphusarbeit konnte vom
Planungsamt nicht anders bewältigt werden als mit Hilfe
einer starken Ausweitung eigener Branchenabteilungen, die
allmählich zu kleinen Branchenministerien anwuchsen.
Chruschtschow – darüber erbost, denn er hatte einst die Mi-
nisterialbürokratie aus Moskau verjagt, und nun hatten sie
sich in einer neuen Organisation in Moskau wieder etabliert
– schickte sich an, auch das Planungsamt (den Gosplan) zu
dezentralisieren. Als er dann auch noch den Parteiapparat in
einen speziell industriellen und speziell landwirtschaftlichen
Apparat aufteilen wollte, wurde er nicht nur der Staatsbürokratie, sondern auch der Parteibürokratie zu gefährlich
und mußte deshalb gestürzt werden. So konnten Breschnew,
Repräsentant des Parteiapparats, und Kossygin, Repräsentant der Planungsbürokratie, mit der Unterstützung dieser
entscheidenden bürokratischen Macht zu seinen Nachfolgern auserkoren werden.
Als später Breschnew die Wiedereinführung der Indu-
strie-Branchenministerien in Moskau begründete, sagte er
unter anderem:

»In den letzten Jahren begannen solche negativen Erscheinungen aufzutreten, wie verlangsamtes Wachstumstempo der Produktion und der Arbeitsproduktivität, sinkende Effektivität der Produktionsfonds und der Investitionen. Ohne eine kritische Einstellung [...] wird unsere Vorwärtsbewegung weniger erfolgreich sein [...] Um die Leitung der Industriezweige zu verbessern und den wissenschaftlich-technischen Fortschritt zu beschleunigen, werden Unions- und Republikministerien geschaffen. Sie sind für die entsprechenden Zweige, für ein hohes technisches Niveau der Produktion, für die Deckung des Bedarfs des Landes an Industrieerzeugnissen verantwortlich [...]«[42]

Damals wurden also Ministerien wiedereingeführt, um die Arbeitsproduktivität und Effektivität zu heben. Und obwohl die Kritik gleichgeblieben ist, dient sie jetzt dazu, eine neue Dezentralisierung zu begründen: die Einführung von *Industrieverbänden (Vereinigungen großer Betriebe)*. Auf sie sollen erneut verschiedene Kompetenzen und Entscheidungsbefugnisse aus den Ministerien verlagert werden mit dem Ziel, die *technologische Entwicklung* zu beschleunigen und die Effektivität zu heben.

Die Ministerien müssen aber weiterbestehen, denn sie sind bei einer dirigistischen Planung die notwendigen *Vermittlungsorganisationen für zentrale Aufgaben zu den einzelnen Branchen*. Bei ihnen liegt die Entscheidung über die Tätigkeit aller Unternehmen und Betriebe eines Produktionszweigs, und ohne diese Entscheidungen kann die Tätigkeit zwischen verschiedenen Zweigen nicht koordiniert werden. Nur wo Unternehmen verschiedener Zweige durch einen Markt verbunden und koordiniert werden, müssen keine *Branchenministerien* als Koordinatoren auftreten. Aber ebendiese allerwichtigste Koordinationstätigkeit der *Branchenministerien* wird gleichzeitig durch das entstehende

Ressortinteresse der Bürokraten einzelner Ministerien am meisten unterbunden. So wie bei den Bürokraten eines einzelnen Amtes (also auch einzelner Ministerien) spezifische Gruppeninteressen entstehen (bezeichnen wir sie als Ressortinteressen), die darin zum Ausdruck kommen, daß man die eigene formelle Aufgabenerfüllung, an welche Beförderungen, Gehaltserhöhungen und ähnliches gebunden sind, vorrangig zu erreichen sucht, auch auf Kosten der Zielerreichung innerhalb anderer Branchen und anderer Ministerien, werden diese zu einem großen Hindernis tatsächlicher Koordinierungen zwischen den Zweigen.

Die Art und Weise der Planerfüllung innerhalb der Branche, für welche das Ministerium verantwortlich ist, kann weniger wichtig werden als die Planerfüllung als solche. Vereinfacht ließe sich sagen: Jedes Ministerium kämpft um vorrangige Investitions-, Material-, Arbeitskräftezuteilungen und ähnliches für die eigene Branche, auf Kosten der anderen Branchen, weil dies die eigene Planerfüllung erleichtert. Jedes Ministerium ist geneigt, Unkorrektheiten bei der Planerfüllung der ihm untergeordneten Betriebe (auch durch Strukturmanipulationen und Preishebungen) zu übersehen, wenn der eigene Plan formell erfüllt wird. Jedes Ministerium wird die qualitative Verschlechterung der Produkte bei untergeordneten Betrieben billigen und ihre unzureichenden Innovationen vertuschen (die Betriebe anderer Branchen aber wegen Qualitätssenkungen anklagen), wenn dies zugunsten der eigenen Planerfüllung ausschlägt. Solche Verhaltensweisen sind deshalb geläufig, weil die Bürokratie und ihr höchster Vertreter, der Minister, primär an den eigenen Erfolgen interessiert sind.

Egoistische Ressortinteressen sind natürlich der größte Gegner aller Koordinationspflichten. Statt Harmonisierung der objektiv zusammenhängenden und sich gegenseitig bedingenden Tätigkeiten von Unternehmen aller Branchen zu bewirken, werden diese Tätigkeiten gegenseitig noch mehr zerrissen und in Widerspruch gebracht. Während also der Markt die Unternehmen durch den Druck ihrer eigenen Einkommensgewinne oder -verluste zwingt, die Interessen der Abnehmer möglichst zu respektieren, führt die »bewußte« Koordinierung von Lieferanten-Abnehmer-Beziehungen zu Widersprüchen innerhalb dieser Beziehungen, wie sie kaum zuvor existiert haben. Diese Ressortinteressen und das Ressortgebaren werden zwar andauernd kritisiert, man versucht dem Übel durch beständige Reorganisationen beizukommen, aber so, *wie man bei einer dirigistischen Planung nicht ohne leitende und entscheidende Tätigkeit der Bürokratie auskommt,* so kann man auch die eigentlichen Interessen dieser Bürokratie (und die Ressortinteressen sind nur eine der konkreten Ausdrucksformen dieser Interessen) nicht ändern oder beseitigen. Alle verzweifelten Organisationsänderungen, dauernden Reorganisationen können bei bestem Willen eines nicht ersetzen, nämlich die ökonomische Initiative, die durch den Marktpreismechanismus und den Konkurrenzdruck in den Unternehmen einer Marktwirtschaft hervorgerufen wird.

Die Parteibürokratie kann jedoch keine Systemänderung zulassen, die zu einer realen Verselbständigung der Betriebe und zu einer Beseitigung ihrer zentralen Bevormundung und Reglementierung führen würde. Sobald die Tätigkeit der Betriebe sowie die Einsetzung ihrer Direktoren und anderer leitender Kader nicht mehr überbetrieblichen Organen und über diese – wie wir später sehen werden – nicht mehr dem Parteiapparat unterliegen würde, wäre die Machtstellung dieses Apparats untergraben. Deshalb müssen alle – in der Geschichte des Sowjetsystems immer wiederkehrende – Reformideen und Reformbewegungen unterdrückt und verketzert werden. Alle Reformvorstellungen, die die Unersetzbarkeit und Notwendigkeit von Marktbeziehungen auch zwischen sozialistischen Betrieben einsahen und mehr oder weniger konsequent für deren Realisierung eintraten, wurden am heftigsten von der Parteibürokratie bekämpft, als »Konterrevolution« verteufelt und schließlich vernichtet.[43]

Schon die Tatsache, daß auf alle sachlichen Argumente, die jeweils von Reformern in der UdSSR, in Polen, Ungarn, der ČSSR usw. vorgetragen und publiziert wurden, in den Parteireferaten und in der offiziellen Parteipresse nie eingegangen wurde, sondern daß sich die Parteibürokratie immer nur damit begnügte, diese als »bürgerlichen Verrat«, »Rückkehr zum Kapitalismus«, »kleinbürgerlichen Revisionismus« und so weiter zu signieren, ist ein eindeutiger Beweis für das bürokratische Machtinteresse. Man wagte nicht ein einziges Mal, in den Parteiorganen zu analysieren, warum die Struktur der Produktion fortwährend in krassen Widerspruch zur Struktur der Bedürfnisse (der Nachfrage) gerät. Statt solcher Analysen wird nunmehr seit 50 Jahren als Ursache die »ungenügend sozialistische Moral der Betriebsleitungen« und die »ungenügende Kontrolle durch die Partei in der Produktion« vorgeschoben und werden sich wiederholende moralische Appelle und Aufforderungen an die Betriebsleitungen und die Werktätigen erlassen.

Warum die Parteibürokratie alle Erfahrungen und rationalen Erkenntnisse der Gesellschaft so lange unterdrücken konnte, warum sie jahrzehntelang ein absolut bürokratisches System aufrechterhalten und die eigentlichen Interessen der Bevölkerungsmehrheit ignorieren kann, warum sie als entfremdete Machtschicht in Wirklichkeit das ganze Volk beherrscht, das sind Fragen nach dem Mechanismus der Macht im kommunistischen System.

IV. Mechanismus des kommunistischen Machtsystems

Die führende Rolle der Partei

Die »führende« Rolle der kommunistischen Partei wird in allen Ländern des sowjetischen Machtbereichs so verstanden, daß die Organe und der Apparat der kommunistischen Partei über die Entwicklung aller öffentlichen Tätigkeit, in allen gesellschaftlichen Sphären, Organen, Institutionen, Betrieben, Vereinen, Verbänden und so weiter zu entscheiden haben. Durch die Verankerung der führenden Rolle der kommunistischen Partei in den Staatsverfassungen der meisten dieser Länder hat man eine politische Partei offiziell in eine übergeordnete staatliche Institution verwandelt, die ein volles Recht auf die Leitung und Kontrolle des gesamten öffentlichen Lebens hat.[1] Auf diese Weise hat man das legalisiert, was zuvor einfach aus der Machtstellung der Partei als Realität gegeben war. Allerdings kann auf Grund dieser Legalisierung nun auch jeder Angriff auf die Partei als staatsfeindliche Tätigkeit gewertet werden.

Eine so definierte Führungsrolle – derzufolge die Partei nicht nur tonangebend bei der Festlegung grundsätzlicher politischer und ökonomischer Entwicklungsziele ist, sondern die gesamte gesellschaftliche Tätigkeit praktisch dirigiert – kann nicht von einfachen Kommunisten und ihren Versammlungen, sondern nur von einer hochorganisierten Bürokratie bewältigt werden. Es ist dazu ein hierarchisch aufgebauter Apparat erforderlich, der sich aus Sekretariaten in allen größeren Betrieben, Kreis- und Bezirkssekretariaten, zentralen Landessekretariaten und schließlich dem zentralen Sekretariat der ganzen Föderation, als der mächtigsten Hochburg dieser bürokratischen Organisation, zusammensetzt. Die Zahl der Mitarbeiter dieser Sekretariate geht in die Tausende, gemäß der Landesgröße auch in die Zehntausende. Alle leitenden Mitarbeiter dieser Sekretariate werden jeweils von den übergeordneten Stellen ausgesucht, eingesetzt und kontrolliert. Die Kreissekretäre bestimmen die Sekretäre in den Betrieben, werden selbst von den Bezirkssekretären eingesetzt und diese schließlich wieder von den zentralen Sekretären.

Für alle wichtigen gesellschaftlichen Tätigkeitsbereiche (Wirtschaft, Militär und Sicherheit, Recht, Bildung und Kultur, Medizin und Sozialwissen, Sport, Propaganda und Agitation, Informationswesen, Massenorganisationen und dergleichen) *gibt es im Parteiapparat spezielle Abteilungen, denen Abteilungsleiter vorstehen, wobei jeweils für einige dieser Abteilungen ein Sekretär verantwortlich ist. Dem Ersten Sekretär (manchmal auch Generalsekretär) untersteht nicht nur das gesamte Sekretariat,* sondern es sind ihm noch die wichtigsten Abteilungen, wie zum Beispiel die Abteilung für die Parteiorganisation, die Abteilung für Militär und Sicherheit und ähnliche direkt zugeordnet. Aufgabe dieser Abteilungen ist es, die zu ihrem Bereich gehörenden Institutionen in ihrer Tätigkeit zu kontrollieren, mit deren leitenden Kadern andauernd in Verbindung zu stehen, Berichte über ihre Tätigkeit abzufassen, ihre Mitarbeiter kennenzulernen und *neue Kader auszusuchen,* von Zeit zu Zeit Analysen durchzuführen, um Probleme, Schwierigkeiten oder auch neue Entwicklungsmomente aufzudecken, wenn nötig wesentliche Änderungsvorschläge auszuarbeiten, auch anderes mehr. *Die Leiter dieser Abteilungen im Zentralsekretariat haben größere Macht als die offiziellen Staatsminister,* denn diese müssen alle wesentlichen Schritte vorher mit ihnen absprechen und deren Einverständnis einholen.

Die Sekretäre bilden jeweils das kollektive Leitungsorgan, an dessen Spitze der Erste Sekretär steht (im Zentrum wie auch in den Bezirken und Kreisen). Auch wenn alle Sekretariate »gewählten« Parteiorganen unterstellt sind, besagt dies nicht allzuviel. Formell wird der Parteitag als höchstes Parteiorgan bezeichnet: Er hat die Generallinie der Parteipolitik festzulegen, das Zentralkomitee und die zentrale Kontrollkommission zu wählen. Aus den Reihen des Zentralkomitees wird dann das Politbüro (Parteivorstand, Exekutive, Präsidium)[2] gewählt, dessen Leiter zugleich zum Ersten Sekretär ernannt wird. Das Politbüro hat die Parteiarbeit in der Zeit zwischen den Sitzungen des Zentralkomitees (ungefähr einmal in 3 Monaten) zu leiten, für diese Tätigkeitsberichte vorzubereiten und seine Beschlüsse durchzuführen. Es ist unterschiedlich groß (10–20 Mitglieder) und setzt sich aus den mächtigsten Parteifunktionären, die sich immer auf einen wichtigen Apparat stützen können (Parteiapparat, Ministerien, Militär, Staatssicherheit, Gewerkschaften und so fort), also aus den höchsten Repräsentanten der Bürokratie zusammen. Aber auch hier hat der Parteiapparat – wie wir noch sehen werden – seinen entscheidenden Einfluß gesichert. In Wirklichkeit haben Wahlen und Abstimmungen nur geringen Wert, denn die tatsächliche Willensbildung und Entscheidungsfällung erfolgt im Parteiapparat und durch die Parteisekretäre.

Während in den Jahren bis zur Machtergreifung Stalins (oder besser gesagt: Beseitigung seiner starken Opponenten) in den Sitzungen des Zentralkomitees und auf den Parteitagen noch wirkliche Kampfdiskussionen und auch Kampfabstimmungen stattgefunden haben, ist es seither mehr und mehr zur Gleichschaltung der Partei gekommen, die bis heute in allen Ländern des sowjetischen Machtbereichs anhält und eines der wichtigen Merkmale der Stalinisierung ist. Bis auf wenige Ausnahmen, die auch nur dann eintreten, wenn der Erste Sekretär durch einen Putsch anderer Sekretäre und Politbüromitglieder abgelöst wird (zum Beispiel der Sturz Chruschtschows), gibt es in den Sitzungen der Zentralkomitees und auf den Parteitagen keine wirkliche Opposition mehr. Die Diskussionen zu den Materialien, Vorschlägen und Beschlüssen, die alle von den Sekretariaten vorbereitet und größtenteils vom Ersten Sekretär vorgetragen werden, sind weitgehend rhetorischer Natur, bringen nur unwesentliche Ergänzungen oder Verbesserungen, nie prinzipielle Gegenvorschläge, und werden fast immer einstimmig durch Akklamation angenommen. Diese Tatsache kann nicht dadurch erklärt werden, daß der bürokratische Apparat Vorschläge ausarbeitet, an welchen nichts auszusetzen ist oder gegen die nicht andere, den Interessen der Bevölkerung besser entsprechende Vorschläge ausgearbeitet werden könnten. Die wirkliche Erklärung ist die vollkommene Abhängigkeit aller Mitglieder der »gewählten« Parteiorgane vom Parteiapparat sowie ihre Angst, gegen diesen aufzutreten, denn die Folgen solcher vereinzelten Versuche sind längst zur warnenden Erfahrung aller Parteimitglieder geworden.

Die Methoden, mit denen der Parteiapparat und die Sekretäre als seine mächtigsten Repräsentanten alle Parteimitglieder, »gewählten« Parteiorgane, alle außerparteilichen Institutionen und Organe und schließlich das ganze Volk beherrschen, können im Grunde in folgende drei Hauptgruppen zusammengefaßt werden:

a) Kaderpolitik
b) Repressions- und Korruptionssystem
c) Ideologisches Monopol

148

Kaderpolitik

Ist der Parteiapparat erst einmal entstanden, entwickelt er ein organisiertes System seiner eigenen Reproduktion. Die neu hinzukommenden Mitglieder müssen interessenmäßig gleichziehen und über die erforderliche ideologische Ausstattung verfügen. Persönliches Karrierestreben und Machtinteresse gehören zwar zum allgemeinen Charakterbild der Parteibürokraten, aber ebendies muß gemäß den allgemeinen Spielregeln verborgen bleiben. Nach außen herrscht völlige Unterwerfung unter die Idee und die Sache, und den Anforderungen der Vorgesetzten sowie denen höhergestellter Funktionäre wird scheinbar jederzeit entsprochen. Die Tätigkeit des Apparats unterliegt jedoch bürokratischen Regeln. Nicht eigenes Denken, kritisches Verhalten und Verständnis für die Unzufriedenheit und Klagen des Volks sind die besten Voraussetzungen für eine Funktionärskarriere, sondern die Fähigkeit des Ja-Sagens zu den Parteidirektiven und die Bereitschaft, sie jederzeit öffentlich zu verteidigen; der Spürsinn, rechtzeitig die politische »Windrichtung« zu erkennen und den »richtigen« (aufsteigenden) Mann in der höheren Rangstufe zu unterstützen; die Gabe, stets die eigene »Bescheidenheit« und »Uneigennützigkeit« hervorzukehren, den Vorgesetzten gegenüber Verläßlichkeit zu demonstrieren und sie über Worte und Taten ihrer persönlichen Feinde zu informieren. Dies werden immer die verläßlichsten Eigenschaften und Verhaltensweisen für eine schnelle Beförderung auf der Funktionärsleiter sein.

Jede Kaderauswahl (der erste Einstieg in den Parteiapparat, der Aufstieg und schließlich die Wahl in die wichtigsten Positionen) ist immer ein Akt, der von einem höherstehenden Funktionär (Abteilungsleiter, Sekretär, Politbüromitglied) eingeleitet, vorgeschlagen und schließlich durchgesetzt werden muß. Da aber jeder dieser Funktionäre seine eigene Karriere im Sinn hat, ist ebendiese Auswahl und Beförderung von Kadern (Kaderpolitik) zugleich das wichtigste Mittel zur Beeinflussung der eigenen Chancen. Je mehr, je verläßlichere, persönlich ergebene und später einflußreiche Kader der einzelne Funktionär zu etablieren vermag, und in je wichtigere Funktionen er sie befördern kann, desto größer wird seine eigene politische Macht und Machtausweitung sein. Deshalb ist auch die Kaderpolitik nicht nur das entscheidende Mittel für die qualitative Reproduzierung des ganzen Parteiapparats als der eigentlichen Machtelite, sondern zugleich das wichtigste Instrument in dem beständigen, gegenseitigen persönlichen Machtkampf zwischen den Funktionären.

So einig der bürokratische Parteiapparat nach außen hin, gegenüber der Masse »mit mangelndem sozialistischem Bewußtsein« auch scheint, so uneinig sind seine einzelnen »professionellen Revolutionäre« in ihrem persönlichen Machtstreben. Hier handelt es sich aber nicht nur um politischen Karrierismus und Opportunismus, wie man ihn im Grunde in jeder politischen Partei vorfindet, sondern um einen Machtkampf, der mit derselben Rücksichtslosigkeit und Brutalität ausgetragen wird, mit welcher der ideologisch begründete, »sich andauernd verschärfende Klassenkampf« geführt wird. Die innerparteiliche Bespitzelung, das Sammeln von Beweisen für »falsches« Denken und unkommunistisches Verhalten der anderen, die Menge der Zuträgereien und Intrigen, die Art des Sich-Entledigens von persönlichen Gegnern, die Inszenierung von Schauprozessen zur Liquidierung einst führender Persönlichkeiten, das *stille* »Beseitigen« allzu populärer Männer, welche vor ein Gericht zu bringen politisch schädlich wäre, dies alles entwikkelt sich in einem totalitären System in einem solchen Ausmaß, wie es in einer Demokratie nicht denkbar ist.

Die Beziehungen zwischen den Funktionären der höchsten Parteiorgane sind schwer beschreibbar. Die gegenseitige Angst, Verdächtigung, Spannung, Verstellung und Bewachung erreicht eine Intensität, daß die völlige Selbstentfremdung dieser Funktionäre zu ihrer Existenzbedingung wird. Jedem hängt das Damoklesschwert über dem Kopf; eine beständige Drohung, als politischer Abweichler betrachtet zu werden, ist latent vorhanden, welcher man nur mit der eigenen Macht über andere begegnen kann. »Versuche allen Beschuldigungen über eigene Abweichungen durch Abweichlerbeweise gegen die anderen zuvorzukommen – nur so bleibst du unter den Siegern!« Dieser beständige, verdeckte Kampf um Macht, um das Verbergen eigener Ansichten, mit denen man in eine Minderheit geraten könnte, das rechtzeitige Entdecken der Bestrebungen des »Ersten« oder anderer Mächtigen, um mit zu den Initiatoren zu gehören, dies alles schafft eine Atmosphäre, in welcher nur die gewissens- und rücksichtslosesten Bürokraten sich halten und vorwärtskommen können. Sie müssen allerdings in der Kaderpolitik perfekt sein. Die Frage, warum sich Novotný – ein ausgesprochen ungebildeter Mensch, der nicht imstande war, auch nur eine kurze Ansprache ohne Papier logisch und verständlich zu halten – so lange Jahre an der Spitze der tschechoslowakischen Partei und des Staats halten konnte[3], läßt sich nur damit beantworten, daß er die erforderliche Kaderpolitik einzigartig beherrschte.

Die Auswahl von künftigen Kadern beginnt in den Grundorganisationen der Partei, ja, schon in den kommunistischen Jugendverbänden.

Jedes Kreissekretariat bedient sich einer großen Anzahl von Aktivisten sowie aller eigenen Mitarbeiter, um durch dauernde Beobachtung der Aktivitäten in den Grundorganisationen, der Diskussionen, des Auftretens einzelner Mitglieder, ihres Verhaltens und dergleichen eine möglichst konkrete Übersicht über die Kader zu haben. In beständig geführten Kaderkarteien einzelner Abteilungen werden alle wichtigen Informationen über die Mitglieder gesammelt, um im Bedarfsfall ausgenützt werden zu können. Dabei wird vor allem verfolgt, ob das Mitglied politisch »verläßlich« ist, sich konform verhält, sich aktiv einsetzt, und so fort, wobei die so allgemein ausgedrückten Charakteristiken lange nicht so wichtig sind wie jene – bereits erwähnten – Eigenschaften für eine politische Karriere, die einem Abteilungsleiter oder Sekretär durch persönliche Erfahrung ins Auge stechen müssen.

Wer positiv auffällt und die Qualität eines künftigen Funktionärs zu haben scheint, wird zumeist auf eine spezielle Parteischule geschickt, um hier nicht nur das nötige ideologische Rüstzeug zu erhalten, sondern auch seine Eigenschaften noch einmal unter Beweis zu stellen. Es gibt monatliche Kreisschulen, halb- bis einjährige Bezirksschulen und zentrale Schulungskurse. Als höchste Ausbildungsanstalten figurieren die vierjährigen Parteihochschulen mit normalem Hochschulabschluß und der zusätzlichen Möglichkeit einer Erlangung des Titels »Kandidat der politischen Wissenschaften« nach Ablieferung einer theoretischen Arbeit (ungefähr gleich dem westlichen Doktorat). Vor allem aus den Absolventen der Parteihochschulen und aus den Reihen der Kandidaten der Wissenschaften werden die zukünftigen zentralen Kader ausgesucht. Hier rekrutieren sich die zukünftigen Mitarbeiter des zentralen Parteiapparats, der zentralen Organe anderer Massenorganisationen und Tätigkeitssphären (Gewerkschaften, Jugendorganisation, Staatsorgane, Militär, Polizei, Redaktionen, Wirtschaft und so weiter).

152

Kaderpolitik und Durchsetzung des parteibürokratischen Interesses und Willens müssen nach außen hin getarnt werden und dürfen den demokratischen Schein nicht stören. Die Illusion einer Entscheidungsfällung durch gewählte Organe versucht man sowohl den einfachen Parteimitgliedern als auch der Masse der Parteilosen gegenüber aufrechtzuerhalten – was aber längst im Bewußtsein der Bevölkerung zur Farce geworden ist. Daß trotzdem an »demokratischen« Wahlvorgängen festgehalten wird, gehört zu den vielen bürokratischen Absurditäten.

Die Vorbereitung und Manipulation aller »quasi-demokratischen« Entscheidungen gehört zu den wichtigsten Aufgaben des Parteiapparats. Auf Grund der Kaderkarteien und mit Hilfe aller Aktivisten müssen schon die Wahlen der Komitees der Grundorganisationen, die Kreis- und Bezirkskonferenzen und besonders der Parteitag *kadermäßig und inhaltlich vorbereitet werden.* So ist es vor allem wichtig, daß als Delegierte zu allen Konferenzen und für den Parteitag die »Verläßlichsten«, »Eifrigsten« und vor allem Diszipliniertesten ausgesucht werden. Schon die Abstimmung durch Handheben in den Grundorganisationen über die – vom Bezirkssekretariat selektierten und von Aktivisten vorgebrachten – Vorschläge von Delegierten zu den Kreiskonferenzen verläuft formal und allgemein ohne Gegenvorschläge. Es ist nicht nur die Angst der einfachen Mitglieder, als Oppositionelle bezeichnet zu werden, sondern auch ihr Unvermögen, als Vereinzelte die von oben sorgfältig begründeten Kadervorschläge zu widerlegen, beziehungsweise die Unmöglichkeit, sich vorher organisiert auf Gegenvorschläge zu einigen (die geringsten Anzeichen einer Gruppierung werden als Fraktionsbildung aufs strengste bestraft). Die Grundorganisationen werden zwar andauernd zur Aktivität aufgefordert, aber keine darf es sich erlauben, »fal-

sche« Ansichten zu äußern und gegen die »Parteilinie« aufzutreten. Das Zentralkomitee ist nie vor dem Ausschluß
ganzer Grundorganisationen zurückgeschreckt, die wagten,
oppositionelle Ansichten zu äußern. Aus der Erkenntnis
dieser völligen Kanalisierung aller Meinungsbildung und aller Wahlakte durch den Parteiapparat *entsteht auch jene
Gleichgültigkeit und Passivität der Mehrheit einfacher Mitglieder.*

Mit Hilfe dieses Mechanismus und der Auswahl im Grunde
nur konformer Delegierter für den Parteitag (und dies kann
sehr gut auch in Parteien funktionieren, die noch nicht an
der Macht sind, aber einen gut organisierten Apparat haben) ist bereits von vornherein ein Milieu geschaffen, in dem
keine Gefahr von oppositionellen oder selbstdenkenden
Delegierten – von Gruppen ganz zu schweigen – droht. Die
alte Parteiführung oder der zentrale Parteiapparat bereitet
die Vorschläge aller Beschlüsse, Resolutionen und Kandidatenlisten für die Wahlen neuer Organe auf Grund gut
durchdachter Kaderauswahlen und mit dem Ziel vor, ein
vollkommen gefügiges neues Zentralkomitee abzusichern.
Auch die Diskussion auf dem Parteitag wird sorgfältig vorbereitet und über die Bezirkssekretariate und Bezirksdele-
gationen (für welche immer der Erste Bezirkssekretär die
Verantwortung trägt) arrangiert. Bei einer Überzahl von
vorbereiteten Diskussionsbeiträgen (wie auch bei der absichtlich groß gehaltenen Zahl festlicher Grußreden ausländischer Gäste und anderer offizieller Redner) droht keine
Gefahr, daß jemand in die Debatte eingreifen könnte, der
den (bürokratisch gut vorgeplanten) feierlichen Akt stören
könnte. Kein Diskussionsbeitrag könnte außerdem einen
wirklichen politischen Einfluß erlangen. Diskussionen, bei
welchen Einzelgänger ohne das Recht, sich mit anderen
Gleichgesinnten zusammenzutun, gegen die vereinigten

Ansichten der mächtigsten und bestorganisierten Apparate ankämpfen müßten, werden immer zum Scheitern verurteilt sein.

Die vorher bestimmte und begrenzte Zeit der Parteitage, ihr feierlicher Charakter und die Steuerung eines jeden Akts aus dem bürokratischen Hintergrund machen sie zu einer reinen Formalität. Die Listen der vorbereiteten Kandidaten für alle »Wahlen« können von den Delegierten gar nicht überprüft, geschweige denn auf Grund einer organisierten Absprache mit Gegenkandidaten versehen werden. In Wirklichkeit legen also die Parteitage nicht die Programme und politischen Linien fest, sondern heißen widerstandslos nur das gut, was der Parteiapparat und das alte Politbüro vorbereitet haben. Der Parteitag *wählt* auch nicht das neue Zentralkomitee, sondern akzeptiert passiv jene Kandidaten, die den Interessen des Apparats entsprechen und die die Fortsetzung des alten Machtsystems garantieren. Es ist der gut funktionierende Mechanismus der beständigen Reproduktion einer systemkonservierenden Machtelite, der zwar zur Auswechslung einzelner Angehöriger dieser Elite führt, aber dies nur als Resultat eines persönlichen Machtkampfs in den Parteispitzen, nicht jedoch unter dem Einfluß der Parteimassen.

Es ist nur selbstverständlich, daß im Grunde dasselbe System der Vorbereitung, Auswahl und Vorschläge von Kadern durch den Parteiapparat auch bei der Besetzung aller wichtigen Macht- und Leitungspositionen im Staat, in der Wirtschaft und in allen anderen Sphären praktiziert wird. Es existieren Kadernomenklaturen, welche genau bestimmen, welche Funktionen'von welchen Parteiorganen besetzt werden, was in den Bereich des Zentralkomitees, des Politbüros, des Sekretariats, der Sekretariatsabteilungen, der Bezirks- und Kreiskomitees oder ihrer Sekretariate gehört.[4]

Aber auch die Kadervorschläge, die offiziell das Zentralkomitee und nicht das Sekretariat zu genehmigen hat, werden bei der rein formalen Akzeptierung durch Handheben durch das Zentralkomitee *de facto* vom Apparat bestimmt. Im Politbüro kommen zwar seine einzelnen Mitglieder mit verschiedenen Kadervorschlägen, denn die Kaderpolitik ist eines der wichtigsten Instrumente des verdeckten Machtkampfs zwischen den potentiellen Anwärtern auf die Funktion des Ersten Sekretärs, aber auch hier spielt die wichtigste und aktivste Rolle der zentrale Parteiapparat, der die komplexesten und beständig erneuerten Übersichten und Kadermaterialien hat. Damit ist die Überlegenheit der Sekretäre und unter ihnen selbstverständlich des Ersten Sekretärs gegenüber den anderen Politbüromitgliedern gegeben. Immerhin gelingt es auch den anderen Politbüromitgliedern, mit Hilfe eigener Apparate und Informationen und bei guter Taktik in gewissem Ausmaß »ihre« Leute zu forcieren.

Der Kaderproblematik, als dem wichtigsten Machtinstrument, wird auch von den Mitgliedern des Politbüros von aller politischen Tätigkeit die größte Aufmerksamkeit gewidmet. Jeder von ihnen muß seine persönlichen Machtinteressen mit der »Sorge um die sozialistischen Interessen« bemänteln. In Wirklichkeit gehört aber in dem ständig angespannten Machtkampf die Fähigkeit, die Kader zu befördern und durchzusetzen, die einem zwar persönlich ergeben sind, aber nicht wieder allzu sehr hervorragen, damit sie ihrem Protektor nicht zu schnell über den Kopf wachsen und sich verselbständigen, zur größten politischen Kunst.[5] Diese eigentliche Kader-Macht-Problematik nimmt auch den Politbüromitgliedern am meisten Zeit weg, während sie zu einer tieferen Analyse politischer Fragen, ökonomischer Probleme, Lösungsvorschläge und anderem kaum mehr kommen. Aber auch dann überwiegen Teillösungen, während staatliche, gesamtgesellschaftliche Problematik ihrer Aufmerksamkeit entgeht.[6] Alle vorgelegten Materialien, Berichte, Vorschläge für die Sitzungen des Politbüros bereitet größtenteils das zentrale Parteisekretariat vor, und bei der erwähnten Auffassung der führenden Rolle der Partei ist die Traktandenliste jeweils so groß, daß die Mitglieder des Politbüros oft nicht einmal alles gründlich durchstudieren, geschweige denn vorher überprüfen, mit Fachleuten eingehend besprechen und Alternativen durchdenken können. Die meisten Mitglieder des Politbüros lassen sich sogar von ihrem Apparat Bemerkungen und Hinzufügungen zu dem behandelten Material vorbereiten, die sie dann in den Sitzungen vorlesen. Auf diese Weise werden nach meist formalen Diskussionen von diesem entscheidenden Organ staatswichtige Beschlüsse gefaßt, über die in Wirklichkeit ein unverantwortlicher und bürokratischer Apparat entschieden hat.[7]

Je weniger dann die politischen »Repräsentanten« von der immer komplizierteren ökonomischen und politischen Problematik verstehen und je weniger sie bei der Überzentralisierung des Entscheidungsprozesses alle Fragen und das Übermaß an Informationen bewältigen können, je weniger sie daher auch fehlerhaften, vom anonymen bürokratischen Apparat vorbereiteten Entscheidungen ausweichen können, um so mehr Aufmerksamkeit müssen sie der Festigung ihrer Machtstellung widmen, um diese bei der Anhäufung von Fehlern und Mängeln nicht allzuleicht zu verlieren. Zum erfolgreichen Politiker oder zu einem zur Pyramidenspitze aufsteigenden Kader wird man weniger auf Grund fachlicher Qualifikation und der Fähigkeit, Probleme zu lösen und zu erklären, auf Grund von Beliebtheit beim Volk oder ähnlichem, sondern eher auf Grund ausgesprochen problematischer politischer Eigenschaften. Nur der, der sich jahrelang konform zu den mächtigsten Köpfen verhalten hat, wirklichen und potentiellen politischen Gegnern aber entschieden begegnen kann (größtenteils unter dem Vorwand der »Klassenposition«), der das Volk zu täuschen versteht und auch Opfer zugunsten seiner politischen Ambitionen in Kauf nimmt, kann mit einer politischen Karriere und dem Aufstieg in die höchsten Spitzen rechnen. Ebendiese Fähigkeiten und Eigenschaften werden als Ausdruck einer entscheidenden und kompromißlosen Verteidigung des Sozialismus bewertet, während allzu ausgeprägte Gefühle als kleinbürgerliche Sentimentalität abgetan werden.

Die Fähigkeit, Menschen für die eigenen Zwecke auszunützen, kann sich unterschiedlich darstellen. So kann man zum Beispiel für verschiedene führende und attraktive Positionen Leute vorschlagen oder sie dort halten, die nie den an diese Funktion gestellten Anforderungen entsprochen haben, oder deren Kenntnisse nicht mehr dafür ausreichen. Um so abhängiger werden solche Leute dem gegenüber sein, der sie in diese Funktionen gebracht hat oder sie dort hält und beschützt; ja, sie werden oft zu völlig willigen Marionetten. Oder es genügt, jenen Mitarbeiter abzuberufen, der sich erlaubte, eine andere Meinung zu vertreten als der Sekretär oder irgendein anderer Machthaber, um so die absolute Folgsamkeit vieler anderer zu erreichen. Man kann zielbewußt persönliche Rivalitäten zwischen bestimmten Funktionären ausnützen, um dadurch die eigene Macht zu steigern. Sogar viele der unzähligen Reorganisationen des Verwaltungsapparats (Vereinigungen oder Trennungen von Ministerien und dergleichen) wurden dazu ausgenützt, um bestimmte Funktionen neu besetzen, oder umgekehrt bestimmte Leute von ihren Positionen ablösen zu können. Mit solchen Mitteln erzeugt man eine beständige Nervosität unter den Bürokraten, ihren wachsenden Eifer und Gehorsam.

Ein Auswahlsystem für leitende Mitarbeiter von oben nach unten, bis in die Betriebe und Dörfer, das sich ausschließlich an Machtkriterien, Kriterien des Gehorsams, der Konformität und Ergebenheit nach oben orientiert, führt notwendigerweise zur Herabsetzung des Leitungsniveaus, zur Entstehung durchschnittlicher und unterdurchschnittlicher Leitungsequipen: Opportunistische Anpassung und Prinzipienlosigkeit werden zu charakteristischen Merkmalen des Individualverhaltens. Der Karrierismus bekommt eine besondere Erscheinungsform – Karriere machen nicht initiative und innovative selbständig denkende Menschen, sondern im Gegenteil die Vorsichtigen, die stetigen Jasager, die farblosen Befehlsvollstrecker, die Autoritätsanbeter, die formellen Aufgabenerfüller. Die Kunst, in den Berichten nach oben das auszudrücken, was die Machthaber hören, und allem auszuweichen, was sie nicht wahr haben wollen, führt mit der Zeit zu solchen Entstellungen des Informationssystems, daß die oberste Führung die wirkliche Situation, die Launen und Meinungen des Volks kaum noch kennt und so in den eigenen, subjektiven Vorstellungen und Illusionen bestärkt wird.

Wie in der Partei wird die Manipulation mit Kadern auch sonst überall mit »demokratischen« Wahlen bemäntelt. Für alle Gemeinde-, Kreis-, Bezirks- und Zentralorgans-»Wahlen« werden die Kandidaten von den Parteisekretariaten ausgesucht und über die zuständigen Institutionen in die Kandidatenlisten eingetragen. In Ländern, wo formal noch andere politische Parteien, wie zum Beispiel die Nationale Front existieren, werden vom kommunistischen Parteiapparat *verläßliche* und *konforme* Repräsentanten dieser Parteien (unter Umständen auch »Parteilose«) ausgesucht und dann auf dem Wege der »Übereinkunft« mit diesen Parteien in den Büros der »Nationalen Front« auf die Kandidatenlisten eingesetzt. Die gesamte politische Tätigkeit dieser »Parteien« wird über die Sekretariate der Nationalen Front (besetzt vom kommunistischen Parteiapparat mit Bürokraten, die ihm *de facto* untergeordnet sind) bewacht, gelenkt und kontrolliert. Jedes Bemühen dieser Parteien um eine eigene Politik oder gar um eine Opposition würde sofort als Ausdruck einer antikommunistischen Tätigkeit gewaltsam liquidiert werden.

In feierlich arrangierten und propagandistisch inszenierten »Wahlen« hat dann das Volk die Möglichkeit, die vorgeschlagenen Kandidaten zu akzeptieren. Eine Möglichkeit der Auswahl aus mehreren Kandidatenlisten (von unterschiedlichen, selbständigen Organisationen aufgestellt) gibt es nicht. Das formelle Streichen bestimmter Kandidaten bei gleichzeitigem Eintragen anderer Namen ist keine wirkliche Wahl, denn die Wähler haben eben keine Chance, sich vorher zu besprechen und organisiert Gegenkandidaten aufzustellen. Nicht einmal das alleinige Streichen der vorgeschlagenen Kandidaten hat einen Sinn, denn niemand außer den zuständigen Bürokraten (wieder vom Parteiapparat sorgfältig ausgewählt) kann den wirklichen Wahlausgang kontrollieren. Außerdem wird der ganze Wahlakt von so vielen Spitzeln überwacht, daß die Wähler – in Kenntnis des sowieso vorher vorbereiteten Wahlergebnisses – nicht einmal die formelle Möglichkeit von Streichungen benützen und lieber die Listen so, wie sie aufgestellt wurden, in die Urnen werfen. Auf diese Art und Weise werden in »freien« Wahlen dann immer 99 % + die Dezimalstellen der Stimmen für die aufgestellten Kandidaten als Ausdruck der »moral-politischen Einheit des Volkes« abgegeben.

Die gewählten Abgeordneten werden dann in allen Sowjets immer nur das Programm durchsetzen können, das von der Partei ausgearbeitet wurde und in konkreten Richtlinien den Abgeordneten für die Abfassung aller benötigten Gesetze übergeben wird. Alle legislative Tätigkeit trägt den Charakter einer Formalisierung von Parteibeschlüssen und Direktiven der verschiedensten Abteilungen des Parteiapparats, von denen kein Deputierter und keine Kommission der Sowjets abweichen darf. Die verschiedenen Begegnungen der Abgeordneten mit ihren Wählern haben primär agitatorischen Charakter, denn sie dienen dazu, die Versammelten für die Erfüllung der Pläne, für die Verbesserung der Produktion und so weiter zu mobilisieren. Die Abgeordneten wissen, daß sie nichts Wesentliches im Leben ihrer Wähler, im System, seinen Mängeln und andauernden Dysfunktionalitäten ändern können, und die Wähler wissen es ebensogut.

Wenn bei solchen Versammlungen die Wähler doch den Mut fassen, diese oder jene Klage zum Beispiel über mangelnde Versorgung, schlechte Qualität von Waren, Wohnungen und ähnliches vorzubringen, so wird im besten Falle der Abgeordnete diese Kritik an den betreffenden Betrieb oder eine andere Institution weitergeben. Vielleicht wird er sogar einzelne Verbesserungen erzielen, aber die Ursachen für ständig sich wiederholende Mängel wird er nicht beseitigen können.

Und so gerät beispielsweise N. W. Podgorny in die Nähe von Demagogie, wenn er in einer Wahlrede von der »Erweiterung der Demokratie« spricht, diese darin sieht, daß die »Wähler ihren zukünftigen Deputierten Aufträge geben«, daß »von den 1 700 000 Aufträgen, die von den Sowjets in den vergangenen vier Jahren zur Erfüllung angenommen wurden, fast eineinhalb Millionen erfüllt wurden«[8]. Wie alle diese Weisungen und Aufträge erfüllt wurden und was getan wurde, damit sich etwa die Kritiken über Qualitätsmängel, Versorgungsengpässe, bürokratische Verzögerungen und

Schikanen, Fehlen von Ersatzteilen und Reparaturkapazitäten für landwirtschaftliche Maschinen[9] und dergleichen, nicht beständig wiederholen müßten, das sagt Podgorny nicht.

Sobald ein Deputierter nur als »Klagensammler« und »Briefträger« angesehen wird, aber keine grundsätzlichen politischen Fragen stellen, nicht nach Ursachen sich wiederholender negativer Erscheinungen forschen und die politische Führung nicht kritisieren darf, bleibt die ganze Demokratie bestenfalls formal. Und daß keinem Deputierten solche Fragen auch nur einfallen, daß keiner versucht, aus dieser Zwangsjacke auszubrechen, daß alle eben nur brave »Briefträger« bleiben, dafür sorgt schon die betreffende Abteilung des Parteiapparats, die für die Wahl der künftigen Abgeordneten zuständig und verantwortlich ist. Wie für alle öffentlichen Funktionen, müssen auch für die Funktion eines Deputierten in den Sowjets (sei es Oberster Sowjet oder Gemeindesowjet) solche Aktivisten oder Konformisten ausgesucht werden, die die »führende Rolle der Partei« voll anerkennen und sich willig leiten lassen.

Mit einer solchen Kaderpolitik kann also die kommunistische Parteibürokratie ihre Mitarbeiter und folgsamen Aktivisten in alle wichtigen Positionen bringen, mit ihrer Hilfe das ganze Volk beherrschen. Auf die Frage, warum sich denn die Bevölkerung gegen eine solche Manipulation und Bevormundung nicht zur Wehr setzt und die kommunistische Bürokratie nicht auszuschalten sucht, gibt unter anderem das nächste Instrument des kommunistischen Machtestablishment Antwort.

Repression und Korruption

Längst geht es nicht mehr um die Unterdrückung von Angehörigen der ehemaligen »Ausbeuterklasse«, die in der
UDSSR praktisch nicht mehr existiert und auch in den anderen Ostblockstaaten auf wenige macht- und einflußlose, re-
signierte alte Leute zusammengeschrumpft ist. Es geht um
die Unterdrückung all jener, die sich nicht willenlos dem System unterordnen und die gegen die Ansichten und Wünsche der Parteibürokratie auf die eine oder andere Weise ihr
Nichteinverständnis, ihre Kritik und ihren Unmut zum Ausdruck bringen oder gar zur passiven oder aktiven Resistenz
greifen. Es geht also vor allem um die Unterdrückung von
Angehörigen der arbeitenden Schichten, für deren »Befreiung von jeglicher Ausbeutung und Unterdrückung« der
»proletarische« Staat geschaffen wurde. Wie ein histori-
scher Hohn erscheint die Tatsache, daß es vor allem Arbeiter waren und sind, die von der Diktatur des Proletariats
liquidiert werden.[10] Die von Marx einst prophezeite Beseitigung des Staats mit der Liquidierung der letzten Ausbeuterklasse und seine Verwandlung in eine gemeinsame
Verwaltung gesellschaftlicher Angelegenheiten hat längst
keine Gültigkeit mehr. Im Gegenteil: Der bürokratische
Apparat wächst von Jahr zu Jahr und mit ihm alle repressiven Instrumente, die Polizei, die Gerichte, die Kerker,
die Konzentrationslager und so weiter.

Das kommunistische ist eines der am besten organisierten
und funktionierenden Repressionssysteme, das je in der Geschichte existierte. Seine Stärke gegenüber anderen totalitären Unterdrückungssystemen beruht in der Komplexität der
unterschiedlichen Repressionsmethoden, die wie ein Uhr-
werk ineinandergreifen und jeden Unzufriedenen auf diese
oder jene Weise zum Schweigen bringen können. Von nor-

malen Polizeimethoden mit Verhören und Drohungen über Prozesse wegen antistaatlicher Tätigkeit, Verurteilungen mit langjährigen Haftstrafen, zu inszenierten Schauprozessen mit Folterungen und Todesurteilen, die eine Massenabschreckung bezwecken; von der psychischen Vernichtung jener, die man wegen ihrer Popularität nicht verurteilen kann, sondern sie für krank erklären läßt und in Irrenanstalten steckt; von stillen Deportationen Tausender bei »Nacht und Nebel«[11] bis zu befohlenen Morden von Volkslieblingen – Morden, die man dann Klassenfeinden in die Schuhe schiebt und zur Ankurbelung von Massenterroraktionen ausnützt –; von Erziehungsanstalten, speziellen Militärkolonnen für Söhne von Staatsfeinden über Arbeitslager zu Konzentrationslagern, deren Insassen durch Schwerstarbeit, Hunger, Krankheiten und Strafmethoden vernichtet werden sollen, reichen die administrativen Repressionsmethoden, die gegen politisch Andersdenkende angewandt wurden und weiterhin in unterschiedlichem Umfang angewendet werden. Auch wenn sich die Nachfolger Stalins und die anderen Ostblockchefs nicht mehr jenen Massenterror und jene Massenvernichtungen leisten können wie einst Stalin selbst, wurden und werden weiterhin die obengenannten Repressionsmethoden in einem vielleicht weniger sensationellen Umfang benützt. Sie dienen nicht nur dazu, unliebsame Opponenten zum Schweigen zu bringen, sondern immer auch zur Abschreckung weiterer Zehntausender, um diese nicht erst zu oppositionellen Reden und Tätigkeiten kommen zu lassen.

Obwohl also die Repressionsmethoden Stalins auf dem XX. Parteitag der KPdSU von Chruschtschow kritisiert wurden und heute allgemein das Bewußtsein verbreitet wird, als seien sie mit der Beseitigung des Stalinkults auch überwunden worden, sind administrative Repressionen weiter üblich; man versucht indessen, ihnen einen möglichst legalen Anstrich zu geben. Da jedoch all das, was als »staatsfeindliche« Tätigkeit verurteilt wird, durch weit auslegbare Gesetze definiert ist, die ziemlich willkürlich interpretiert werden können; da die Anklagen und Urteile bei allen politischen Prozessen mit parteihörigen Richtern jeweils vorher in den Parteisekretariaten besprochen und bestimmt werden und da bei diesen Prozessen fast nie ausländische Besucher bzw. Journalisten zugelassen sind, bleiben auch heute alle gerichtlichen Verfahren ebenso wirksame Repressionsinstrumente wie zu Stalins Zeiten.[12]

Zuerst waren es jeweils in allen Ostblockstaaten die engagierten Mitglieder der nichtkommunistischen politischen Parteien und überhaupt jener Oppositionsgruppen, die sich gegen die kommunistische Diktatur zur Wehr setzten, liquidiert und mundtot gemacht worden. Die nichtkommunistische Öffentlichkeit, und das ist natürlich die absolute Mehrheit der Bevölkerung (so auch in der ČSSR, welche die relativ größte kommunistische Partei aufzuweisen hatte, machte diese 1968, im Jahre der höchsten Mitgliedschaft, nur ungefähr 10 % der Bevölkerung aus), wurde aus jeglicher politischen Aktivität derart ausgeschaltet, daß man von politischer Entmündigung sprechen kann. Nur ein verschwindend kleiner Teil völlig gleichgeschalteter und der kommunistischen Partei ergebener Nichtparteimitglieder wurde vom kommunistischen Parteiapparat in verschiedene öffentliche Funktionen manipuliert, um den Anschein einer Vertretung der nichtkommunistischen Bevölkerung zu wahren, was natürlich schon rein quantitativ gesehen eine Farce ist.

In einer solchen Situation konnte die nichtkommunistische Opposition legal überhaupt nicht mehr politisch aktiv werden. Die geringsten Versuche einer illegalen politischen Tätigkeit, sei es auch nur einer Verbreitung oppositioneller Informationen, wurde und wird ungemein streng verfolgt und mit schweren Kerkerstrafen geahndet. Dies führt notwendigerweise dazu, daß im Grunde nur mehr innerhalb der kommunistischen Parteien selbst sich von Zeit zu Zeit beachtlichere Oppositionsbewegungen bilden konnten; sie wurden mehr oder weniger auch zu Sprechern oder Vertretern jener nichtkommunistischen Volksteile, die mit der Politik der kommunistischen Parteibürokratie nicht einverstanden waren. Eine Zeitlang konnten solche Oppositionsgruppen innerhalb der Partei sich leichter tarnen und während kürzerer oder längerer Perioden um verschiedene Reform- oder Liberalisierungsentwicklungen kämpfen. Größtenteils wurden und werden sie jedoch ebenso wie nichtkommunistische Oppositionsgruppen in dem Augenblick vernichtet, in dem ihre Forderungen den Interessen der Parteibürokratie grundsätzlich widersprechen und ihr zu gefährlich erscheinen. Um andere Parteimitglieder vor einer solchen »gefährlichen« innerparteilichen Oppositionstätigkeit abzuschrecken, wurden die Teilnehmer solcher Bewegungen jeweils als die »größten Feinde entlarvt« und sehr schwer bestraft. Trotzdem haben sich immer wieder innerhalb der kommunistischen Parteien der Ostblockstaaten Oppositions- und Reformgruppen gebildet, die bei allem Bewußtsein der Risiken auf diese oder jene Art und Weise um Liberalisierungen und Demokratisierungen kämpften. Sie setzten sich aus einfachen Parteimitgliedern zusammen, aber auch sehr oft aus Mitgliedern verschiedener gewählter Parteiorgane oder Parteiinstitutionen, und gehörten meist der Parteiintelligenz an, welche die ideologisch proklamierten Ziele einer allseitigen Befreiung der arbeitenden Menschen ernst nahm und die Verbindung mit den breiten Schichten der Bevölkerung nicht verloren hatte. Sobald diese Kommunisten auf Grund ständiger Erfahrung den abgrundtiefen Gegensatz zwischen Worten und Taten der führenden kommunistischen Bürokraten wie auch die negativen Folgen des Systems für die Bevölkerung erkennen, sobald sie – oft unter Schockwirkung – von ihren einstigen Illusionen befreit werden, beginnen sie meist einen verzweifelten Kampf um grundlegende Änderungen des Systems. Immer wieder und in allen Ostblockländern versuchten Hunderte und Tausende von Kommunisten gegen den parteieigenen Machtapparat und seine bürokratisierten Häupter anzustürmen. Sie versuchten es mit offenen Kritiken, mit organisierten Fraktionen, mit illegalen Zirkeln, mit verzweifelten Aufständen, mit jahrelangen geduldigen Reformbestrebungen. Und immer wieder wurden sie von der eigenen Parteibürokratie oder von einem militärischen Aufgebot der vereinigten Parteibürokratien der »sozialistischen« Nachbarn brutal unterdrückt. Größtenteils waren es eben jene Kommunisten, die noch in den Jahren des Kapitalismus oder des Kampfs um die Macht (also nicht der bereits etablierten Parteidiktatur) in die Partei eingetreten waren und die dann von der korrumpierten Parteibürokratie liquidiert wurden.[13]

Aber es sind nicht nur administrative Repressionsmethoden, mit denen alle – inner- und außerparteilichen – Widerstände unterdrückt werden: Zu diesen gesellen sich auch Methoden wie öffentliche Anschuldigungen, Verunglimpfungen, Skandalisierungen, Feindbezeichnungen, Rufmorde und schließlich heute in breitestem Ausmaß die ökonomischen Repressionen, die eben eine kommunistische Spezifik darstellen und in dieser Reichweite von anderen Unterdrückungssystemen schwerlich erreicht wurden.

Schon die Art öffentlicher Feindsignierungen stellt ein Repressionsmittel dar, das alle kommunistischen Machthaber, von Stalin bis heute, sehr gut zu benützen wußten. Ob

»Volksfeind«, »Abweichler«, »Kosmopolit«, »Opportunist«, »Revisionist«, »Nationalist«, »Zionist«, »Agent des Imperialismus« und so weiter, immer war und ist eine solche Etikettierung eines Menschen, im Parteireferat, in der Parteizeitung, im Rundfunk oder Fernsehen verabreicht, ein so wirksames Einschüchterungsmittel, daß oft ein weiteres gar nicht mehr folgen muß. Die Leute wissen, daß es dagegen keine Verteidigungsmöglichkeit gibt, denn ebensowenig wie der parteimächtige Bezeichner einen Beweis erbringen muß, kann auch der Bezeichnete einen Gegenbeweis veröffentlichen und schon überhaupt nicht mit einer Anklage durchkommen. Er weiß nur, daß eine solche Signierung allein ihm schon verschiedenste Schikanen und Nachteile in seiner gesellschaftlichen Stellung, ökonomischen Position und dergleichen einträgt, daß er von da an von allen Funktionären, Bürokraten und vor allem von der Staatspolizei verdächtigt und beobachtet wird und daß diese Bezeichnung schließlich den ersten Schritt zu weiteren administrativen Maßnahmen bedeuten kann. Der Betroffene wird für den bürokratischen Apparat zum Aussätzigen, dessen gesellschaftlicher »Tod« begonnen haben kann.[14]

Die ökonomischen Repressionen reichen vom nicht zu beweisenden Schikanieren in der Arbeit, von Versetzungen in schlechtere Tätigkeitsbereiche oder Nichtbeförderungen bis zu Entlassungen, die nicht einklagbar sind und sich immer auf den politischen Vertrauensverlust stützen. In einer Gesellschaft, in der alle Betriebe und Institutionen dem Staat gehören und alle Betriebe neue Angestellte nur auf Grund von Kaderinformationen über den Bewerber aus den vorangehenden Betrieben annehmen, kann die Entlassung eines Menschen aus politischen Gründen seine lebenslängliche Verfolgung bedeuten. Er wird die verachtetsten und am wenigsten bezahlten Arbeiten, ungeachtet seiner Qualifikation, durchführen müssen, wird oft unzählige Male entlassen, um immer wieder von neuem dasselbe erfahren zu müssen, und wird monatelang arbeitslos umherirren. Dabei wird er noch unter der beständigen Drohung leben, wegen Landstreicherei verhaftet und in ein Arbeitslager gesteckt zu werden, denn wer längere Zeit ohne Anstellung lebt, kann als Landstreicher behandelt werden.

Kinder von Personen, die das »politische Vertrauen« verloren haben, aus der Partei ausgeschlossen oder gar aus politischen Gründen verurteilt wurden, dürfen nicht an Hochschulen studieren.[15] So geht die Blutrache in ein System ein, das von seinen Repräsentanten als »wissenschaftlich fundiertes und fortschrittliches System« bezeichnet wird. In Wirklichkeit wird durch die Vernichtung der Zukunft der Kinder ein Druckmittel benutzt, das auf viele Menschen stärker wirkt als physische Repressionen gegen ihre eigene Person.

Selbstverständlich ist ein solch breites und wohlorganisiertes Repressionssystem mit einem nie dagewesenen Spitzelsystem ausgestattet. Alle Mitglieder der Partei sind verpflichtet, den Parteiorganen »parteifeindliche« Äußerungen, denen sie bei Mitarbeitern, Nachbarn und anderen begegnen, zu melden. Auch wenn nur ein Teil der Parteimitglieder diese Spitzeltätigkeit durchführt, so ist dennoch der Kreis der Informanten groß genug. Neben diesen freiwilligen »ideologischen« Berichterstattern gibt es jedoch noch einen ungewöhnlich breiten Stab von Informanten in jedem Betrieb und in jeder Institution, die von der Staatspolizei bezahlt und den Mitarbeitern selten bekannt sind, so daß sie sich vor diesen weniger als vor den allgemein bekannten kommunistischen Aktivisten in acht nehmen können. Auch die Hauswarte haben in den Ostblockstaaten fast immer die Funktion, Informanten der Polizei zu sein; sie müssen regelmäßig über Verhalten, Ansichten, Besucher, Verkehr und ähnliches der Hausbewohner berichten. Es genügt oft, an Feiertagen nicht rechtzeitig – wie gefordert – die Fahne ins Fenster zu hängen, um vom Hauswart, mit dem man nicht auf gutem Fuß steht, in Verruf gebracht zu werden.

Die Staatspolizei mit ihrem Riesenapparat, mit einem weitverzweigten Nachrichtendienst, mit den neuesten Abhör- und Beobachtungsmitteln ausgestattet, mit Kaderkarteien und Informationen über alle, nur minimal verdächtige Personen, mit ihren raffinierten Vernehmungsmethoden und den modernsten psychischen und physischen Erpressungsmitteln wird so zum wichtigsten Zentrum der administrativen Repressionen. Ihre Macht vergrößert sich mit ihren Mitteln und Informationen, und in der Verfolgung von Andersdenkenden wächst sie über den Rahmen eines Instruments der Parteibürokratie immer wieder hinaus. Sie übernimmt sehr oft die Initiative und lanciert Verdächtigungen, Verhaftungen und Anklagen, die sich sogar gegen Mächtige des Parteiapparats wenden und zu ihrem Sturz und zur Vernichtung führen. Es ist jene Gruppe von Bürokraten, die von der Angst der Menschen lebt, diese bewußt hervorruft und mit ihr ihre eigene Machtstellung erweitert. Sie erweitert diese zu einer unkontrollierbaren Macht, bringt die Gerichte und Staatsanwälte in ihre Abhängigkeit[16] und weiß mit Hilfe von angesammelten kompromittierenden Materialien sehr oft auch die höchsten Parteifunktionäre unter politischen Druck zu setzen. Die Existenz eines solchen Repressions- und Spitzelsystems ruft bei allen Bewohnern der Ostblockstaaten eine beständige Unsicherheit und Angst[17] hervor, welche wieder zu Vorsicht bei Meinungsäußerungen, Selbstzensur, Verstellungskunst und Heuchelei führen. Viele Menschen haben gelernt, gleichsam doppelt zu leben, in der offiziell zur Schau gestellten zufriedenen, konformen oder zumindest naiven, unpolitischen Person für die Öffentlichkeit und in jener des unzufriedenen, wütenden, ja oft haßerfüllten Andersdenkenden, jener Person, die man jedoch selbst vor den nächsten Angehörigen zu verdecken gelernt hat, die man oft nicht einmal vor dem eigenen Ehepartner, geschweige denn vor seinen Kindern (die es ja in der Schule ausplaudern könnten) in Erscheinung treten lassen darf.[18] Genau wie in den – von den Kommunisten kritisierten – faschistischen Staaten lebt auch in den Ostblockstaaten die große Mehrzahl der Menschen in doppelter Existenz. Auch hier führt die Notwendigkeit, das wahre Gesicht, die wirklichen Meinungen und Werturteile ständig verstecken zu müssen, zu wachsenden Frustrationen, Selbstentfremdungen, Schizophrenien und zur Lebensmüdigkeit. Es ist nur zu verständlich, daß dies am stärksten bei geistig tätigen Menschen, bei Intellektuellen auftritt, während die Mehrzahl der Arbeiter zu politisch gleichgültigen, nur für ihre persönliche Befriedigung (Wochenendhütten, Schrebergärten, Sportveranstaltungen und so weiter) lebenden Individuen wird.

Solange solche Arbeiter ihre geplanten und kontrollierten Aufgaben im Betrieb erfüllen, solange sie auch bei verschiedenen öffentlichen Anlässen (Erste-Mai-Feiern, Betriebsversammlungen und so weiter) erscheinen, gibt sich das Regime auch mit diesen individualisierten Arbeitern zufrieden. Man braucht in Wirklichkeit nur folgsame Roboter. Nur hier und da verlangen die politischen Bürokraten bei offiziellen Anlässen eine öffentliche und besonders auch vor dem Ausland bekundete »Begeisterung der Massen«. Da die Arbeiter ihre Ruhe haben wollen, lernen sie, diese traditionellen Pflichtübungen mitzumachen. Sie wissen sehr gut, was gespielt wird; sie wissen, wie die Pläne formell erfüllt werden; sie wissen, welche Politik die Funktionäre persönlich verfolgen; sie wissen zumeist, wer beobachtet, bespitzelt und zuträgt; sie wissen, wer in den Maiumzügen die Anwesenheit und »Begeisterung« kontrolliert, wer in den Versammlungen das Verhalten und die Abstimmungen registriert; und sie sind bereit, alles formell so mitzumachen, um auf der anderen Seite sich das eigene Leben wenigstens ein bißchen lebenswert einrichten zu können. Und so hat die »sozialistische« Befreiung eine Entfremdung der Menschen geschaffen, wie sie besser von dem kapitalistischen Ausbeutungssystem nicht erzielt werden konnte.

Will man aber ein System, ohne Unterstützung der Mehrheit der Bevölkerung, ja bei notwendiger Unterdrückung breiter Volksschichten, aufrechterhalten, muß man auf der anderen Seite der unterdrückenden Schicht und vor allem den führenden Bürokraten genügend Vorteile bieten, um sie für diese Tätigkeit zu gewinnen und verläßlich an das System zu binden. Und so bildet die Korruption immer die Kehrseite eines jeden Repressionssystems. Denn je größer die Mängel, die Versorgungslücken, die unbefriedigten Bedürfnisse der Bevölkerung, um so leichter kann man die herrschende Schicht korrumpieren.

Im stalinistischen System gab es beispielsweise für den Parteiapparat wie auch für wichtige Ministerien (Verteidigung, Staatspolizei und andere) eigene Geschäfte (meist direkt in den Sekretariaten und Ämtern, um diese zu verheimlichen), in welchen die Bürokraten alles einkaufen konnten, was in der normalen Versorgung überhaupt nicht oder nur selten zu bekommen war. Dies wurde nach dem Zweiten Weltkrieg auch in den anderen »sozialistischen« Ländern eingeführt. Die vorrangige Zuteilung von Wohnungen (welche bis heute die größte Mangelware darstellen) und später auch von Personenwagen an alle wichtigen Funktionäre gibt es bis zur Gegenwart.

Für die Parteibürokratie gibt es spezielle Wochenend- und Urlaubs-Erholungsheime und -gebiete, die beste Versorgung, Bedienung und andere Annehmlichkeiten zu einem Spottpreis bieten. Die zielbewußt durchgeführte Abstufung solcher Rekreationsbedingungen für unterschiedlich gestellte Funktionäre (1. normales Personal der Parteisekretariate, 2. Abteilungs- und Sektionsleiter, 3. Sekretäre, Minister und Politbüromitglieder) mit einer Rangstufe an Luxus und Abgrenzung[19] soll auch genügend starke Karriereimpulse schaffen. Für die höheren Parteifunktionäre gibt es außerdem ausländische Rekreationsmöglichkeiten, die in den schönsten Gebieten und mit allen nur erdenklichen Behaglichkeiten organisiert werden.

Stalin führte einst ein System ganz besonderer Entlohnungen für die Mitglieder des Politbüros ein: Er verteilte persönlich monatlich große Geldsummen in Briefumschlägen (danach »Couverts« benannt), je nach dem »Verhalten« des »Belohnten«. Diese Entlohnungen waren insofern ein spezielles Korruptionsmittel, als sie zusätzlich zu den normalen, an und für sich schon hohen Gehältern, geheim und ohne Besteuerung gewährt und immer nur von Stalin persönlich bestimmt und übergeben wurden. Dasselbe wurde in anderen Parteien, zum Beispiel auch von Novotný, nachgeahmt.[20]

Die allgemeinste und höchstwahrscheinlich wichtigste Art der Korruption ist die gezielte Verwandlung von einfachen Arbeitern in Bürokraten. Menschen, die ohne ein besonderes Studium oder nur mit Hilfe von Parteischulungen, speziellen Hochschulkursen für Arbeiter und ähnliches der mühseligen Arbeit in der Fabrik entrinnen können und plötzlich in die Stellung einflußreicher Bürokraten gelangen, werden alles daransetzen, sich in dieser Stellung möglichst ihr Leben lang zu halten.[21] Wenn der »weiße Kragen«

schon dort, wo die Bürokratie den Großbürgern oder der Aristokratie dient, für viele so begehrenswert ist, um wieviel attraktiver wird dann die Stellung von absolut herrschenden Parteibürokraten in einer kommunistischen Gesellschaft sein: Die Auserkorenen müssen ja zu den treuesten Stützen jenes Systems werden, das ihnen solche Möglichkeiten bietet.

Diese direkte Korruption von höhergestellten und wichtigen Funktionären mit allgemein guter Besoldung, all die kleineren Vorteile und vor allem Aussichten auf »größere« Vorteile beim Aufstieg für niedrigere Bürokraten, schließlich die Attraktivität der bürokratischen Stellung im Parteiapparat selbst, die den Bürokraten in diesem System ungemein starke Machtfunktionen einräumt und daher für all jene erstrebenswert ist, die ausgeprägte Machtinteressen haben, schaffen im kommunistischen System eine verläßliche Herrscherschicht. Man kann mit einer solchen bürokratischen Schicht das System jahrzehntelang erhalten und jeden Widerstand, Reformversuch oder gar Aufstand unterdrücken. Wichtig ist dabei nur, daß die Parteibürokratie bestimmte Gruppen innerhalb der Gesellschaft als Reserve und für manche Aufgaben zur Verfügung hat. Diese soziale Basis bildet im Grunde die kommunistische Partei.

Nur die einfachen Parteimitglieder bleiben immer problematisch, und in keinem der Ostblockstaaten bildet die gesamte kommunistische Partei eine verläßliche Stütze des Systems. Bei einem großen Teil der einfachen Parteimitglieder und besonders bei jenen, die mit ethisch-idealistischen Einstellungen und aus wirklicher sozialistischer Überzeugung in die Partei eingetreten waren, kommt es mit der Zeit und auf Grund von Erfahrungen zu starken Desillusionen. Sobald ihnen der große Widerspruch zwischen ideologischer Propaganda und der praktischen Realität bewußt wird, verfallen sie entweder wachsender politischer Passivität und innerem Widerstreben gegen die »Funktionärskratie«, die oft bei einem Teil (größtenteils Arbeitern) bis zum Austritt aus der Partei führt, oder sie verschreiben sich unterschwelliger Opposition, die aber nur bei jenen, die als intellektuelle Mitglieder der Partei in der oder jener Institution tätig sind und eine wichtige Position im ganzen Machtsystem haben, letzten Endes auch politisch relevante Züge annimmt.[22]

Zugleich existiert jedoch immer eine genügend große Zahl von Parteimitgliedern, vor allem in der UdSSR, die den ganzen Lug und Trug noch nicht durchschaut haben und die sich von der offiziellen Informationstätigkeit und Propaganda verwirren lassen. Viele solcher Kommunisten, soweit sie ehrlich sind, sehen zwar so manche Mißstände und Mängel, sind sich der Unzufriedenheit ihrer Mitarbeiter bewußt und schließen nicht die Augen davor; aber gleichzeitig vermögen sie die tiefgreifenden, systemimmanenten Ursachen nicht zu erkennen. Größtenteils glauben diese Leute an die großen Ideen und Ziele von Marx und Lenin und sind mehr oder weniger überzeugt, daß die Parteiführung nur das Wohl des Volks will. Die Ursachen von Mängeln werden von ihnen entweder in der schlechten Planungs- und Leitungsarbeit der Ministerien und Direktionen gesehen, und nicht selten schimpfen sie auf die dort »faulenzenden« Bürokraten. Diese Art Kommunisten (sehr typisch noch für die KPdSU) versucht auch noch hier und da, in Richtung Staatsapparat zu kritisieren, Briefe an die Parteileitung zu schreiben und ähnliches (was der Parteibürokratie nicht nur nichts ausmacht, sondern ihr oft sogar gelegen kommt). Oder sie sehen die Ursache aller Schwierigkeiten bei den »Imperialisten, die andauernd die Sowjetunion bedrohen und diese zwingen, so stark zu rüsten«. Auch diese Denkweise ist vor allem bei Parteimitgliedern in der Sowjetunion vorzufinden, wogegen sie in den anderen Ostblockstaaten nur mehr selten auftritt.

Natürlich gibt es auch eine Menge einfacher Parteimitglieder, die nur aus reinen Karrieregründen in die Partei eintraten und ohne ideologische Illusionen nur an eine Funktionärslaufbahn denken. Aus ihren Reihen stammen die meisten Aktivisten, Zuträger und Polizeispitzel, und hier sucht auch der Apparat seine neuen Anwärter. So wichtig diese »künftigen Bürokraten« für die bereits etablierten sind, so wenig können sie jedoch jene Kommunisten ersetzen, die sich bei ihren Mitarbeitern, Hausbewohnern und dergleichen noch nicht profaniert haben. Die Zuträger und Eiferer haben nämlich größtenteils nicht nur keinen politischen Einfluß auf die Mitarbeiter, sondern sind diesen bereits zu gut bekannt und werden geflissentlich gemieden. Nur die noch nicht so kompromittierten Kommunisten können, wenigstens hie und da noch, eine Transmissions- und Agitationsfunktion zwischen Apparat und Bevölkerung erfüllen. Und da der Apparat die Bevölkerung nicht nur unter Druck und Angst, sondern auch aus freiwilliger Entscheidung für eine gesellschaftlich benötigte Tätigkeit gewinnen will, wird er immer wieder bemüht sein, Kommunisten »aus Überzeugung« und vor allem wirkliche Arbeiter in der Partei zu halten oder für diese zu gewinnen. Daß dies jedoch von Jahr zu Jahr schwieriger wird und daß eben die einfachen Arbeiter, die nichts zu verlieren haben und die nicht so stark unter einem Existenzdruck stehen wie zum Beispiel Intellektuelle, die Partei meiden[23], das zeigt eigentlich am klarsten, was die Arbeiter von der Partei und dem System halten.

Der Apparat kann jedoch seine Bemühungen um eine ideologische Beeinflussung sowohl der Parteimitglieder als auch wenigstens eines Teils der Bevölkerung nicht aufgeben.[24] Erstens geht es darum, den Parteibürokraten selbst ideologische Begründungen und einen moralischen Dispens für ihre Tätigkeit (inklusive der Repressionstätigkeit) zu geben, und zweitens kann auch ein Teil der einfachen Parteimitglieder bzw. der nichtkommunistischen Bevölkerung durch diese ideologische Beeinflussung irritiert oder neutralisiert werden. Deshalb ist der dritte Faktor des Machtmechanismus – das ideologische Monopol – auch noch von Wichtigkeit.

Ideologisches Monopol

In einem System, in dem sich Presse, Funk, Fernsehen, Verlage und so weiter in staatlicher Hand befinden und daher aus einem Zentrum dirigiert und kadermäßig manipuliert werden können, steht die Tätigkeit der Massenmedien natürlich voll und ganz im Zeichen der Machtbürokratie und deren Zielen und Interessen. Die Bevölkerung liest zwar – auf Grund langjähriger negativer Erfahrungen – die Zeitungen nur mit Vorbehalt, aber bei bestimmten beständig und zielbewußt ausgesuchten und ausgerichteten Informationen und einer unentwegt einseitigen Propaganda kann sie den wahren Stand ihres gesellschaftlichen Seins, das Ausmaß bestimmter Mängel gar nicht mehr aufdecken; sie kann die Licht- und Schattenseiten des Systems nicht abwägen, denn sie hat keine Vergleichsmöglichkeiten zu anderen Gesellschaften; sie ist nicht imstande, die Ursachen unterschiedlicher Mängel zu erkennen. Kurzum: sie ist den Absichten einer Macht, die die Massenmedien monopolistisch beherrscht, wehrlos ausgeliefert.

Die Machtelite des bürokratischen Kommunismus hat gelernt, Instrumente der öffentlichen ideologischen Wirkung so vorzüglich zu nützen, daß sie in dieser Hinsicht alle bisherigen totalitären Systeme übertrifft. Durch die Besetzung aller Massenmedien und meinungsbildenden Institutionen mit leitenden, dem Regime ergebenen und verläßlichen Kadern, wurde eine vollkommene Unterordnung und Deformation des Informationssystems erreicht. Diese ideologischen Kader stehen beständig mit den Parteisekretariaten in Verbindung, von wo sie periodisch und zu allen aktuellen Anlässen Leitlinien sowie konkretere Direktiven bekommen, zu welchen Ereignissen und wie Stellung eingenommen werden soll. Überdies tragen die Direktoren und leitenden Redakteure die volle Verantwortung für alle Publikationen und Sendungen ihres Ressorts, die von den zuständigen, weit ausgebauten Abteilungen des Parteisekretariats scharf kontrolliert werden. Für die geringste Abweichung von der Parteilinie werden die Kader ermahnt und bei Wiederholungen unbarmherzig ihrer Funktion enthoben.

Besonders nach den Erfahrungen mit der tschechoslowakischen Reformbewegung ist dieses System der ideologischen Führung und Kontrolle aller Kader in fast allen Ostblockstaaten und ganz besonders in der ČSSR neu ausgebaut und präzisiert worden. Den tschechoslowakischen Reformern war es nämlich in einer fast zehnjährigen, geduldigen und zielbewußten Aufklärungstätigkeit vor allem in der ideologischen Sphäre, aber auch durch das Einschleusen fortschrittlicher Reformer in die verschiedensten Redaktionen, gelungen, vor allem in diesem so wichtigen Sektor eine immer breitere Unterstützung für die Reformentwicklung und gegen das Novotný-Regime zu erlangen. Aus dieser Entwicklung hat die stalinistische Parteibürokratie ihre Konsequenz gezogen: Es erfolgte nicht nur eine einmalige Riesensäuberung, sondern alle hier neu eingesetzten Kader wurden mittels verschärfter Anforderungen für den Parteiapparat gesichert. Dabei werden Kader bevorzugt, die zwar weniger oder ungenügendes Fachwissen und Talent haben, dafür aber politisch zuverlässig sind (sehr oft auch durch verschiedenstes kompromittierendes Material gebundene Menschen, die auf diese Weise dem Apparat dankbar sein müssen, daß er sie wieder verwendet und dabei gut verdienen läßt).[25]

Aufgabe der Massenmedien ist es nicht, dem Konsumenten wahrheitsgetreue Informationen von der Quelle der Ereignisse zu überbringen, sondern die Informationen so zu sortieren und zu gestalten, daß mit ihnen eine bewußtseinsmäßige Ausrichtung der Menschen auf die jeweiligen politischen Ziele erfolgt und die politische Führung weitestmöglich unterstützt wird. Das heißt, daß vor allem Informationen über Mißerfolge und Mängel des sozialistischen Systems, über kritische und nichtkonforme Meinungen, über ausländische Fakten, die die heimischen Erfolge herabsetzen, über Widersprüche innerhalb der Partei, über Unzufriedenheit innerhalb des Volks und so weiter unterdrückt werden müssen. Auf der anderen Seite sollen Informationen über Erfolge, über spontane Beweise politischen Einverständnisses und der Unterstützung der Parteipolitik von seiten des Volkes, über das Wachstum und die Kraft der sozialistischen Produktion, über Anzeichen internationaler Unterstützung des sozialistischen Systems, über die Vorteile und die Überlegenheit dieses Systems gegenüber dem kapitalistischen und so weiter hervorgehoben werden.

Damit diese heimische Informationstätigkeit nicht durch Fakten aus dem Ausland untergraben wird, ist es nötig, die Zufuhr von Informationen aus dem Ausland zu blockieren (durch Verbot oder Einschränkung der Einfuhr und des freien Verkaufs fremder Zeitungen, durch streng zensurierte Übernahmen und Ausgaben ausländischer Informationen, Nachrichten, Artikel und Bücher, durch Störung ausländischer Rundfunksendungen und ähnliches mehr). Dasselbe Ziel wird auch mit der strengen Begrenzung von Reisen der Bevölkerung ins Ausland verfolgt.

Selbstverständlich bedeutet dies nicht, daß überhaupt keine eigenen Fehler und Mängel eingestanden werden, denn dies würde die gesamte Informations- und Propagandatätigkeit wirkungslos machen. Im Gegenteil, der Schein einer Objektivität wird dadurch gewahrt, daß immer wieder einzelne Kritiken, Beschwerden, Mängelaufzählungen sowohl von oben, von der politischen Führung, als auch in begrenztem Ausmaß von unten, von Arbeitern, Lesern (Leserbriefe) und dergleichen veröffentlicht werden. Doch diese Seite der Publizistik muß erstens so dosiert sein, daß die Mängel immer nur als unansehnlich und im Verhältnis zu den großen Erfolgen als Einzelerscheinungen auftreten, und zweitens dürfen sie eben nie die Grundzüge des Systems in Frage stellen beziehungsweise systemimmanente Ursachen sich wiederholender Fehler aufdecken. Die Informationstätigkeit muß vor allem das System stärken und darf keine Zweifel an seiner »Überlegenheit« gegenüber allen anderen Systemen aufkommen lassen.

Dieselben Ziele führen in der Propaganda zu stereotypen Aufzählungen von Erfolgen mit Hilfe simplifizierter Fakten (zum Beispiel Angaben über das Wachstum der gesamten Produktion beziehungsweise präferierter Produktgruppen gegenüber der Vorrevolutionszeit) bei sorgfältigem Auslassen aller Angaben und Vergleiche, welche die »Erfolge« abschwächen oder gar widerlegen würden (zum Beispiel ohne Vergleiche mit der Konsumtionsentwicklung in westlichen Ländern, ohne Vergleiche mit dem Pro-Kopf-Einkommen im Westen, ohne Vergleiche der durchschnittlichen Arbeitszeit, die ein Arbeiter für die Beschaffung verschiedener Konsumgüter in beiden Systemen aufwenden muß, ohne

Vergleiche der Effektivität des Kapitals in beiden Systemen und so fort). Alle Propagandaartikel und -beiträge müssen die Überlegenheit des sozialistischen gegenüber dem kapitalistischen System aufzeigen und die einzigartige Fortschrittlichkeit seiner Problemlösung hochloben. Es wirkt direkt lächerlich, wie in solchen Beiträgen jede Problematik verschwindet und mit welcher Leichtigkeit hier »die Aufgaben des sozialistischen Aufbaus« bewältigt werden. Schwierigkeiten werden nur als vereinzelte Erscheinungen, als anfängliche »Kinderkrankheiten« zugegeben, welche »die Werktätigen immer besser bewältigen«. Erscheinungen, die in beiden Systemen auftreten (etwa das Wachstum der Preise), werden auf der einen Seite als »die gesetzmäßig negative Folge des Kapitalismus« geschildert, während sie auf der anderen Seite als »eine notwendige Maßnahme des Staats zum Ausgleich von Teildisproportionen« als Folge von »Nicht-Planerfüllungen einiger weniger Betriebe« abgetan werden. Die Linie, Mängel durch Erziehung der Werktätigen mit Hilfe positiver Beispiele und nicht vor allem durch öffentliche Kritik zu bekämpfen, führt zu krampfhaftem Suchen nach »guten Beispielen«, zu primitivem Ausdenken und Idealisierungen positiver Arbeitshelden und Lobpreisungen von »Arbeitsrekorden«.

Zu gleichen propagandistischen Auswüchsen werden aber auch die »Gesellschaftswissenschaften« gezwungen. Von ihnen werden nicht die Aufdeckung tatsächlich existierender Widersprüche und Probleme innerhalb der Gesellschaft sowie Vorschläge für Lösungsmöglichkeiten gefordert: Eine solche wissenschaftliche Tätigkeit würde notwendigerweise die Kritik verschiedenster Entscheidungen und Beschlüsse der führenden politischen Organe bedeuten. Obwohl wissenschaftlich fundierte positive Lösungsvorschläge der Gesellschaft dienlich sein könnten, bestünde die Gefahr, daß sie – bei den existierenden versteckten Macht-kämpfen an der Spitze – von dem oder jenem Machtaspiranten gegen einen Funktionär ausgenützt werden könnten, der für den betreffenden Bereich verantwortlich ist. Um so schärfer werden alle wissenschaftlichen Erkenntnisse unterdrückt, die prinzipiellere und allgemeinere Mängel aufdekken würden und damit die Macht der ganzen herrschenden Gruppe gefährden könnten. Ob sozialistischer oder nichtsozialistischer Natur, Überwindungsvorschläge wären immer »antisozialistisch und feindlich«, denn alles, was die Macht der herrschenden Gruppe untergräbt, ist grundsätzlich antisozialistisch und staatsfeindlich. Deshalb mußten die Gesellschaftswissenschaften zu einer Apologetik des bürokratischen Sozialismus als des einzigen und ausschließlichen »Sozialismus« degenerieren.

Damit seinerzeit in der ČSSR unter dem Novotný-Regime überhaupt ökonomische Reformtheorien entstehen konnten, bedurfte es einer langjährigen, aufreibenden und sehr oft mutigen Vorarbeit vieler Ökonomen, Statistiker und Wirtschaftspraktiker, die Schritt für Schritt und zielbewußt eine Erweiterung objektiver ökonomischer Informationen und statistischer Angaben durchkämpften. Wieviel Mühe und Anstrengungen kostete zum Beispiel nur die Beseitigung der Geheimhaltung aller Angaben über das Nationaleinkommen! Wieviel Energie und Ausdauer verlangte nur die Durchsetzung der statistischen Erfassungen von Angaben über die Entwicklung von Preisen, Realeinkommen und ähnlichem! Und wieviel wissenschaftlichen Mut und Redlichkeit erforderten gar die verschiedensten vergleichenden Studien, welche – gegen den Willen des Parteiapparats – das Zurückbleiben des Lebensniveaus der tschechoslowakischen Bevölkerung hinter der Entwicklung in den westlichen Industrieländern aufdeckten. Selbstverständlich durften diese Studien bis zum »Prager Frühling« nicht publiziert werden, aber allein ihre Existenz und die interne Verbreitung aller Analysen und Vergleiche beschleunigten die Entwicklung von neuen Theorien und bedeutenden Reformvorschlägen.

Es ging hier jedoch um eine außergewöhnliche Zeit, in welcher einerseits die Anfang der sechziger Jahre in der ČSSR schnell sich verschlechternden wirtschaftlichen Bedingungen sowie die damit zusammenhängende Unzufriedenheit der Arbeiter und andererseits das langjährige und geduldige Wirken ehrlicher und fortschrittlicher Kräfte einem unfähigen und politisch immer mehr kompromittierten Regime eine allmähliche Erweiterung des Rahmens für eine freiere und objektivere gesellschaftswissenschaftliche Tätigkeit abringen konnten. Die wahrheitsgetreuen Enthüllungen in einem Bereich zogen wissenschaftliche Aufrichtigkeit in anderen nach sich. Wissenschaftler, Künstler, Publizisten begannen die geistlose, apologetische Parteipropaganda zu paralysieren, obwohl die Untersuchungen, Strafen, Verfolgungen nicht nachließen und die Parteibürokratie ihre Polizeifunktion zu verstärken suchte.

Eine solche außerordentliche Zeit und ein solcher Durchbruch auf ideologischem Gebiet charakterisieren natürlich nicht die allgemeine Situation der Gesellschaftswissenschaften in den Ländern des bürokratischen Sozialismus. Typisch sind vielmehr die strenge kadermäßige Bewachung aller wissenschaftlichen Institutionen durch den Parteiapparat und die unmittelbare Kontrolle ihrer Tätigkeit und Resultate vom Standpunkt der politischen »Reinheit« durch diesen Apparat. Auch in der ČSSR führte die Unterdrückung der Reformbewegung – neben anderem – zu strengsten Maßnahmen in den Forschungsinstituten, an den Hochschulen, in den Redaktionen, Verlagen und dergleichen. Die Direktoren und führenden Mitarbeiter dieser Institutionen wurden ausgewechselt, manche Institute wurden völlig aufgelöst, in anderen wurde der Großteil aller Mitarbeiter entlassen. Erniedrigende öffentliche Selbstkritiken und konforme Erklärungen wurden erzwungen, und alle engagierten Reformer wurden zu »gemeiner physischer Arbeit« abkommandiert. Nur mehr solche »wissenschaftlichen« Arbeiten, die den politischen Wünschen der Bürokraten entsprechen, haben wieder die Aussicht, publiziert zu werden.

In den Schulen, von den ersten Volksschulklassen bis in die Fach- und Hochschulen, ist die Überwachungs- und Kontrolltätigkeit des Parteiapparats besonders stark. Die Erziehung der Kinder im Geiste der marxistisch-leninistischen Ideologie wird nicht verstanden als ihre Erziehung zu selbständigem, kritischem und kreativem Denken, sondern im Gegenteil zu einem papageiähnlichen Nachplappern und Auswendiglernen von dogmatischen Glaubenssätzen, deren Anzweifelung als antisozialistische Ketzerei hingestellt wird. In völligem Widerspruch zu Marx' Forderung nach beständiger Skepsis allen Theorien gegenüber, nach andauernder Konfrontation mit der Realität und Revidierung aller veralteten oder der Wirklichkeit nicht entsprechenden Theoreme wird der Jugend in den »sozialistischen« Ländern eingepaukt, jede Überprüfung der marxistisch-leninistischen Theorie sei einem Verrat am Sozialismus gleichzustellen. Die letzten anerkannten Revisionen des Marxismus sind die von Lenin[26], die aber auch nicht ausdrücklich als Revision, sondern als die logische, leninsche Entfaltung des Marxismus dargestellt werden. Jede heutige Abweichung von diesen ein für allemal richtigen Theorien ist dagegen verboten und wird inquisitorisch verfolgt.

Die Begriffe »Sozialismus« und »Kapitalismus« werden zu Glaubensdogmen verwandelt, die ebenso wirken sollen wie die Religionsbegriffe »Gott« und »Teufel«. Obwohl der Inhalt des Begriffes »Sozialismus« die grundlegendsten Fragen für jeden wissensdurstigen Menschen aufwerfen muß und einer andauernden Analyse der realen Entwicklung dieses Systems, seiner objektiven inneren Zusammenhänge, Grundwidersprüche und Entwicklungsresultate bedarf, wird bereits der Jugend verboten, über diesen Inhalt eigenständig nachzudenken. Die Auslegung gesellschaftlicher Schlüsselbegriffe wird nur den offiziellen Parteiideologen zuerkannt, und diese werden sich immer nur mit der Aufzählung der abstraktesten Wesenszüge begnügen, über deren konkrete Erscheinungsformen, Widersprüche, Vor- und Nachteile auch wieder nicht nachgedacht werden darf. »Sozialismus ist ein System, das jede Ausbeutung und Unterdrückung der Werktätigen beseitigt hat«; »Sozialismus ist ein System, das auf gesellschaftlichem Eigentum der Produktionsmittel und einer planmäßigen, proportionellen Entwicklung der Produktion beruht«; »der Sozialismus sichert die schnellste Entwicklung der Produktivkräfte sowie die Steigerung des materiellen und kulturellen Niveaus der Bevölkerung«; »der Sozialismus sichert durch die Diktatur des Proletariats die breiteste Demokratie für die arbeitenden Menschen«. Mit solchen und ähnlichen Glaubenssätzen muß sich begnügen, wer etwas über den Inhalt des Begriffs Sozialismus erfahren will, und mit solchen Phrasen müssen die Lehrer in den sozialistischen Schulen die Jugend »marxistisch-leninistisch« erziehen.

Wenn etwa ein Wissenschaftler oder Hochschulprofessor, der Mitglied der kommunistischen Partei ist, Widersprüche zwischen der offiziell verkündeten Theorie und der Praxis aufdeckt, so hat er diese für sich zu behalten, will er nicht in den Verruf eines Revisionisten kommen. Ein Ökonom, der zum Beispiel auf Grund der Erkenntnis, daß die dirigistische

Planung nicht imstande ist, eine angemessene Entwicklung der Produktion zu sichern, sondern Anarchie und Verluste in der Produktion bewirkt, von der Notwendigkeit einer Ablösung der dirigistischen Zentralplanung durch andere Planungsformen und Mechanismen, die die gesellschaftlich benötigten Produktionsproportionen eher sicherstellen könnten, zu sprechen begänne, würde nicht nur das Glaubensdogma über die »sozialistische Planmäßigkeit« gefährden, sondern er wäre vor allem eine reale Gefahr für das Planungssystem, auf welches sich die große Wirtschaftsmacht des Parteiapparats stützt. Und eben deshalb muß jeder Zweifel sozialistischer Ökonomen stärker verfolgt werden als ein bürgerlicher Ökonom, der den Sozialismus ganz ablehnt und von den Vorteilen der Marktwirtschaft spricht. Der kritisch und neudenkende sozialistische Ökonom wird zum gefährlichen Ketzer, der sich dem »Kapitalismus verschrieben hat« und dem daher jeglicher ideologische und politische Einfluß auf den praktizierten »Sozialismus« genommen werden muß.

In der Verketzerung der »revisionistischen« Theoretiker werden kaum sachliche Argumente benützt, und auf die Argumente, die die als »Revisionisten« bezeichneten Theoretiker anführen, gehen die dogmatischen Parteiideologen einfach nicht ein. Wenn zum Beispiel ein sozialistischer Ökonom, der auf Grund von Analysen des Staatseigentums in den Ostblockstaaten die grundsätzlichen Mängel dieser Eigentumsform aufdeckt (Bürokratisierung, Entfremdung den Arbeitern gegenüber, Ineffektivität und ähnliches) und andere Kollektiveigentumsformen vorschlägt, wird er als sogenannter Gegner des »Gesamtvolkseigentums« einfach zum Antisozialisten abgestempelt. Man ignoriert die angeführten Argumente und Fakten, die beweisen, daß das Staatseigentum in Wirklichkeit kein Gesamtvolkseigentum ist, und begnügt sich mit der lakonischen Behauptung, daß alle Bestrebungen um andersgeartete Kollektiveigentumsformen nicht dem Marxismus-Leninismus entsprechen. Schon in dieser Art der Aburteilung aller neuen theoretischen Erkenntnisse auf Grund des ein für allemal gegebenen marxistisch-leninistischen Kriteriums zeigt sich die absolut dogmatische Auffassung dieser Theorie und der machtpolitische Unwille gegen jede theoretische Weiterentwicklung. Man *kann* und *will nicht* auf Kritiken eingehen, wenn diese gegen das bürokratische Machtinteresse verstoßen: und wären sie noch so sehr durch unwiderlegbare Fakten untermauert.

Wenn im Inland irgendwo eine eigenständige Meinung auftritt, sei es an einer Hochschule, in einem Forschungsinstitut, einer Redaktion oder sonst irgendwo, sei es, daß aus dem Ausland Ideen überzugreifen drohen, die der oder jener Parteiapparat eines Ostblockstaats für politisch gefährlich hält, werden immer parteikonforme Ideologen aufgefordert, eine sogenannte »Polemik« (in der Form einer ideologischen Reaktion, Buchbesprechung und dergleichen) zu schreiben. Das politische Ziel einer solchen »Polemik« ist natürlich von vornherein klar.

Es geht gar nicht darum zu prüfen, ob diese oder jene neue Ansicht richtig ist, was an ihr unter Umständen richtig, was vereinfacht und was falsch ist, sondern es geht darum, daß diese betreffende Ansicht der *politischen Linie* nicht entspricht und verurteilt werden muß – und damit ist bereits von vornherein das marxistische Wahrheitskriterium aufgehoben! Sobald jemand Ansichten äußert, die nach bürokratischem Urteil der politischen Führung nicht entsprechen, sie kritisieren oder sogar wesentliche Systemmängel aufzeigen, müssen sie verurteilt werden. Die Art und Weise ist dann dem vorgegebenen Ziel untergeordnet und hat immer die altbekannten demagogischen Formen. Die kritisierten Ansichten werden verzerrt; wesentliche Aussagen, die nicht widerlegt werden können, werden ausgelassen; Sätze werden aus dem Zusammenhang gerissen; wenn nötig, werden dem Autor völlig andere Äußerungen in den Mund gelegt, die dieser nie vertreten hat, und ähnliches – alles mit dem Ziel, den Betreffenden als »Feind«, »Antimarxist«, »Revisionist« zu entlarven, und dazu wäre es nur schädlich, in einer sachlichen Diskussion seine Ansichten korrekt wiederzugeben. Die Angst, daß bestimmte praktische oder theoretische Widersprüche des »Sozialismus«, die irgendein Theoretiker aufgedeckt und ausgesprochen hat, durch öffentliche Diskussionen gar noch verbreitet werden könnten, sitzt den kommunistischen Ideologen zutiefst in den Knochen und kommt in ihrer ganzen Schreibweise zum Ausdruck. Die Menschen sollen sozusagen gewarnt werden, die kritisierte Arbeit überhaupt zu lesen beziehungsweise den verurteilten Ansichten Gehör zu schenken.

Die gesamte Kampagne gegen die Revisionisten in der ČSSR wird nur mit der Anklage geführt, daß sie den Sozialismus beseitigen und den Kapitalismus wieder einführen wollten. Alle Artikel, Bücher, Berichte, die nach der militärischen Intervention von 1968 gegen die Revisionisten geschrieben wurden, gingen wie selbstverständlich davon aus, daß der »Sozialismus« nur jenen Inhalt haben könne, den ihm die Parteibürokraten zulegten, und daß daher jeglicher Versuch einer Änderung etwa des bürokratischen Staatseigentums oder der dirigistischen Planung einer »antisozialistischen Konterrevolution« gleichkomme. Über diese Änderungsvorschläge selbst, ihre Berechtigung oder Nichtberechtigung auf Grund von Analysen der realen Entwicklungshindernisse, Mängel und so weiter, durfte nicht mehr gesprochen, geschrieben, diskutiert werden. Das einzige, was in allen

Anklagen vorgebracht wird, ist der Hergang der »konterrevolutionären Verschwörung«, die Aufzählung aller »antisozialistischen« Artikel, Aussagen, Bücher und so fort der Revisionisten, jedoch nicht ein einziges Wort über deren konkrete Vorschläge, ihre Argumente, ihre Ziele.

Die völlige Verzerrung und Verdrehung der tschechoslowakischen Ansichten in der gegenwärtigen ČSSR durch parteikonforme Ideologen mit dem Ziel, die Reformer als antisozialistische und gegen die Arbeiter gerichtete Verräter darzustellen, ist nur ein Beweis für die weiterhin bestehende stalinistische Lügenpropaganda.[27]

Statt diese realen Analysen, Argumente und Vorschläge zu widerlegen, womit die Richtigkeit der eigenen Sozialismusvorstellung bewiesen werden könnte, werden den Reformern Ziele unterstellt, die sie nie ausgesprochen und gehabt haben. Alles ist bei dieser Kampagne erlaubt: die größten Lügen über ihre Ansichten; persönliche Skandalisierungen mit unwahren Behauptungen über Verbindungen zu »westdeutschen Revanchisten«, dann wieder zu »zionistischen Verschwörern« und ähnliches. Schon diese Art der Lügenpropaganda, bei welcher die Urheber in den offiziellen Parteiblättern nur damit rechnen, daß niemand auf ihre Artikel antworten darf, daß sie niemand verklagen kann, daß sie nichts beweisen müssen und für nichts zur Verantwortung gezogen werden können, ist ein Beleg dafür, daß sich gegenüber früher nichts geändert hat. Genauso wie die stalinistische Propaganda jahrzehntelang in übelster Weise die Trotzkisten, die Bucharinisten und andere verleumdet hatte, um sie für Generationen als die »gefährlichsten Verschwörer und Konterrevolutionäre« abzustempeln, deren wirkliche Ansichten und Tätigkeit niemand im Lande mehr kennen durfte und deren Namen auch nur auszusprechen sich jeder fürchtete, werden in der heutigen ČSSR die Reformer diffamiert und verteufelt. Wodurch unterscheidet sich diese Propaganda von der stalinistischen, von der man sich einst mit ebensoviel Propaganda losgesagt hatte? »Verräter« müssen erzeugt werden, und deren Sozialismusvorstellungen haben aus den Köpfen der Bevölkerung ausradiert zu werden.

»Für oder gegen den Sozialismus« wird so gleichgesetzt mit »für oder gegen die Auslegung des Sozialismus durch den Parteiapparat« und bedeutet daher die gewollte und gezielte Abtötung jedes kritischen und selbständigen Denkens. Es ist die abgrundtiefe Pervertierung des »Wissenschaftslichkeitsanspruchs« der marxistischen Theorie in eine wirklichkeitsfremde Religion, deren Inhalt die »absolute Wahrheit« darstellt, die mit allen zur Verfügung stehenden Mitteln des administrativen Zwangs den Menschen zu ihrem eigenen Heil aufgezwungen werden muß.[28]

Die Zahl der Lehrer, die die Wirklichkeitsfremdheit der offiziell vorgeschriebenen Lehrtexte und den immer erneut entstehenden Widerspruch im Bewußtsein der von ihnen erzogenen Jugend sehen, ist nicht klein. Doch die Kontrolle, die an allen Schulen beständig durchgeführt wird, nicht nur in Form von Inspektionen von außen, sondern vor allem mit Hilfe der allgemein verbreiteten Bespitzelung von seiten eifriger Aktivisten, Studentenfunktionäre der kommunistischen Jugendverbände und dergleichen zwingt fast alle Lehrer und Dozenten zur Lebensheuchelei, Verstellung und systemkonformer Lehrtätigkeit. Sobald ein Lehrer den Argwohn der Schulabteilung des Parteiapparats erweckt, muß er früher oder später mit seiner Dispensierung von der Lehrtätigkeit rechnen.[29]

Da dies einem lebenslänglichen Berufsverbot gleichkommt, kapitulieren die meisten Lehrer und versuchen, den geforderten Lehrstoff ohne eigene Überzeugung formal zu dozieren.

Auch die Erziehungs- und Schulungstätigkeit hat ihre typisch bürokratische Verwaltung mit allen nur erdenklichen bürokratischen Formalitäten. Das wichtigste ist, daß die Kandidaten die geforderte »Loyalität« nach oben unter Beweis stellen. Auch die Erziehung im »marxistischen Geiste« muß vor allem *gemeldet* werden können. Die zentrale Bürokratie kann und will die wirkliche Bewußtseinswandlung der »Erzogenen« auch gar nicht prüfen; für sie ist nur wichtig, daß sie die *Quantität der Erziehungsaktionen* melden und aufzählen kann. Ob in den Grundschulen, Hochschulen oder auch Parteischulungen – wichtig ist für den jeweils verantwortlichen Bürokraten immer nur die Statistik am Jahresende, in welcher aufgezählt wird, wieviel »marxistisch-leninistische« Vorträge, Vorlesungen, Seminare, Konferenzen und so weiter stattgefunden und wie stark die jeweilige Teilnehmerzahl war. Damit wird die gewünschte Aktivität bewiesen. Was in den Köpfen der Menschen damit tatsächlich erreicht wurde, interessiert keinen Bürokraten, denn das, was von ihm gefordert wird, ist die »Aktivität« selber. Die Lehrer müssen diese »Aktivität« nachweisen, die Studenten müssen ihre Teilnahme nachweisen – bei den Prüfungen werden ohnehin nur eingepaukte Phrasen ohne jeden Realitätsbezug verlangt.

Die langen Listen verbotener Bücher und Autoren, die im kommunistischen System zu allen Zeiten existierten und die nicht nur für die wissenschaftlichen Institute obligatorisch sind, können nur mit den Bücherverboten der faschistischen Systeme oder der mittelalterlichen Inquisition verglichen werden. Verbotene Bücher werden einfach in aller Stille aus den Bibliotheken entfernt und eingestampft. Viele Bücher, die sogar noch während des Novotný-Regimes entstanden waren und in der ČSSR verkauft wurden, stehen heute auf dem Index und mußten aus allen Bibliotheken und Institutionen entfernt werden. Auch hier ist für die Bürokratie vor allem die Vernichtung der Bücher wichtig, denn die Reflexion der Wahrheit ist für sie gefährlicher als die gegebene Realität.

Die gesamte künstlerische Tätigkeit wird von der bürokratischen Macht ebenfalls als Sphäre angesehen, die nur den unmittelbaren politischen Zielen und Interessen des Sozialismus dienen darf. Ihre Aufgabe sei es, die Werktätigen für die Erfüllung sozialistischer Ideale zu gewinnen; ferner habe sie der Erziehung im Geiste der sozialistischen Moralprinzipien sowie dem Kampf gegen die Feinde des Sozialismus und gegen alle Kräfte, die die Volkseinheit untergraben, zu dienen. Gemäß dieser »politischen Sendung« hat die Kunst nicht nur beständig belehrend und erzieherisch zu wirken, sondern sie soll auch in den Massen mit emotionellen Mitteln für die politischen Ziele der Partei agitieren. Diese Ausrichtung wird in Inhalt und Form tatsächlich mit dem Begriff der »parteilichen, sozialistisch-realistischen Kunst« umschrieben.

Eine Kunst, die für die Bürokraten unverständlich, abstrakt ist, die gar das System oder verschiedene seiner Seiten kritisiert, eine Kunst, die auf das menschliche Gewissen wirkt, gegen soziale Ungerechtigkeit und Unterdrückung kämpft, avantgardistische und aufrüttelnde Kunst, wird von den bürokratischen Regimen nicht nur nicht anerkannt, sondern verboten und verfolgt.[30] Es ist eine völlig utilitaristische Einstellung zur Kunst, die alle Kunstformen und Künstler mittels einer unverdeckt schulmeisterlichen, kontrollierenden und zensurierenden Tätigkeit des Parteiapparats und der von ihm dirigierten staatlichen Kulturverbände in diese politisch dienende Stellung zwängt.

Damit soll nicht gesagt werden, daß überhaupt keine Kunstwerke entstehen können. Neben ausgesprochenem

Brack, der als parteikonforme Tendenzkunst mit wirklicher Kunst wenig zu tun hat, entstehen auch literarische Werke, Bilder, Skulpturen, Filme, denen man künstlerisches Niveau nicht absprechen kann. Sie können sich jedoch nur mit Themen befassen, die weniger mit gesellschaftlichen Verhältnissen zu tun haben. Die Künstler werden gezwungen, sich mit kleinlicheren, oft schon banalen Problemen des menschlichen Lebens oder mit entfernteren, weniger verbindlichen Themen zu befassen, soweit sie die Realität nicht verklären oder wegen kritischer ironisierender geißelnder Gesellschaftskritik in ihren Werken von der Parteizensur nicht unterdrückt werden wollen.[31]

Bekannte Künstler, Wissenschaftler, Sportler und ähnliche Personen von »Öffentlichkeitswert«, die sich um Politik nicht kümmern, heiklen politischen Problemen in ihrer Aktivität ausweichen, durch ihre Leistungen aber innerhalb wie außerhalb des Landes bekanntwerden, hätschelt die Parteibürokratie und bietet ihnen für ihre Tätigkeit oft die besten materiellen Bedingungen. Es ist kein Zufall, daß solche Persönlichkeiten, die die Ostblockstaaten in aller Welt populär machen, in ihrer mehr oder weniger apolitischen Haltung aber das System nicht gefährden, gerade dann von der Parteibürokratie propagandistisch hochgespielt und ausgenützt werden, wenn sie nicht der Partei angehören. Jedenfalls sind sie der Parteibürokratie weitaus lieber als etwa parteizugehörige Künstler, die das System kritisch beleuchten, gar in Frage stellen oder reformieren wollen. Während die parteilosen, unpolitischen oder politisch konformen Kulturschaffenden allseitig privilegiert werden, sind die oppositionellen Künstler den gehässigsten Schikanen und Verfolgungen ausgesetzt.

In den gegebenen materiell rückständigen und politisch unfreien Bedingungen bilden dann materielle Vorteile, Auslandstourneen (vor allem in den Westen), öffentliche Auszeichnungen u. ä. ungemein starken Ansporn für junge Menschen. Sie können eine materielle und gesellschaftliche Stellung erreichen, die ihnen anderenfalls – besonders als Nichtparteimitgliedern – unzugänglich wäre. Dies – zusammen mit der konzentrierten staatlichen Förderung und Unterstützung – ist auch die Erklärung für die relativ großen Erfolge zum Beispiel im Sport der Ostblockstaaten.

Da die Künstler im sozialistischen System auf Unterstützungen angewiesen sind, die aus Staatsmitteln über die Kulturverbände verteilt werden, da sie ferner ohne Genehmigung dieser Kulturverbände nicht ausstellen, publizieren und verkaufen können, da sie schließlich gegen den Willen der Kulturverbände nicht einmal die offizielle Anerkennung als Kulturschaffende erhalten und somit für »Nichttätigkeit« und »Landstreicherei« immer wieder polizeilich verfolgt werden können, verfügt der Parteiapparat in diesen Kulturverbänden über das entscheidende Druckmittel gegen die Künstler. Es genügt in diesen Verbänden, die offiziell dem Ministerium für Kultur unterstehen, die kadermäßige Besetzung der Schlüsselstellungen mit folgsamen, parteihörigen Aktivisten (als Künstler meist sehr schwach und charakterlos), um die gesamte Verbandstätigkeit und das jeweilige Kunstfach vom Parteiapparat aus dirigieren zu können. Die Unterdrückung und Vernichtung vieler ausgezeichneter künstlerischer Arbeiten ist die Folge.[32]

Trotz dieses riesigen Systems der Desinformation, unwissenschaftlichen, demagogischen Propaganda und »kulturellen Erziehung«, das vom Parteiapparat und von speziellen Staatsorganen geleitet und kontrolliert wird, entstehen immer wieder Artikel, Aufsätze, Berichte, Bücher und Kunstwerke, die die Realität wahrheitsgetreu schildern, enthüllen und bekämpfen. Auch noch so totalitäre ideologische Systeme können einfach einen Faktor wie das menschliche Gewissen nicht zum Schweigen bringen, können nicht die immer wieder eintretenden inneren »Explosionen«, den Entschluß einzelner Angehöriger der wissenschaftlichen, künstlerischen, publizistischen Intelligenz verhindern, dem Volk die Wahrheit zu enthüllen. Diese intellektuellen Widerstände wachsen in den kommunistischen Ländern, wenn auch in unterschiedlichem Ausmaß und schwankender Intensität. Es ist jedoch beachtenswert, wie auch ein solches System, das alles mit dem absolutistischen Moralprinzip des »Sozialismus« begründet, das einen nahezu theokratischen Sündenerlaß für jede Tat im Namen des Sozialismus im voraus gewährt, das Gewissen des Menschen nicht beseitigen kann, und wie immer wieder Menschen, die eine starke emotionelle und interessenmäßige Bindung zum Volk und eine intellektuelle Urteilsfähigkeit besitzen, verzweifelte Kämpfe um die Wahrheit und ihre Durchsetzung zu führen gewillt sind.

V. Bürokratischer Antidemokratismus

Antidemokratische Argumentation

Die nahezu unbegrenzte Macht des bürokratischen Apparats bleibt also nur dadurch erhalten, daß alle demokratischen Freiheiten des Volkes unterdrückt werden. Es gibt kein Recht auf freie Meinungsäußerung, keine Versammlungs- und Vereinigungsfreiheit, kein Recht auf freie Wahl und Abberufung politischer Repräsentanten; es gibt keinen »volleren Demokratismus infolge weniger Formalitäten und Erleichterung der Wahlen und Abberufungen«, wie er Lenin noch 1918 vorgeschwebt hat; auch die von ihm hier geforderte »engere Verbindung des Volkes mit den Produktions- und Wirtschaftseinheiten« oder Wahlen von Arbeiterräten in den Betrieben und so weiter gibt es nicht. Das Volk hat viel weniger Freiheiten als in den verpönten bürgerlichen Demokratien, und daher existiert nicht nur keine »Möglichkeit zur Beseitigung der Bürokratie, des Auskommens ohne sie« oder auch nur »der Beginn dieser Möglichkeit«[1], sondern die Bürokratie ist zum absoluten Beherrscher des Volkes geworden. Durch die *Eliminierung sowohl des internen als auch des externen antibürokratischen Faktors,* unter Bedingungen, unter denen es keine der Bürokratie übergeordneten privaten Eigentümer von Produktionsmitteln mehr gibt, wurde die *Bürokratie zur Alleinherrscherin.* Statt einer Diktatur des Proletariats entstand die volle Diktatur der Bürokratie dem ganzen Volk gegenüber.

Die Parteibürokratie ist sich voll bewußt, daß sie zur Erhaltung ihrer privilegierten Stellung in der Gesellschaft, ihrer uneingeschränkten und alles beherrschenden Macht keine demokratischen Freiheiten zulassen darf. Sosehr sie auch eine effektive Wirtschaftsentwicklung brauchen würde, so wenig liegt es in ihrem Interesse, diese durch eine reale Verselbständigung der Wirtschaftsbetriebe und durch sozialistische Marktbeziehungen sowie durch eine Demokratisierung der Makroplanung zu erlangen, denn das würde ihre Wirtschaftsmacht untergraben. Noch mehr als dies[2] fürchtet die Parteibürokratie jedoch die demokratischen Freiheiten des Volks, denn deren Existenz würde nicht nur zur Einschränkung bürokratischer Macht, sondern könnte vor allem zu einer eigenständigen Entfaltung der Demokratie, zur Selbstverwaltung des Volks im weitesten Sinne des Wortes und damit zum Sturz der bürokratischen Herrschaft führen.

Das spezifisch ökonomische und machtorientierte Interesse der Parteibürokratie, das aus ihrer abgesonderten, dem Volk übergeordneten Stellung entsteht und zur wichtigsten Triebfeder ihrer gesamten Tätigkeit wird, beeinflußt auch ihr ideologisches Denken entscheidend und hat so zu einer Entwicklung der parteioffiziellen Ideologie geführt, die vor allem die Aufrechterhaltung des bürokratischen Systems begründen soll. Unter diesem Aspekt muß in erster Linie jede Forderung nach demokratischen Freiheiten als »bürgerliche Forderung mit kapitalistischen Restaurationszielen« dargestellt werden; gleichzeitig muß versucht werden, daß existierende bürokratische System als ein System erscheinen zu lassen, in welchem die »Interessen der Werktätigen am besten gewahrt werden und das daher auch die am wenigsten formale und breiteste Form der Demokratie vorstellt«[3].

In der gesamten ideologischen Literatur der Ostblockstaaten wird man jedoch vergeblich nach einer Analyse politischer Institutionen, Beziehungen und Mechanismen des Sozialismus suchen, mit welcher die realen demokratischen Freiheiten der Werktätigen, ihre freie politische Betätigung außerhalb und unabhängig von dem Einverständnis des Parteiapparats bewiesen würden.

Statt konkreter Analysen der Wirklichkeit finden wir in der offiziellen »Theorie« und Propaganda nur Zitate von Aussprüchen der »Klassiker« und abstrakte Behauptungen, »so, wie es Lenin sagte, so müsse es auch sein und so sei es«, ohne jegliche Beweise, Begründungen und Konfrontationen mit der Realität. Über die Notwendigkeit »analytischer Arbeiten« wird zwar gesprochen, aber einer wirklichen theoretischen Analyse der existierenden Beziehungen und ihrer inneren Widersprüche weichen die offiziellen Ideologen aus, denn die Aufdeckung von objektiven Widersprüchen in der sozialistischen Gesellschaft sowie auch von Widersprüchen zwischen abstrakter Theorie und praktischer Wirklichkeit ist der herrschenden Macht nicht genehm.

Nach der Unterdrückung der progressiven Reformentwicklung in der ČSSR kam es hier zur Restauration des zähesten bürokratischen Systems. Die ideologischen Angriffe auf die Reformer sollen den Einfluß ihrer Gedanken im Volk auslöschen. Aber die gesamte ideologische Kampagne ist nicht imstande, gegen die konkreten Analysen, Beweise und Argumente der Reformer etwas anderes zu setzen als die alten abstrakten »klassischen« Theoreme sowie die bekannte Skala der Feindabstempelung. Vor allem soll mit Phrasen über den »klassenmäßigen Zutritt zum Demokratieproblem« der Kampf der Reformer um einen demokratischen Sozialismus als »unmarxistisch« und »klassenfremd« dargestellt werden. Allen voran tat sich in dieser Kampagne G. Husak hervor, der auf diese Weise um die Festigung der eigenen Stellung und die volle Unterstützung des Parteiapparats kämpfte. Um die Art der bürokratischen propagandistischen Methode den Lesern näherzubringen, sei hier Husaks Argumentation zum Problem der sozialistischen Demokratie voll und in ganzer Länge wiedergegeben.[4]

»Im Zusammenhang mit der Ausarbeitung der Fragen des sozialistischen Staates widmete Lenin auch der Problematik der sozialistischen Demokratie große Aufmerksamkeit. W. I. Lenin unterzog die abstrakten Erwägungen über die Demokratie überhaupt, über die Frage der Demokratie an sich einer unbarmherzigen Kritik. In seiner Arbeit ›Die proletarische Revolution und der Renegat Kautsky‹ sagt er über die reine Demokratie folgendes: ›Nebenbei gesagt ist ›reine Demokratie‹ nicht nur eine Phrase von *Ignoranten,* die das Nichtverständnis des Klassenkampfes und des Wesens des Staates verrät, sondern sie ist auch eine dreifach leere Phrase, denn in der kommunistischen Gesellschaft wird die Demokratie, sich wandelnd und in eine Gewohnheit sich verändernd, *absterben,* wird aber nie eine ›reine Demokratie‹ sein.

Die Betrachtung der Problematik der Demokratie, ihrer Formen und ihrer weiteren Entwicklung (ähnlich wie die Freiheiten, der Humanismus und ähnliches) muß immer mit der Analyse der konkreten ökonomischen, politischen, sozialen und internationalen Wirklichkeit auf der gegebenen Stufe des sozialistischen Aufbaus verbunden werden. Sie hängt weiterhin mit dem klassenmäßigen Zutritt zu einer Reihe von Fragen zusammen: Demokratie für wen, für was, in welchem Gebiet und im Verhältnis zu wem? Ansonsten bleibt man nur bei abstrakten Losungen über Demokratie überhaupt, welche nicht einmal an eine wirkliche Entfaltung der Demokratie denken, sondern eher einer Tarnung ganz anderer Ziele und Interessen, zur Täuschung der Massen der Werktätigen dienen. Eben darauf haben es viele der neuzeitlichen Revisionisten des Marxismus, die Träger der

Theorien über neue Modelle des Sozialismus abgesehen.

In diesem Zusammenhang muß angeführt werden, daß Lenin sowohl den Fragen des Staats als auch der sozialistischen Demokratie nicht nur theoretisch, sondern auch politisch-praktisch große Wichtigkeit beimaß. Dieser komplexe Blick hat doppelte Bedeutung. Als erstes für die Beurteilung der Tätigkeit verschiedener rechter opportunistischer und revisionistischer Kräfte und ihres Mißbrauchs der Losungen über Demokratie. Theoretisch, ähnlich wie es zu Lenins Zeiten Kautsky und andere machten, anerkennen diese Kräfte, wenigstens vorübergehend, viele Grundlehrsätze der marxistisch-leninistischen Theorie über die Demokratie. Aber vom praktisch-politischen Standpunkt, vom Standpunkt der konkreten Schlußfolgerungen, Aufgaben und Maßnahmen, vergessen die neuzeitlichen Revisionisten diese Lehrsätze. Das sind eben die vergessenen Wahrheiten des Marxismus, von denen Lenin einige Male sprach und die in der Praxis auch viele Verkünder des neuen Modells eines Sozialismus in der ČSSR im Jahre 1968 vergaßen. Aber eben die Tatsache, in welchem Maß theoretische und politisch-praktische Auffassungen von Staat und Demokratie in der Politik der Partei in Einklang gebracht beziehungsweise in welchem Maß sie vergessen werden, unterscheidet die Marxisten-Leninisten von den Revisionisten und Opportunisten.

Zweitens verband Lenin seine theoretischen Vorstellungen von einer sozialistischen Demokratie vor allem mit politisch-praktischen Erwägungen über die Sowjets (Räte), ihre Funktion und Aufgaben. Auf Grund der Analyse und der Vergleiche der Ansichten von Marx und Engels über die Demokratie der Pariser Kommune mit der Rätedemokratie kam Lenin zu der Schlußfolgerung, daß die proletarische Demokratie eine höhere Form der Demokratie sei, eine

Demokratie für die große Mehrheit des Volkes, und daß sie eine gewaltsame Unterdrückung der Ausbeuter darstelle. Ihre neue Qualität bestehe darin, daß sie die Grenzen des Parlamentarismus – der sogenannten repräsentativen Demokratie – überschreitet und sich in eine Demokratie für die Massen in dem Sinne ändert, daß die Werktätigen zu direkten Subjekten der proletarischen Macht werden und unmittelbar an der Willensbildung dieser Macht wie auch an ihrer Verwirklichung im Leben der Gesellschaft teilnehmen.«

Wir wollen jetzt von der bürokratisch geschraubten Ausdrucksweise, die für die inhaltliche Leerheit und Realitätsfremdheit einer »leninistisch« bezogenen Propaganda typisch ist, absehen und nur auf die anklagenden Behauptungen gegen die Revisionisten eingehen.

Was soll eigentlich der Kampf gegen die »Vertreter der sog. reinen Demokratie«? Wer von den Reformern verlangte eine »reine Demokratie«? Es ging ganz konkret um die *Demokratie für das Volk* in einer Gesellschaft, in welcher 20 Jahre lang das alte Regime jede freie demokratische Äußerung der arbeitenden Menschen unterdrückt, fast 90 % der Bevölkerung faktisch politisch ungleichberechtigt gemacht und aus dem aktiven politischen Leben ausgeschlossen hat. Es ging also um eine ganz konkrete Antwort auf die Leninsche Frage »Demokratie für wen«, um die Schaffung von Bedingungen, die eine wirkliche Demokratie für die Werktätigen, um jene, von Lenin einst proklamierte, aber nie realisierte »vollere Demokratie auf Grund von weniger Formalitäten und erleichterten Wahlen und Abberufungen«. Es ging um die Schaffung von Bedingungen, unter welchen sich der »Schwerpunkt von den formell *anerkannten* Freiheiten (wie sie im bürgerlichen Parlamentarismus existieren) zur faktischen Sicherung einer *Benützung* von Freiheiten durch die Werktätigen, die die Ausbeuter stürzen, verlagert, zum Beispiel von der *Anerkennung* der Versammlungsfreiheit zu der *Übergabe* der besten Säle und Gebäude an die Arbeiter, von der Anerkennung der freien Meinungsäußerung zur Übergabe der besten Druckereien in die Hände der Arbeiter usw.«[5]:

Die Entscheidung über öffentliche Versammlungen, über die Benützung von Gebäuden und der Presse, über jedwede politische Aktion durch den Staats- bzw. Parteiapparat bedeutet aber nicht die Realisierung dieser Freiheiten durch das Volk. All das bedeutet nur reine Unterordnung unter die Ansichten und Interessen der herrschenden Macht, welche schon dadurch, daß sie keine wesentliche Kritik ihrer Tätigkeit verträgt und *a priori* jeden Versuch personeller Änderungen an der Spitze der herrschenden Schicht unterdrückt, nicht die gleichen Interessen wie das Volk haben kann. Jedes totalitäre Regime ist immer dadurch charakterisiert, daß es prinzipiell nur eine konforme politische Aktivität zuläßt; es ist undemokratisch dadurch, daß es keine politische Tätigkeit zuläßt, die die Machtstellung der höchsten regierenden Personen gefährden könnte.

Es gehört eben zur größten Demagogie der herrschenden Macht in den »sozialistischen« Staaten, daß sich die Führungsschicht dieser Staaten mit dem sozialistischen System personifiziert. Jede Demokratisierungsmaßnahme, die eine wirkliche Kontrolle und eine Abberufung der politischen Funktionäre, eine wirkliche *Auswahl* von Repräsentanten aus den Reihen des Volks, einen wirklichen Meinungskampf zwischen politischen Vertretern ermöglichen würde, wird als bürgerlicher Angriff auf den Sozialismus bezeichnet. Nicht einmal innerhalb der kommunistischen Parteien selbst können solche demokratischen Bedingungen gesichert werden, und jeder Kommunist, der um die Schaffung solcher Bedingungen bestrebt war, wurde immer als antisozialisti-

sches Element bezeichnet und deshalb beseitigt.
Wie kann man beständig mit dem »klassenmäßigen Standpunkt« argumentieren, wenn das Privateigentum an Produktionsmitteln 20 Jahre und in der UDSSR sogar schon 50 Jahre lang beseitigt ist und die Bourgeoisie liquidiert wurde? Wie können eventuell noch lebende Angehörige dieser ehemaligen (zahlenmäßig immer schwachen) Klassen eine reale Gefahr für den sozialistischen Staat, der alle machtmäßigen und ideologischen Mittel zur Verfügung hat, darstellen? Wie könnte ein Häufchen dieser Angehörigen der einstigen besitzenden Klasse die Unterstützung breiter Massen der Arbeiter und anderer Erwerbstätiger gewinnen? Ist denn nicht eben diese Angst vor einer Erneuerung der kapitalistischen Verhältnisse eine der ernstesten Anklagen gegen den bürokratischen »Sozialismus«?

Eine Gesellschaftsordnung, die nach vielen Jahrzehnten nicht die freiwillige Unterstützung der arbeitenden Bevölkerung gewinnen konnte und vor einer realen Demokratisierung Angst hat, weil sie befürchtet, daß diese von einzelnen »prokapitalistischen Elementen« gegen den Sozialismus ausgenützt würde, ist nicht legitim. Sie gesteht eigentlich unverhüllt zu, daß die Werktätigen durch die bürokratische Macht unterdrückt werden müssen und ihnen keine demokratische Freiheiten gegeben werden dürfen, da die Repräsentanten des bürokratischen Sozialismus unter demokratischen Bedingungen im Wettbewerb gegen die Vertreter des Kapitalismus nicht bestehen könnten.

Das ist die faktische Befürchtung aller Kommunisten, die Angst vor der Demokratie haben, und dies drückt auch G. Husak mehr oder weniger unverhüllt aus. Er betont, daß die Angehörigen der ehemaligen Bourgeoisie und Kleinbourgeoisie noch leben,[6] was für ihn ein ausreichendes Argument gegen eine Erweiterung der demokratischen Rechte für die arbeitenden Menschen ist. Wie will er diese Angst, daß die bürgerlichen »Greise« die heutigen jungen Arbeiter für sich gewinnen könnten, erklären? Haben denn die Kommunisten nicht immer behauptet, daß die Bourgeoisie einen Einfluß auf einen Teil der Arbeiter nur deshalb ausüben könne, weil sie mit ihren riesigen ökonomischen Mitteln die entscheidenden ideologischen Instrumente, die politischen Parteien, den Staatsapparat, und mit alledem auch eine beträchtliche Zahl von Werktätigen, beherrsche? Und nun, nachdem alle diese Faktoren zugunsten der Kommunisten eingesetzt werden können, fürchten sie ehemalige bürgerliche Politiker, die jeder ökonomischen Macht beraubt wurden. Dabei muß noch betont werden, daß in der Sowjetunion fast überhaupt keine Angehörigen der ehemals herrschenden Klassen mehr leben.

In Wirklichkeit hat die Parteibürokratie Angst vor den Arbeitern und nicht vor den Resten der Bourgeoisie und der Kleinbürger, und dies schon seit den Tagen des Aufstands von Kronstadt. Wenn das werktätige Volk nur einigermaßen mit dem »sozialistischen« System zufrieden wäre, könnte es von keinem Kapitalistenvertreter gegen den Sozialismus gewonnen werden. Die geringen Reste der kapitalistischen Klasse allein sollten dann einen sozialistischen Staat, auch wenn er demokratische Freiheiten gewährte, nicht gefährden können. Im Grunde sind die ehemaligen Groß- und Kleinbürger alle, soweit sie noch leben, heute gewöhnliche Arbeiter, Angestellte oder Genossenschaftsmitglieder (Genossenschaftsbauern oder Genossenschaftshandwerker)[7] und verfügen weder über Produktionsmittel noch über irgendein nennenswertes Vermögen. Sie haben auch keine Möglichkeit, mit Hilfe von Massenkommunikationsmitteln die Bevölkerung ideologisch zu beeinflussen. Wenn die kommunistischen Bürokraten daher noch immer befürchten, daß diese kleinen Reste der ehemaligen Bourgeoisie unter demokratischen Bedingungen plötzlich größeren Einfluß auf die arbeitenden Massen als sie selber gewinnen könnten, dann kommt dies eigentlich einer eigenen Bankrotterklärung gleich. Es wird indirekt zugegeben, daß weder das eigene »sozialistische« System noch die jahrzehntelange Erziehung (sprich: Propaganda) auf die arbeitenden Schichten so gewirkt haben, daß diese nicht in Kürze zu »Kämpfern für eine Restaurierung des Kapitalismus« werden könnten.

Auch das Argument, daß Reste der Bourgeoisie für eine antisozialistische politische Tätigkeit materielle Unterstützung von außen, von den kapitalistischen Staaten, bekommen könnten, bedeutet eigentlich eine schwere. Anklage gegen die ungenügende Anziehungskraft von Politik und ideologischer Tätigkeit der bisher regierenden Gruppen in den »sozialistischen« Staaten. Nicht nur, daß der »sozialistische« Staat jede wesentlichere – und nur dann wirksame – finanzielle Unterstützung für eine feindliche Politik aus dem Ausland leicht aufdecken und unterbinden könnte; auch wenn diese doch irgendwie realisiert werden sollte, könnte die jahrzehntelang regierende »sozialistische« Macht weitaus größere und wirksamere materielle Mittel für eine sozialistische Propaganda bereitstellen. Wenn Lenin einst von der vorübergehend größeren Macht sprach, die die Bourgeoisie gegenüber der revolutionären Regierung habe, betonte er gleichzeitig, daß dem nur im Anfangsstadium der Entstehung des Sozialismus so sei. Nach Jahrzehnten »sozialistischer« Macht in allen existierenden »sozialistischen Staaten« kann ein solches Argument doch nicht mehr ernstlich vorgebracht werden.[8]

Bedingungen der Interessenverallgemeinerung

Was soll eigentlich der Hinweis Husaks, daß es keine »reine Demokratie« geben könne und daß man dies in der Theorie wie auch in der Praxis respektieren müsse? Selbstverständlich bedeutet Demokratie nie die Durchsetzung und Realisierung der Interessen *aller* Menschen, solange es widersprüchliche und sich gegenseitig ausschließende Interessen in einer Gesellschaft gibt. Immer wird sich auch innerhalb einer sozialistischen Gesellschaft, in welcher die Produktionsmittel nicht mehr privates Eigentum einer gesellschaftlichen Minderheit sind und alle Menschen von ihren Arbeitseinkünften leben (abgesehen von arbeitsunfähigen Menschen), das heißt in welcher eventuelle kapitalistische Interessen nicht mehr als ökonomisch und politisch mächtige Interessen auftreten können, ein allgemeines Interesse als das Interesse einer Mehrheit gegenüber einem jeweiligen Minderheiteninteresse durchsetzen müssen. Es ist schwerlich anzunehmen, daß alle Mitglieder der Gesellschaft je völlig gleiche Interessen und Ziele haben werden, und immer wird eine Mehrheit über die Gesellschaftsentwicklung zu entscheiden haben. Nur geht es eben darum, dieses Interesse einer Mehrheit wirklich zu ergründen, indem es sich auch frei manifestieren kann und aus einer pluralistischen Interessenkonfrontation als das mehr oder weniger kompromißhafte, als das verallgemeinerte Interesse einer Bevölkerungsmehrheit zutage tritt.

Die Vorstellung, daß es nur eine kommunistische Partei sein könne, die das allgemeine Interesse der arbeitenden Menschen zu erkennen und durchzusetzen imstande sei und die zugleich verhindern könne, daß nichtkapitalistische, gegen die Werktätigen gerichtete Interessen überhand gewinnen, ist in einem Staatswesen, in welchem es bereits seit Jahrzehnten keine Kapitalisten mehr gibt, falsch. Sie ist es deshalb, weil sie:

1. *den Prozeß der Verallgemeinerung von Interessen aus ungemein differenzierten Interessen breiter Volksschichten vereinfacht.* Jede Zukunftsentwicklung einer sozialistischen Gesellschaftseinheit ist möglich und denkbar in unterschiedlichsten konkreten Alternativen; und auch wenn man an eine Weiterentwicklung zu einer sogenannten »höheren kommunistischen Überflußgesellschaft« denkt, so ist dies eine derart allgemeine und vage Zukunftsvorstellung, daß die konkrete Entwicklung für die jeweils nächsten 10–20 Jahre in ungemein vielen Varianten vor sich gehen kann. Eine allein bestimmende Gruppierung von Menschen kann unmöglich alle Varianten erkennen und ausdrücken, geschweige denn die einzig richtige auswählen und realisieren.[9] Nur wo die Bürger unterschiedlichste Entwicklungsformen und Vorschläge für alle Bereiche der Gesellschaft frei ausarbeiten, publizieren, dafür andere Menschen gewinnen und sich organisieren können, wo schließlich die unterschiedlichen Gruppierungen unter Beibehaltung bestimmter Grundregeln sich gegenseitig aussprechen, anpassen und vereinigen können, darf von einer demokratischen Verallgemeinerung unterschiedlicher Interessen und von einer Mehrheitsinteressenbildung gesprochen werden;

2. *das spezifische Interesse der Bürokratie gegenüber den Interessen der übrigen Gesellschaft übersieht.* Die Bürokratie wird zwar in dem Streben nach abstrakten kommunistischen Zukunftsvisionen (»Technische Revolution«, »Überfluß an Produkten«, »Jeder arbeitet gemäß seinen Fähigkeiten, jeder erhält gemäß seinen Bedürfnissen« und so weiter) mit dem übrigen Volk vielleicht eine Interesseneinheit bilden – »wer würde solche Ziele ablehnen?« –, aber in der Durchsetzung konkreter politischer und wirtschaftlicher Maß-

nahmen für die jeweils nächsten Wochen, Monate und Jahre wird sie sich immer gegen alle Vorschläge und Absichten stellen, die ihre eigene Machtposition, Steuerungsmöglichkeiten, Kaderauswahl, Organisationsabsichten, finanzielle und investitionelle Verteilungen, Wachstumsregulierungen und so weiter beschneiden und vereiteln könnten. Das Vorhandensein spezifischer Interessen des bürokratischen Apparats, und vor allem des mächtigen Parteiapparats, in einem Einparteisystem und ihr beständiger Widerspruch zu den Interessen des übrigen Volks macht eine solche Auswahl und Bestimmung der konkreten Gesellschaftsentwicklung durch diesen Apparat, wie sie tatsächlich den Allgemeininteressen des Volks entsprechen würden, weitgehend unmöglich.

Den notwendigen Widerspruch zwischen den Allgemeininteressen des Volks und den spezifischen Machtinteressen der Bürokratie könnte man an unzähligen Beispielen aufzeigen; es gibt fast keine bürokratische Entscheidung, in welcher sich nicht ihr spezifisches, den Volksinteressen mehr oder weniger entgegengesetztes Interesse entscheidend durchsetzen würde. Wenn zum Beispiel in der ČSSR über die Zuteilung von Zeitungspapier (Mangelware) entschieden wird, so bekommt ›Rudé Právo‹ als zentrales Parteiblatt die größte Menge, obzwar es die größte Remittendenquote hat, während andere, interessantere und mehr gelesene Zeitungen (soweit eine begrenzte Unterschiedlichkeit überhaupt möglich ist) ungenügende Zuteilungen erhalten. Oder wenn bei der Besetzung der Stelle eines Generaldirektors in einem großen Unternehmen die Wahl zwischen zwei Kandidaten zu treffen ist, einem hochqualifizierten Fachmann – der, obzwar auch Parteimitglied, einst bei einer Versammlung gegen eine bestimmte Ansicht des Bezirkssekretärs aufgetreten ist – und einem anderen Kandidaten, der zwar weniger Fachkenntnisse hat, aber dafür vom Bezirkssekretariat jahrelang als Redner auf Parteiversammlungen eingesetzt worden ist, so wird das Bezirksparteiorgan ganz bestimmt den zweiten Mann wählen. Diese zwei Beispiele sollen nur den Interesseneinfluß *illustrieren*. Im Grunde müßte jede kleinere oder größere, engere oder weiterreichende Entscheidung in Frage gestellt werden, denn unter freien Bedingungen – bei Existenz alternativer Vorschläge und Nichtexistenz einer monopolistischen bürokratischen Macht – würde sich die Interessenverallgemeinerung und Willensbildung völlig anders gestalten und in anderen Entscheidungen und Prozessen manifestieren.

Deshalb ist auch das von den Kommunisten beständig angeführte Argument, mit dem die Notwendigkeit der führenden Rolle der Partei begründet werden soll, daß nämlich »Freiheit die erkannte Notwendigkeit ist« und daß nur die kommunistische Partei die »objektiv notwendige gesellschaftliche Entwicklung auf Grund der marxistisch-leninistischen Theorie erkennen und voraussehen könne«, also eo ipso »den Menschen durch ihre Führung ermögliche, frei zu handeln«, nichts als eine bloße Propagandafloskel. Soweit es erkennbare objektive Entwicklungsgesetzmäßigkeiten in der Gesellschaft gibt, können sie nur mittels einer tiefgreifenden Abstraktion als ausgesprochen fundamentale und historisch langfristige Entwicklungstendenzen theoretisch ausgedrückt werden. All diese historisch langfristigen Gesetzmäßigkeiten setzen sich immer innerhalb einer großen Menge nicht voraussehbarer zufälliger Prozesse und Erscheinungen durch, die die konkrete Erscheinungsform der gesellschaftlichen Entwicklung prägen.[10]

Dies gilt auch in der sozialistischen Gesellschaft, denn die sogenannte bewußte Anwendung der erkannten Entwicklungsgesetze kann im besten Fall nichts anderes bedeuten als die Respektierung verschiedener fundamentaler, wechselseitiger Zusammenhänge (daß zum Beispiel die Produktivkräfteentwicklung auch verschiedene Änderungen in den Produktionsverhältnissen, in der Arbeitsteilung, in der Verteilung der Produkte und so weiter auslöst, aber auch diese in ihrer relativ selbständigen Bewegung Produktivkräfteänderungen hervorrufen und so weiter). Was sagt aber schon diese Erkenntnis darüber aus, wie konkret sich die Produktivkräfte in den nächsten 5 Jahren entwickeln sollen? Oder was sagt schon das »Gesetz der planmäßigen, proportionalen Entwicklung« darüber aus, wie die konkrete Produktionsstruktur in diesen 5 Jahren aussehen und in welchen Proportionen die einzelnen Produkte produziert werden sollen? Es kann sehr viele konkrete Alternativen geben, in welcher die Produktionsentwicklung verlaufen wird. Und auch wenn sie alle mehr oder weniger durch die vorangehende Entwicklung determiniert sind, so sind es dennoch Varianten von Entwicklungen, in welchen sich der freie Wille der Menschen äußert.[11]

Auch die große Anzahl von frei gewählten Entwicklungsvarianten, welche alle Erscheinungsformen einer tieferliegenden objektiven Notwendigkeit sein können, ist noch eine Abstraktion, denn die konkrete Entwicklung hängt in allen Einzelheiten von einer Unmenge nicht voraussehbarer Zufälligkeiten ab und kann in unzähligen Varianten auftreten. Es ist daher nicht erklärbar, warum eine einzige Partei darüber entscheiden sollte, in welcher konkreten Form die zukünftige ökonomische, politische, kulturelle Entwicklung verlaufen soll, wenn sogar die Fixierung der zukünftigen ökonomischen Entwicklung immer eine bestimmte Spanne einer freien Entscheidung beinhaltet. Wenn dann aber überdies diese eine Partei faktisch von einer Parteibürokratie manipuliert wird, die in den Zukunftsentscheidungen ihre spezifischen Machtinteressen durchsetzt, wird es immer nur die »Freiheit der Bürokraten« sein, die sich in den Entscheidungen ausdrückt. Ein solcher Entscheidungsanspruch kann nicht mit Phrasen über »erkannte Notwendigkeit« und dergleichen begründet werden. Im Gegenteil, es wäre nötig, daß überall dort, wo Menschen über bestimmte grundsätzliche Schritte entscheiden, die ihre Zukunft wesentlich beeinflussen sollen, sich auch wirklich eine Mehrheit durchsetzt, in welcher die reale Interessenkonfrontation und Interessenverallgemeinerung verschiedener Schichten und Gruppen der Bevölkerung eines sozialistischen Landes zum Ausdruck kommt.

Wer nicht die Existenz einer breiten Interessendifferenzierung auch innerhalb einer sozialistischen Gesellschaft sieht, wer nicht die Notwendigkeit von pluralistischen Interessen- und Meinungsgruppierungen als Voraussetzung für eine wirklich demokratische Interessenverallgemeinerung und Interessenmehrheitsbildung und schließlich als einen der wichtigsten Faktoren zur Verhinderung einer Bürokratieherrschaft sieht, der simplifiziert und verfälscht den Begriff einer sozialistischen Demokratie. Keine noch so lautstarke Behauptung, daß die sowjetische Diktatur des Proletariats die »breiteste Demokratie für das Volk« sei, kann die Wirklichkeit ändern, eine Wirklichkeit, in welcher das Volk sich nicht zu jenen Interessen äußern darf, die von der Bürokratie als die »Volksinteressen« präsentiert werden, in welchen das Volk die bürokratischen Entscheidungen nicht ändern kann und mangels objektiver Informationen auch gar nicht zu beurteilen vermag, was seine tatsächlichen Interessen sind.

Wenn die kommunistische Bürokratie wirklich so überzeugt wäre, daß der Großteil ihrer Beschlüsse, Maßnahmen und Vorgänge in der Vergangenheit immer den Interessen der arbeitenden Bevölkerung entsprochen hat, müßte sie eine wirkliche Demokratisierung nicht befürchten; dann müßte sie nämlich gerade unter freien Bedingungen gegen alle politischen Gruppierungen und Vorgänge siegen, die versuchen sollten, kapitalistische Interessen (also den Werktätigen fremde und »antagonistische« Interessen) durchzusetzen. Wenn in den »sozialistischen« Ländern dennoch eine solche Angst vor Kapitalismusrestaurationen existiert, so kann das nur mit der berechtigten Erkenntnis der Bürokraten erklärt werden, daß ihre jahrzehntelange politische Tätigkeit in Wirklichkeit nicht die Unterstützung der breitesten Schichten der Bevölkerung erlangt hat.

Wenn es tatsächlich nur die Befürchtung wäre, daß freie politische Gruppierungen den Anhängern ehemaliger bürgerlicher Parteien die Möglichkeit gäben, die Rückkehr zum Kapitalismus zu erzwingen, wie es Husak dauernd betont und wie es sowjetische Ideologen ihm heute bekräftigen[12], dann könnte ja eine Demokratisierung mit Absicherungen gegen die Wiedereinführung des kapitalistischen Eigentums an Produktionsmitteln verbunden werden, die diese von vornherein ausschließen würde. Es müßte genügen, in die Verfassung eines sozialistischen Landes Grundgesetze einzubauen, denen zufolge sich zum Beispiel keine Produktionsmittel, die mit Hilfe fremder Arbeitskräfte oder – sagen wir – mit mehr als ein paar Lehrjungen betätigt werden, in Privatbesitz befinden dürfen. An die Einführung eines solchen oder ähnlich formulierten Grundgesetzes dachten auch die Reformer in der ČSSR. Zugleich könnte die Änderung eines jeden Grundgesetzes nur das Ergebnis einer direkten Volksbefragung sein, wobei eine zusätzliche Erschwerung einer solchen Änderung noch damit erreicht werden könnte, daß für die Änderung von Grundgesetzen eine Zweidrittel- oder sogar Dreiviertel-Mehrheit an Stimmen nötig wäre.[13]

Unter diesen Bedingungen müßte schon eine große Mehrheit der arbeitenden Bevölkerung für die Wiedereinführung des Kapitalismus sein, um diese durchsetzen zu können. Sollte dann ein Bürokratie-Ideologe noch damit argumentieren, daß die Kapitalismus-Restauratoren den gesetzlichen Weg umgehen und auf konterrevolutionärem Wege die kapitalistische Wirtschaft wiedereinführen würden, käme dies schon einer Absage an die ganze marxistische Theorie gleich. Es würde ja bedeuten, daß der jahrzehntelang gerüstete »sozialistische« Staat, die breite Masse der Arbeiter mit ihrer Volksmiliz, die jahrzehntelang monopolistisch organisierte kommunistische Partei und so weiter Angst davor hätten, diese oder jene »bürgerliche« Partei könnte plötzlich so große politische beziehungsweise revolutionäre Kräfte aufbringen, daß sie gegen jedes rechtliche Hindernis gewaltsam eine grundlegende Systemänderung durchsetzen könnte. Dann muß man nur fragen, warum dem kapitalistischen System seine Verfassung und ihr Schutz durch die Staatsgewalt gegen alle jahrzehntelang organisierten antikapitalistischen revolutionären Kräfte zur Erhaltung dieses Systems genügt haben.

Nein, die Ideologen der »sozialistischen« Bürokratie verstricken sich in Widersprüche bei ihrem Versuch, die Erhaltung der bürokratischen Diktatur mit kapitalistischen Konterrevolutionsgefahren zu begründen. Auf der einen Seite geben sie als Hauptargument gegen eine pluralistische sozialistische Demokratie die Existenz der ehemaligen kleinbürgerlichen Schichten und die bedrohliche Auswirkung ihrer ehemaligen Organisationen und Ideologien an.[14] Gleichzeitig wird aber betont, daß die Kommunisten die stärksten Parteien mit der breitesten Unterstützung des Volks darstellten. Derselbe B. N. Topornin, der von der großen Gefahr der bürgerlichen und kleinbürgerlichen

Elemente spricht und damit die Existenz der »Diktatur des Proletariats« begründet, sagt dann plötzlich: »Für die Kommunisten sind die Ideen von einer politischen Opposition im Sozialismus nicht deshalb unannehmbar, weil sie, wie das die Feinde des Marxismus glauben machen wollen, eine Konkurrenz fürchten. Die kommunistische (Arbeiter-) Partei in einem sozialistischen Land ist der allgemein anerkannte Führer der werktätigen Massen, eine Partei, die die verdiente und unantastbare Autorität bei den Werktätigen besitzt. Die Kommunisten bilden in allen sozialistischen Ländern die zahlenmäßig stärkste Partei, die die aktivsten und bewußtesten Kämpfer für den Sozialismus aus den Reihen der Arbeiterklasse sowie auch der anderen Werktätigen vereint. Die Stellung der kommunistischen Partei in der sozialistischen Gesellschaft ist, wenn sie in ihrer Organisation und Tätigkeit die unsterblichen Leninschen Prinzipien der proletarischen Partei neuen Typus verwirklicht, unerschütterlich.«[15]

Ja, wenn die kommunistischen Parteien eine solche »unantastbare Autorität bei den Werktätigen besitzen«, warum geben sie dann diesen nicht die Möglichkeit, frei zu diskutieren, frei aus- und einzureisen, sich frei zu informieren, sich frei zu organisieren und frei zu wählen? Die Autorität der Kommunisten müßte zwangsläufig steigen, wenn sie unter demokratischen Bedingungen mit Hilfe der besten Ideen, politischen Ziele und Aktivitäten Mehrheitsunterstützungen erlangen würden. Wenn es wahr ist, daß »die Kommunisten deshalb gegen eine Opposition auftreten, weil eine solche Opposition keine sozialen Wurzeln haben und keine Unterstützung durch diese oder jene Klassen erhalten kann«[16], dann ist es absolut unverständlich, warum sie vor der Einführung pluralistischer demokratischer Bedingungen solche Angst haben.

Tatsächlich ist dies aber alles nur leere Propaganda – das ganze Buch von Topornin ist typisch für jene Machwerke, die ohne Wissenschaftlichkeit geschrieben sind, aber ihren Verfassern die erwünschte Anerkennung der Parteibürokratie bringen. Nicht ein Wort wird in diesem Buch, das das politische System des Sozialismus behandelt, über die Bürokratie, ihre Rolle, ihre Interessen, ihre Tätigkeit gesagt, obgleich Lenin selbst noch vor seinem Tod die Bürokratisierung des Systems und der Partei für eine der großen Gefahren erkannt hatte. Es ist nur diese – seither – herangewachsene und erstarkte Bürokratie, die »mit Recht« die Demokratie nicht zuläßt, weil sie den ganzen, jahrelang angehäuften Zorn des Volks fürchtet und weil sie genau weiß, daß sie unter demokratischen Bedingungen ihre monopolistisch-herrschende Stellung verlieren würde. Deshalb hat auch die vereinte Bürokratie aller Nachbarländer der ČSSR die allzu ansteckende tschechoslowakische Reformentwicklung unterdrückt.

Angst vor antibürokratischer Demokratisierung

In Wirklichkeit war es nicht die Angst vor der tschechoslowakischen Bourgeoisie und Konterrevolution, die zu dem gewaltsamen Eingriff in der ČSSR führte, sondern die Angst vor der demokratischen Freiheit des tschechoslowakischen Volks. Gefährdet war in der ČSSR nicht der Sozialismus, sondern seine staatsmonopolistische und bürokratische Karikatur. Wie schon einige Male in der Geschichte waren es auch hier ausgesprochen progressive Kommunisten, denen der pervertierte Inhalt dieses »Sozialismus« und der allgemeine Abscheu gegen dieses System zum Bewußtsein kam. Das Bewußtwerden der inneren Widersprüche und Labilität dieses Systems, die Einsicht, daß man mit Repressionen, Korruption, einer phrasenhaften und verlogenen Propaganda keine sozialistische Gesellschaft aufbauen könne, daß nur durch eine ehrliche und rechtzeitige Demokratisierung bei verfassungsmäßiger Absicherung einer sozialistischen Eigentumsbasis eine wirklich sozialistische Ordnung gerettet werden könnte, führte diese Kommunisten zur Aktion. Und noch nie hatten die tschechoslowakischen Kommunisten eine solch breite und begeisterte Unterstützung des Volks wie diesmal; nie existierte eine größere Chance, den Systemcharakter so grundlegend zu ändern, daß zum erstenmal ein demokratischer und humaner Sozialismus hätte verwirklicht werden können.

Es existierten sorgfältig und über einen langen Zeitraum erarbeitete Vorstellungen über die notwendigen Grundzüge der Gesellschaftsänderungen in allen ihren wichtigsten Sphären. Eines der Hauptziele war die Einführung der erkannten *internen und externen antibürokratischen Faktoren* in die Gesellschaft, um das verheerende Ausmaß der Bürokratisierung einzuschränken und die absolute Herrschaft der Bürokratie zu brechen.

Die Erkenntnis, daß in der Wirtschaft kein zentrales Planungs- und Kontrollorgan, aber auch keine externe Arbeiter- und Bauernkontrolle die allseitig komplexe Optimalität der Produktionsentwicklung in sozialistischen Betrieben sichern kann und daß nur ein realer Marktdruck gegen eine Bürokratisierung der Produktionsleitung wirksam ankämpft, führte zu entsprechenden Vorschlägen für eine Wirtschaftsreform. Eine neuartige Koppelung sozialistischer, regulierter Marktbeziehungen von kollektiveigenen Betrieben mit einer makroökonomischen Orientierungsplanung hätte nicht nur eine antibürokratische Verselbständigung und Eigenverantwortung der Betriebskollektive mit sich gebracht, sondern auch ein wirkliches Interesse an möglichst gesellschaftsgerechten, optimalen Produktionsentscheidungen in den Betrieben. Gleichzeitig sollten aber die Makroplanung und eine planmäßige Regulierung des Markts die spezifisch kapitalistische Marktentwicklung überwinden, monopolistischen Einkommensverzerrungen und Konsumtionsmanipulationen, zyklischen Krisententwicklungen und Inflationen vorbeugen.

Solche spezifisch sozialistischen Marktbeziehungen als wirtschaftsinterner antibürokratischer Faktor hätten eine Bürokratisierung der Wirtschaftsverwaltung mittels neuentstandener ökonomischer Interessen der Erwerbstätigen wirksam bekämpft. Die Demokratisierung der Makroplanung hätte dann die Fixierung der wichtigsten Lebensvorstellungen und Ziele sowie dementsprechender makroökonomischer Konsumtions- und Verteilungsproportionen, welchen auch die Marktentwicklung unterstellt sein sollte, aus den Händen von unverantwortlichen, anonymen Bürokraten genommen und gewählten Vertretern des Volkes, Repräsentanten aller großen Interessengruppen, übertragen.

Eine allseitige Demokratisierung in Politik, Wirtschaft und Kultur hätte die Unterstellung jeder Verwaltungs- und Leitungstätigkeit, die ohne professionelle und fachlich ausgebildete Beamte und Manager schwer denkbar ist, unter Organe bedeutet, die von der niedrigsten Ebene bis in die zentralen Organe nur aus gewählten Vertretern des Volks zusammengesetzt sein sollten. Alle lebenswichtigen, grundsätzlichen, richtungsweisenden Entscheidungen sollten nur von auf Zeit gewählten und abberufbaren Volksvertretern gefällt werden; professionelle Politiker sollten davon ausgeschlossen bleiben. Die Bevölkerung sollte die Möglichkeit haben, sich zu längerfristigen oder kurzfristigen Gruppierungen zu vereinigen, um wie auch immer geartete

Änderungen in diesem oder jenem gesellschaftlichen Bereich durchzusetzen.

Organisationen mit einer relevanten Mitgliederzahl (nicht nur politische Parteien, sondern auch die Gewerkschaften, der Bauernverband, die großen Kulturverbände, Jugendorganisationen und ähnliche), die sich bereit erklärten, die Verfassung einer demokratischen Gesellschaft zu tragen, sollten eine breite nationale Front bilden, die politische Basis der Gesellschaft. Eine in demokratischen Wahlen zustande gekommene politische Mehrheit hätte über die konkreten Formen einer sozialistischen Entwicklung entscheiden und die als grundsätzlich anerkannten Prinzipien der neuen Gesellschaft konstitutionell verankern können. Aber auch die Tätigkeit von anderen politischen Gruppierungen, augenblicklichen Minderheiten, mußte ermöglicht werden. Gruppierungen, die Änderungen der Verfassung anstrebten, hätten nur bei Erreichung einer gesetzlich festgelegten, minimalen Stimmenzahl die Durchführung eines Referendums erzwingen können, wobei – wie bereits erwähnt – ein ebenfalls gesetzlich fixierter Prozentsatz an Stimmen zu einer Grundgesetzänderung nötig gewesen wäre.

Eine solche Demokratisierung hätte von vornherein ausgeschlossen, daß irgendein monopolistischer, bürokratischer Apparat (sei es einer einzigen politischen Partei oder einer militärischen Vereinigung oder sonst einer Machtorganisation) durch Besetzung wichtiger Positionen (Kadermanipulationen), durch Repressionen, Korruption oder ideologische Monopolisierung seinen ausschließlichen Willen der Bevölkerung aufgezwungen hätte. Auch wo ein formelles Rätesystem eingeführt wird und die Werktätigen ihre Vertreter auf verschiedenen Ebenen wählen können, jedoch nur *ein* monopolistischer politischer Apparat im Hintergrund existiert, der in Wirklichkeit all dies vorbereitet, was die breite unorganisierte Masse selbst nicht bewältigen kann, die konkrete Ausarbeitung von Änderungsvorschlägen, von Beschlüssen, von Vorschriften und Gesetzen, von Kadervorschlägen und so weiter, wird dieser bürokratische Apparat wieder zum alleinigen und wirklichen Herrscher. Die einzelnen Menschen sind dieser organisierten Macht gegenüber ohnmächtig und merken immer erst im nachhinein, wenn es zu spät ist, daß sie zu Beschlüssen und Entscheidungen manipuliert worden sind, die nicht ihren wirklichen Interessen entsprechen und ihnen schwerwiegende negative Resultate bringen.

Nur dann, wenn 1. die Menschen sich auch auf unterschiedliche, miteinander konkurrierende politische Hilfsapparate, Informationsmedien, Forschungsinstitute und ähnliches stützen können, die nicht mehr von kapitalistischen Eigentümern direkt oder indirekt abhängig sind, und wenn sie 2. nicht mehr von Politikern manipuliert werden können, die durch jahrzehntelange Tätigkeit und Beziehungen eine große Macht angesammelt haben, werden sie auch lernen, solche Ziele aus alternativen Entwicklungsmöglichkeiten herauszugreifen und zu verfolgen, die wirklich ihren Interessen entsprechen. Sie werden auch lernen, solche Vertreter in alle gewählten Organe zu entsenden, die dort tatsächlich diese Ziele durchsetzen. Wenn jeder Vertreter nur für maximal 2 Wahlperioden gewählt werden kann und dann zu seinem Beruf zurückkehren muß (also nicht von einem politischen Job zum anderen überwechseln kann)[17], ist auch eine politische Machtansammlung unmöglich, und der Volksvertreter wird nicht zum politischen Karrieristen, der in Wirklichkeit als Instrument gewaltiger, hinter ihm stehender Apparate dient.

Die Reformentwicklung in der ČSSR war weder antisozialistisch noch utopisch. Sie war jahrelang theoretisch vorbereitet worden und hatte die volle Unterstützung des Volks. Sie hätte die monopolistische Macht des bürokratischen Apparats gebrochen, diesen wesentlich begrenzt und – soweit er existieren mußte – dem Willen gewählter Volksorgane unterstellt. Die Wahl von Volksvertretern aus Kandidaten unterschiedlicher politischer Gruppierungen, je nach Programmen, Änderungsvorschlägen und Zielen, hätte verhindert, daß eine bestimmte politische Gruppe über finanzielle, organisatorische oder ideologische Mittel hätte verfügen können, welche anderen Gruppen nicht zugänglich wären; und sie hätte überdies die Manipulation von Mehrheiten durch monopolistische Minderheiten unmöglich gemacht. Die Verbindung der makroökonomischen Planung (Wahl eines Fünfjahrplans aus 2–3 Alternativen) mit den Wahlen politischer Organe für 5 Jahre hätte zu einer weiteren Versachlichung der Politik geführt. Nicht mehr politische Demagogien mit politischen Karrierezielen, sondern Diskussionen um planmäßig und daher notwendigerweise berechnete Vor- und Nachteile von Alternativentwicklungen hätten die Wahlkämpfe beherrscht. Ein Rotationssystem personeller Änderungen in allen politischen Organen sollte sowohl einer Machtansammlung einzelner Personen (jeder Repräsentant maximal 2 Wahlperioden in politischer Funktion) als auch einer Erfahrungsunterbrechung der Organe (immer ein Teil von Mitgliedern aus dem alten Organ im neuen verbleibend) vorbeugen.

Dies waren die Grundzüge des *antibürokratischen Programms* der tschechoslowakischen Reformer, und deshalb wurde das Land von der vereinten bürokratischen Gewalt überrollt und diese mit »sozialismusrettenden« Losungen getarnt. Immer finden sich noch genug naive »Revolutionäre« im Westen, denen Formulierungen wie die der »Diktatur des Proletariats« und »kleinbürgerlichen Konterrevolution« sympathischer sind als Kritik des bürokratischen Wesens des sowjetkommunistischen Systems. Viele glauben, daß man den Bürokratismus in Kauf nehmen müsse, wenn die Menschen nur im Sozialismus statt im Kapitalismus leben können. Sie sind sogar gewillt, Repressionen, Terror und Massenvernichtungen zu übersehen, wenn dies nur »dem Sozialismus« dient. Daß aber das bürokratische System mit Sozialismus nichts gemein hat, übersehen sie geflissentlich, im Unterschied zur Mehrheit der Arbeiter in diesem System, denen dies nur allzu bewußt ist.

VI. Pervertierung des Sozialismus

Bürokratische Produktivkräfteentwicklung

Kaum eines jener Kriterien, die Marx und Engels einst auf Grund der Analyse des Kapitalismus als die einer neuen kommunistischen Gesellschaft prägten, kann im sowjetischen System festgestellt werden. Es geht um Kriterien, die bereits in der ersten, niederen Phase des Kommunismus, jener Phase, die seit der von Lenin benützten Bezeichnung als die »sozialistische« Phase verstanden wird, auftreten müßten, damit diese als Beginn einer neuen, die kapitalistischen Widersprüche überwindenden Gesellschaft angesehen werden kann.

Als erstes wurde von Marx und Engels immer das Kriterium der schnelleren Entwicklung der Produktivkräfte genannt. Es ist der Ausdruck jenes historisch-materialistischen Grundgesetzes, aus dessen Annahme überhaupt erst die Notwendigkeit einer Überwindung der kapitalistischen Wirtschaft und ihre Ersetzung durch fortschrittlichere sozialistische ökonomische Verhältnisse abgeleitet wurde. Die sozialistischen ökonomischen oder auch Produktionsverhältnisse sollten eine schnellere und effektivere Entwicklung der Produktivkräfte sichern, weniger wirtschaftliche Verluste hervorrufen, eine bessere Ausnutzung der potentiellen Produktionsfaktoren, eine schnellere technische Entwicklung, ein schnelleres Wachstum der Arbeitsproduktivität und auf Grund all dessen auch einen höheren Lebensstandard der Bevölkerung sichern. Darin sollte sich vor allem die Übereinstimmung der neuen Produktionsverhältnisse mit den Anforderungen der hochentwickelten Produktivkräfte ausdrücken.

Das Wirtschaftssystem der Ostblockstaaten ist weit von diesem Grundkriterium entfernt, und alle Analysen und vergleichenden Studien zeigen, daß dieses System in keiner Weise jene Effektivität der Produktionsentwicklung erreicht hat, die das kapitalistische System in den westlichen Industrieländern aufweist. Trotz der großen Schwierigkeiten, die sich nicht nur aus komplexen Umrechnungen und unterschiedlichen statistischen Ansätzen ergeben, sondern auch und vor allem aus zielbewußter politischer Verheimlichung und Verzerrung, ist diese Schlußfolgerung für alle Ökonomen, die sich mit solchen Vergleichen nur einigermaßen befaßt haben, mehr als überzeugend.

Die Fähigkeit, mit Hilfe staatlich zentralisierter Mittel relativ schnell neue Industriebetriebe aufzubauen, sagt noch nichts aus über die Produktivkräfteentwicklung in einem industriell fortgeschrittenen »sozialistischen« Land. Sogar die Industrialisierung westlicher kapitalistischer Länder erfolgte mit beträchtlicher staatlicher Hilfe, und die vollkommene Verfügbarkeit eines kommunistischen Staats über alle Akkumulationsmittel beschleunigt diese Industrialisierung tatsächlich sehr. Es ist die Periode des ausgesprochen extensiven Wachstums, bei welchem neue Betriebe auf Kosten einer ungemeinen Überalterung existierender Produktionsbetriebe (sei es landwirtschaftlicher oder industrieller Betriebe), aus welchen man alle Profite und auch fast alle Abschreibungen abschöpft, aufgebaut werden. Solange man freie Arbeitskräfte zur Verfügung hat (aus der Landwirtschaft beziehungsweise aus den Reihen der Hausfrauen), kann man auf diese Art und Weise die Industriebasis schnell erweitern – möglicherweise schneller, als eine rein kapitalistische Industrialisierung verlaufen würde. Sobald jedoch die Arbeitskraftreserven erschöpft sind, führt eine solche extensive Industrieentwicklung zu erheblichen Wirtschaftsverlusten.[1]

Die staatlich weitergeführte Bevorzugung des Industrie- und vor allem des Schwerindustriewachstums[2], bei welchem der Industrie beständig noch Arbeitskräfte zugeteilt werden, die dann in allen anderen Branchen (Landwirtschaft, Transport, Bauwesen, Handel, Dienstleistungen und so weiter) fehlen, bringt große Disproportionen in der Wirtschaftsentwicklung mit sich und wirkt sich letzten Endes verheerend auf den Lebensstandard des Volkes aus. Das jahrzehntelange Zurückbleiben der sowjetischen Landwirtschaft machte aus diesem einst größten getreideexportierenden Land ein Getreideimportland, das von der kapitalistischen Landwirtschaft abhängig wurde. Die völlig zurückgebliebene Bautätigkeit führte zu einem solchen Wohnungsmangel in allen Ostblockstaaten, daß auch einst industriell hochentwickelte Länder wie die ČSSR auf das Niveau von Entwicklungsstaaten herabsanken.[3] Die der ČSSR aufgezwungene überproportionale Ausweitung der Schwerindustrie führte zu einer völligen Überalterung und den Bedürfnissen nicht entsprechenden Einschränkung der einst exportfähigsten Konsumgüterbranchen (Schuh-, Textil-, Glas-, Porzellan-, Holzverarbeitungs-, Automobil-, Lebensmittelindustrie und andere).[4]

Das dirigistische Planungssystem ist nicht imstande, eine intensivere, auf schnellem technischem Wandel und angemessenen Modernisierungen der existierenden Betriebe aufbauende Produktivitätssteigerung zu sichern. Eine unzureichende Erneuerung existierender Produktionsausstattungen, die beständige Aufrechterhaltung auch gänzlich veralteter Betriebe und die Weiterbenützung technisch veralteter und längst abgeschriebener Maschinen charakterisieren den überwiegenden Teil der Produktionsbasis. Da die Betriebe unter dem Druck des von Jahr zu Jahr wachsenden Plansolls (geplante wachsende Produktionsumfänge) stehen, aber die Maschinen und Produktionsausstattungen, die sie zu diesem Zweck zugeteilt bekommen, erstens technisch nicht wesentlich besser sind als die alten und zweitens vor allem der Menge nach den schneller wachsenden Produktionsaufgaben nicht entsprechen, sehen sich die Betriebe gezwungen, den alten Maschinenpark weiterlaufen zu lassen und um Zuteilung weiterer Arbeitskräfte zu kämpfen. Nur so können sie die vorgegebenen Zahlen erreichen, und nur so wird ein vorwiegend extensives Produktionswachstum in der Industrie aufrechterhalten.

Auf diese Weise wachsen auch die Ansprüche der Industrie, und vor allem der Schwerindustrie, an Arbeitskräften und Investitionen in ungesunder Weise, worin sich unmißverständlich die Uneffektivität dieser Produktionsentwicklung spiegelt. Die Arbeitskräfte, die in der Industrie konzentriert werden, fehlen nicht nur immer mehr in allen anderen Bereichen, sondern auch die Ausnützung der Produktionsausstattungen in der Industrie verschlechtert sich. Es sinkt die Zahl der Arbeiter in den zweiten Schichten (und damit auch die Auslastung der Maschinen), denn die Industriebetriebe können weitere Arbeiter für die ersten Schichten leichter anwerben; natürlich brauchen sie für diese dann auch mehr Maschinen. Immer mehr Betriebe erweitern sogar – unter dem Plandruck – ihre Kapazitäten, ohne dann die benötigten Arbeitskräfte zu erhalten, so daß die Zahl der unbesetzten Stellen (und daher unausgenützten Produktionsmittel) wächst.[5]

Zweitens führt dann dieses extensive Wachstum zu Investitionsansprüchen, die sich in einer bedrohlich sinkenden Kapitalvermehrung ausdrücken. Die Erweiterungsinvestitio-

nen bilden zusammen mit den Erweiterungen der Umlauf-
fonds (Rohstoffe, Halbfabrikate, Energie und so weiter) den
sogenannten Akkumulationsfonds, der einen wesentlichen
Teil des Nationaleinkommens (Nettomaterialprodukte)
ausmacht. Ein schnelleres Wachstum des Akkumulationsfonds als des Nationaleinkommens, also die Erweiterung
des Anteils des Akkumulationsfonds am Nationaleinkommen, bei gleichzeitigem raschem Ansteigen der Zahl der
Arbeitskräfte ist ein untrügliches Zeichen für einen ungenügenden technischen Fortschritt in der Produktion. Je mehr
Produktionsfonds für ein bestimmtes Wachstum des Nationaleinkommens benötigt werden, je mehr der Anteil des
Akkumulationsfonds am Nationaleinkommen (die Akkumulationsquote) wachsen muß, um das Wachstum des Nationaleinkommens überhaupt zu sichern, um so langsamer
kann der Lebensstandard des Volkes (der andere Teil des
Nationaleinkommens) wachsen. Das sich verschlechternde
Verhältnis zwischen dem Wachstum des Nationaleinkommens und dem Wachstum der Akkumulationsquote[6] bildet
zusammen mit den beständig wachsenden Anforderungen
an die Arbeitskräfte in der Industrie eine der Hauptsorgen
der Politiker in den Ostblockstaaten.[7]
Da das Brutto- wie auch das Nettoprodukt (Nationaleinkommen) pro Kopf der Bevölkerung in den Ostblockstaaten
sowieso niedriger ist als in den westlichen Industriestaaten,
und da wegen der hohen Akkumulationsquote dann noch
der Anteil der Konsumtion am Bruttoprodukt (Gros Natio-
nal Produkt) wie auch am Nationaleinkommen kleiner ist als
im Westen[8], mußte als Voraussetzung für eine Annäherung
des östlichen an den westlichen Pro-Kopf-Verbrauch vor allem
eine wesentliche Senkung der Akkumulationsquote und ein
schnelleres Wachstum des Nationaleinkommens erreicht
werden. Das gilt auch für den durchschnittlichen Verbrauch

der Lohnempfänger, da auch dieser im Westen wesentlich höher ist als im Osten.[9] Dies kann jedoch bei einer sinkenden Kapitalproduktivität schwerlich erreicht werden, wenn außerdem die Kapitalproduktivität im Westen wächst oder zumindest stagniert, wie es die langfristige Entwicklung des Kapitalkoeffizienten in den meisten westlichen Industrieländern anzudeuten scheint.[10]

Die ungenügende technische Entwicklung und Modernisierung der Produktion und der allzu hohe Anteil der Arbeitskräfte im Verhältnis zu den Produktionsfonds in allen Ostblockstaaten sind im Vergleich mit den westlichen Industrieländern die wesentlichen Merkmale der weniger effektiven Entwicklung der Produktivkräfte im sowjetischen Wirtschaftssystem. Es ist kein Zufall, daß alle Ostblockstaaten und vor allem die Leitungen der Produktionsbetriebe selbst ein starkes Interesse an Importen von Technik und Know-how aus dem Westen haben.[11] Daran kann auch die Tatsache relativ großer technischer Erfolge in der am meisten geförderten Rüstungsindustrie nichts ändern. Hier werden nicht nur die relativ größten Investitionen getätigt, sondern auch die besten Techniken (sowohl aus heimischer Produktion als auch aus westlichen Importen) und die fähigsten leitenden und technischen Kräfte konzentriert. Auch die höchsten Entlohnungen schaffen in der Rüstungsindustrie außerordentliche Anreize für schnellere qualitative Entwicklungen. Als entscheidende politische Priorität erhält die Rüstungsindustrie gegenüber allen anderen Wirtschaftszweigen derartige Vorteile, daß ihre Entwicklung für die gesamte übrige Produktionsentwicklung nicht charakteristisch ist. Außerdem wird in dieser Sphäre der Kostenaufwand überhaupt nicht gemessen; besser gesagt: die benötigten Resultate werden bereitgestellt, koste es, was es wolle. Es gibt keine Kostenvergleiche, die aufzeigen könnten, daß die Produktionskosten der politisch erzwungenen Rüstungsprodukte bei größerer Wirtschaftlichkeit und höherer Produktivität um 20, 30 oder noch weit mehr Prozent niedriger liegen könnten.

Selbstverständlich kann dies nicht so aufgefaßt werden, daß in den übrigen Produktionsbranchen keine technischen Neuerungen vor sich gingen. Da jedoch keines der monopolisierten Unternehmen unter Konkurrenzdruck steht und schon überhaupt nicht unter einem Druck der Abnehmer, die keine Wahlmöglichkeit haben, und da schließlich kein übergeordneter Bürokrat beurteilen kann, wie viele und welche Innovationen das ihm untergeordnete Unternehmen durchführen könnte, wird sich dieses auch dementsprechend verhalten. Da Innovationen immer technische Umorganisierungen, Arbeitsumschulungen, schwierige Materialanschaffungen, also unmittelbare Zeitverluste und mehr Einsatz mit sich bringen, die den Betrieb bei der Erfüllung der laufenden Pläne aufhalten, wird jeder versuchen, so wenig Innovationen wie möglich durchzuführen. Einige neue Produkte werden immer mit großer Propaganda an die übergeordneten Organe gemeldet, und auch diese können dann solche Neuerungen den politischen Organen immer wieder »gut verkaufen«. Viele rein formelle Neuerungen bei Produktänderungen, die dem Betrieb kaum Zeit wegnehmen, aber auch keinen wirklichen neuen Nutzen bringen, werden von den Betrieben nur deshalb getätigt, weil sie für diese sogenannten neuen Produkte auch neue, vorteilhaftere Preise erkämpfen können. Auch mit Qualitätsverschlechterungen kann man verdeckte Preissteigerungen erzielen.[12] Mit Hilfe dieser höheren Preise können sie dann auch wieder leichter die Produktionsumfänge (preislich ausgedrückt) erhöhen und daher auch fiktive Produktivitätssteigerungen aufweisen.

So bleibt also die Innovationstätigkeit sowohl quantitativ als auch im Durchschnitt qualitativ (mit Ausnahme der erwähnten Propaganda-Erneuerungen) weit hinter der westlichen Entwicklung zurück. Die absoluten Monopolisten benehmen sich kurzerhand so, wie sich auch westliche Unternehmen benehmen würden, wenn sie nicht mehr unter einem Marktdruck ständen und wie sie sich auch zu verhalten beginnen, sobald dieser nur nachläßt und die monopolistische Stellung wächst. Nur ist dies eben im Westen noch immer eher ein Ausnahmezustand, und die absolute Mehrheit der Unternehmen sieht sich gezwungen, durch ihre Innovationstätigkeit im Wettbewerb zu bestehen. Aus diesem Grund verkleinert sich auch die technologische Lücke zwischen Ost und West nicht, sondern sie vergrößert sich zuungunsten des erstgenannten. Infolgedessen bleibt auch die Produktivitätsentwicklung hinter der Produktivität in den westlichen Industriestaaten zurück.[13]

Aber nicht nur der ungenügende technische Fortschritt, die sinkende Kapitalproduktivität und die damit verbundene relativ hohe Arbeitsintensität, sondern auch der relativ hohe Materialverbrauch zeigen in allen Ländern des Ostblocks die ungenügende Ausnützung der Produktionsfaktoren an. Der Verbrauch wichtiger Rohstoffe, Brennstoffe und Energie ist in diesem Wirtschaftssystem im Durchschnitt pro Produktionseinheit viel höher als in der kapitalistischen Wirtschaft. Schon im Frühjahr 1968 in der čssr durchgeführte Analysen machten die verheerende Vergeudung von Produktionsressourcen[14] deutlich, und das in einem Land, das unvergleichlich ärmer an Rohstoffen ist als viele der westlichen Industriestaaten. An dieser Vergeudung hat sich bis heute nichts geändert![15] Die 1973 vom Ökonomischen Institut der Akademie der Wissenschaften in Prag veröffentlichten Analysen signalisieren einen fast doppelt so hohen

Verbrauch an Stahl pro vergleichbaren Produktionsumfang als in allen industriell entwickelten kapitalistischen Ländern des Westens.[16] Sogar Schweden, als ein Land mit wesentlich besseren Rohstoffquellen, hat einen wesentlich niedrigeren relativen Stahlverbrauch als die ČSSR. Ähnliche Probleme haben auch die anderen Ostblockstaaten, denn nichts wird von den verantwortlichen Politikern so stark kritisiert wie der enorme und größtenteils relativ wachsende Materialverbrauch in der Produktion. So liegt in der DDR der Verbrauch an Primärenergie je Produkteinheit infolge veralteter Anlagen und Technologien um 20-30 % über den westdeutschen Werten[17] und der spezifische Verbrauch von Walzstahl um etwa 30 % über der internationalen Norm.[18] Der weitaus höhere relative Verbrauch aller Produktionsfaktoren (Investitionen, Material, Energie und Arbeit) im kommunistischen Wirtschaftssystem ist der unmißverständliche Beweis für ein mangelndes Interesse der Produktionskollektive und vor allem der leitenden Wirtschaftsbürokratie an einer optimalen Effektivität. Die Nichtexistenz eines Konkurrenzdrucks, das Nichtvorhandensein von Marktpreisen sowie die Unabhängigkeit der Einkommensentwicklung der Bürokratie von Marktresultaten führt zu einer Gleichgültigkeit gegenüber wirtschaftlicher Effektivität.[19] Es gibt keine Objektivierung der subjektiven Produktionsentscheide, und die ständigen moralischen Aufforderungen[20] von seiten der führenden Politiker haben auf die Wirtschaftsentwicklung keinerlei Wirkung. Da weiterhin die geplante und kontrollierte Produktivitätsentwicklung mit Hilfe des Bruttoprodukts, dividiert durch die Zahl der Beschäftigten in den Betrieben, gemessen wird, sind diese sogar an einer Produktionsentwicklung interessiert, bei welcher ein möglichst hoher Produktionsverbrauch den erfaßten Umfang des Bruttoprodukts vergrößert. In diesem Sinn wird in den Betrieben auch die Mikroproduktionsstruktur manipuliert. Auch Reformen, bei welchen das Interesse an einer geplanten Gewinnentwicklung (wie zum Beispiel in der DDR) gestärkt wurde, haben ähnliche Produktionsstrukturmanipulationen nicht beseitigt, da es eben keinen Konkurrenzdruck gibt und auch die Gewinnsteigerung durch solche Strukturmanipulationen am schnellsten erreicht werden kann.

Die Widersprüche zwischen der Entwicklung der Produktionsstruktur und der Bedürfnisstruktur, die als Folge solcher Produktionsstrukturmanipulationen durch absolut monopolisierte Produzenten beständig entstehen, sind enorm. Die ständige Suche, das »Jagen« nach den verschiedensten Produkten von seiten aller Konsumenten (sowohl der Bevölkerung als auch der Betriebe als Konsumenten) ist aufreibend und nervtötend. Jahrzehntelang wird dieser nicht zu lösende Widerspruch, der die Wirtschaft beständig in einem kriegsähnlichen Zustand hält, verbal kritisiert, ohne daß sich etwas daran ändern könnte. Auf der einen Seite werden völlig überflüssige, nicht benötigte Produkte produziert, weil mit ihnen der Plan leichter erfüllt werden kann, und auf der anderen Seite fehlen beständig andere, dringend benötigte Artikel. Nicht benötigte Waren werden als unnatürlich anwachsende Vorräte erfaßt, in welchen sich unvorstellbare Wirtschaftsverluste ausdrücken.[21] Wenn man dann zu diesen Vorräten noch das riesige und immer noch wachsende Ausmaß der angefangenen und nicht beendeten Bauten hinzuzählt, die aus ähnlichen Planungsinteressen der Baubetriebe entstehen[22] und sehr große Anteile des Nationaleinkommens in Anspruch nehmen[23], dann drückt sich in diesen wachsenden Verlusten eine Produktionsanarchie aus, die größer ist als die sogenannte Produktionsanarchie der kapitalistischen Wirtschaft.

Während sich jedoch strukturelle Disproportionen in der kapitalistischen Wirtschaft, sobald sie ein wesentlicheres Ausmaß erreichen, in Wirtschaftskrisen ausdrücken – denn kein kapitalistischer Unternehmer kann längerfristig eine Produktion finanzieren, die nicht genügend Absatz findet –, werden die riesigen Disproportionen in der kommunistischen Wirtschaft vom Staat finanziell gedeckt. Sobald ein Betrieb seinen hochaggregierten globalen Produktionsplan, dessen innere Mikrostruktur niemand von oben planen und kontrollieren kann, erfüllt hat, erhält er die eingeplanten Lohngelder. Alle Produkte werden ihm von den anderen Produktionsbetrieben oder vom Handel abgenommen, ob diese im Augenblick benötigt werden oder nicht, denn die Nachfrage ist beständig größer als das Angebot, und alle Betriebe versuchen, sich möglichst auch mit dem einzudecken, was sie im Augenblick nicht benötigen, denn sie wissen, daß sie in den nächsten Monaten oder Jahren wieder das nicht bekommen werden, was heute zu haben ist. So entstehen bei den Abnehmern und nicht bei den Produzenten riesige Vorräte, die dann wieder durch wachsende Kredite vom Staat gedeckt werden müssen. Die Produktion läuft dabei disproportional beständig weiter, weil kein bürokratisches Zentralorgan daran etwas ändern kann.

Schon im Jahre 1924 haben Ökonomen, wie der zu der trotzkistischen Gruppe gehörende R. N. Kricman, diese Anarchie in der Wirtschaft kritisiert und sie als Anarchie der Versorgung charakterisiert. »Und so ist in der erforschten proletarisch-naturalen Gesellschaft die Verteilung organisiert, aber die Versorgung ist unorganisiert. Die Anarchie, die dies charakterisiert, ist die Anarchie der Versorgung.«[24] Gemäß Kricman kommt es in der kapitalistischen Wirtschaft immer wieder zu schnellerem Wachstum der Nachfrage als des Angebots, weil die Verteilung von Waren marktmäßig anarchisch verläuft. In der »proletarischen« Wirtschaft hingegen ist die Nachfrage größer als das Angebot, weil zwar die Verteilung dessen, was produziert wurde, staatlich organisiert verläuft, aber der zentrale Produktionsplan nicht den wirklichen Bedürfnissen entspricht, also ein anarchischer Versorgungsplan ist. Während jedoch Kricman noch glaubte, daß man einen besseren zentralen, detaillierten Versorgungsplan den konkreten Bedürfnissen gemäß aufstellen könne, mußte man im weiteren und auch heute einsehen, daß ein solcher detaillierter Plan angesichts der vielen Hunderttausende von Produktarten auch mit Hilfe der modernsten Computersysteme nicht denkbar ist. Da jedoch die Bürokratie eine ökonomische Verselbständigung der Betriebe und die Einführung eines regulierten Marktes aus Machtinteressen ablehnt und an der rein bürokratischen Globalplanung ohne Marktkriterien und Marktverantwortung der Betriebe festhält, hat sich jene Versorgungsanarchie mit allen ihren verheerenden Folgen für die Bevölkerung bis zum heutigen Tag erhalten.

Zusammenfassend muß man feststellen, daß das sowjetisch-bürokratische Wirtschaftssystem nicht imstande ist, eine effektivere Entwicklung der Produktivkräfte als das kapitalistische System zu erreichen. Es fehlen ihm jene ökonomischen Anreize, Kriterien und Mechanismen, die in einer industriell hochentwickelten Gesellschaft eine beständige Anpassung der Produktionsstruktur an die Bedürfnisstruktur, eine möglichst wirtschaftliche Ausnutzung aller potentiellen Produktionsfaktoren und eine schnelle technische und qualitative Entwicklung der Produktion sichern. Auf Grund dessen kann es den arbeitenden Menschen auch keinen höheren Lebensstandard sichern, und auch die schon in der Vergangenheit industriell hoch entwickelten Staaten, wie die čSSR, fallen in der Konsumtionsentwicklung weit hinter das Niveau der kapitalistischen Staaten zurück, statt sie zu überholen.[25]

Die Propaganda, die beständig nur von den »großen Wachstumserfolgen der Produktion« spricht, verschweigt geflissentlich, um wie viel höher die Konsumtion des Volks liegen könnte, wenn all die angeführten Verluste nicht vorhanden gewesen wären und wenn statt der verschwenderischen, überwiegend extensiven Produktionssteigerung ein hocheffektives Produktionswachstum stattgefunden hätte.

Ausbeutung der Arbeiter

Als zweites Grundkriterium der sozialistischen Entwicklung nannten Marx und Engels die Beseitigung der »kapitalistischen Ausbeutung«. Die Aneignung des Mehrwerts (Überschuß des neugeschaffenen Arbeitswerts gegenüber dem Wert der produktiven Arbeitskräfte) durch die privaten Kapitaleigentümer sollte sich in eine direkte sozialistische Verteilung des geschaffenen Wertes verwandeln.[26] Die Beseitigung des kapitalistischen Charakters der Mehrarbeit und des Mehrwerts konnte natürlich insofern nicht die Beseitigung der Mehrarbeit überhaupt bedeuten, als auch im Sozialismus die produzierenden Menschen ein Mehrprodukt schaffen müssen, das heißt mehr produzieren müssen, als sie unmittelbar produktionsmäßig und persönlich verbrauchen.

Der kapitalistische Mehrwert ist also nur eine spezifisch historische Form des allgemein in der Gesellschaft notwendigen Mehrprodukts, ohne welches auch die sozialistische Gesellschaft nicht auskommt.[27] Dies muß gegenüber all jenen »Marxisten« hervorgehoben werden, die die Kategorie Mehrwert von ihrem allgemeinen historischen Wesen losrennen und dann nicht imstande sind, das Mehrprodukt im heutigen bürokratischen »Sozialismus« kritisch zu betrachten – zu untersuchen, was dieses Mehrprodukt mit dem kapitalistischen Mehrwert gemein hat, und ob es sich tatsächlich von diesem so wesentlich unterscheidet, daß man von einer Überwindung der Ausbeutung der produzierenden Menschen sprechen kann.[28]

Mit der Entstehung des staatlichen Eigentums an Produktionsmitteln kann auch von keiner privatkapitalistischen Mehrwertaneignung mehr die Rede sein. Das bedeutet jedoch noch lange nicht, daß eine wirklich sozialistische Verteilung des geschaffenen Werts einsetzt, daß der Mehrwert tatsächlich zugunsten der produzierenden Menschen und für gesellschaftlich erwünschte Zwecke benützt wird und daß die Ausbeutung der Arbeiter im Sinne einer ihnen fremden Mehrwertaneignung und -benützung aufgehört hat. Wenn der Staat im Kapitalismus Eigentümer von Produktionsmitteln wird, dann bleibt gemäß Engels die Ausbeutung aufrechterhalten, weil die Arbeiter weiterhin nur Lohnarbeiter sind und über die Mehrwertbenützung nicht entscheiden können.[29] Wie verhält es sich aber dann bei dem bürokratischen Staat?

Vor allem ist darauf hinzuweisen, daß Marx und Engels immer an eine zielbewußte Beseitigung des Staats nach einer relativ kurzen postrevolutionären Übergangsperiode, während der die Vergesellschaftung der Produktionsmittel realisiert wird, gedacht hatten. Der Staat als eine entfremdete Machtinstitution mit seinem bürokratischen Apparat, seiner Polizei, seinen Gefängnissen und anderen repressiven Instrumenten sollte allmählich absterben und einer gemeinschaftlichen Verwaltung öffentlicher Angelegenheiten weichen.[30] Diese Erwartung drückt sich auch noch in der Vorstellung von Marx aus, wonach die zukünftige Aufteilung des gesellschaftlichen Produkts in einer sozialistischen Gesellschaft zwar auch die allgemeinen Verwaltungskosten, die nicht zur Produktion gehören, decken müssen, jedoch gleichzeitig betont wird:

»Dieser Teil wird von vornherein aufs bedeutendste beschränkt im Vergleich zur jetzigen Gesellschaft und vermindert sich im selben Maß, als die neue Gesellschaft sich entwickelt.«[31]

Aber gerade diese Erwartung ist überhaupt nicht in Erfüllung gegangen, und der staatliche Apparat hat sich in allen Ostblockländern nicht nur nicht verkleinert, sondern er vergrößert sich – im Gegensatz zu dem erwarteten »Absterben« – weiterhin von Jahr zu Jahr. Wie bereits gemäß sowjetischen Quellen angegeben, wächst der bürokratische Apparat schneller als die Produktion.[32] Diese Angaben haben an und für sich schon Seltenheitswert, auch wenn sie sich nur auf den Wirtschaftsapparat beziehen; für den eigentlichen politischen und administrativen Apparat sind sie überhaupt nicht zugänglich. Hier kann nur aus der jahrelangen Erfahrung des Autors eindeutig gesagt werden, daß der gesamte bürokratische Apparat schneller wächst als die produktive, die kulturelle und sozial-medizinische Tätigkeit; und am schnellsten wächst der Apparat der Polizei, der Staatssicherheit und des Militärs. Hand in Hand mit dem gesamten Verwaltungs- und Unterdrückungsapparat vergrößert sich dann der Parteiapparat, denn nur dadurch kann die »führende Rolle der Partei« gewährleistet werden.

Der riesige bürokratische Apparat, dessen Ausmaß unvergleichlich größer ist als in den westlichen Industriestaaten, wird voll aus dem Mehrprodukt erhalten. Da die Angaben über das Ausmaß und die Kosten dieses Apparats streng geheimgehalten werden, das Volk aber seine Tätigkeit nicht nur nicht kontrollieren und beurteilen kann, sondern im

Gegenteil von diesem Apparat voll beherrscht und unterdrückt wird, kann auch das hierfür benützte Mehrprodukt nicht anders als eine interessenfremde Aneignung, also — gemäß Engels — weiterexistierende *Ausbeutung* angesehen werden. Aus diesem Grunde wird auch die marxistisch erklärte und begründete Kategorie des »Mehrprodukts« in den Ostblockländern überhaupt nicht berechnet und statistisch erfaßt. Es ist nicht so, daß dies besondere statistische Schwierigkeiten bereiten würde, sondern die Bürokratie ist eben an einer solchen Erfassung nicht interessiert. Man verheimlicht nicht nur die Größe des Mehrprodukts, sondern versucht auch alle näheren Angaben über die Verteilung und Benützung des Nationaleinkommens möglichst zu übergehen.

Jahrelang waren die Angaben über das Nationaleinkommen streng geheim, und erst in den sechziger Jahren begann man, diese Angaben, jedoch so aggregiert, wenig sozial strukturiert und verklausuliert zu veröffentlichen, daß die Menschen, die die Nutzwerte für die Gesellschaft schaffen, über die Größe und Benützung des Mehrprodukts überhaupt kaum etwas wissen. Die Versuche verschiedener antibürokratisch eingestellter Ökonomen, das Mehrprodukt in einigen »sozialistischen« Ländern trotz aller statistischen Schwierigkeiten zu erforschen, ergaben, daß dieses größer ist als der Mehrwert in den meisten kapitalistischen Staaten.[33] Die in »Der dritte Weg« veröffentlichten Berechnungen des tschechischen Ökonomen J. Krejci zeigen, daß die Mehrwertrate (oder Mehrproduktrate) in den angeführten Ostblockstaaten ČSSR, Ungarn, Polen größer ist als in den untersuchten und ungefähr vergleichbaren westlichen Ländern Frankreich, Österreich und Norwegen. Dies kann schon gar nicht darauf zurückgeführt werden, daß die produktiv tätigen Menschen in den Ostblockstaaten wesentlich mehr aus dem Mehrprodukt zurückbekommen würden als in den westlichen Industrieländern.

Da heute in vielen westlichen Industriestaaten Kranken- und Altersversicherungen der Lohnempfänger existieren, die weder quantitativ noch qualitativ hinter den Versicherungen in den Ostblockstaaten zurückstehen, ja diese oft übersteigen[34], kann das relativ größere Mehrprodukt in den letzteren nicht mit diesen Ausgaben erklärt werden. Ja, in manchen der westlichen kapitalistischen Länder sind sogar die vergleichsweisen Ausgaben des Staats für die Sozialversorgung wesentlich höher als in den Ostblockstaaten. So in der Bundesrepublik Deutschland. Ein Vergleich der Sozialversorgung a) Alters-, Invaliden-, Unfall- und Hinterbliebenenversorgung, b) Barleistungen der Krankenversicherungen, c) Kriegsopferversorgung, d) sonstiges zeigt, daß in folgenden Ländern im Jahre 1969 ausgegeben wurde:

Land	DDR	ČSSR	BRD
Ausgaben für Sozialversorgung = Sozialeinkommen[1]	12,1 Mrd. M-DDR	38,9 Mrd. Kčs[3]	78,0 Mrd. DM
Nationaleinkommen[2]	107,2 Mrd. M-DDR	294,0 Mrd. Kčs	443,5 Mrd. DM
Sozialeinkommen in % des Nationaleinkommens	11,3	13,2	17,6

1 »*DDR-Wirtschaft*«, Frankfurt/M. 1971, S. 322.
2 Angaben für BRD umgerechnet gemäß östlichen Methoden der Berechnung des N. B. – vergleiche Sozialprodukt in Ost und West im Vierteljahresbericht zur Wirtschaftsforschung 1973.
3 Vergleiche Statisticka rozenka 1972, S. 540 f.

Die Ausgaben des Staates für Schulbildung dürften in den »sozialistischen« Ländern für die Kinder von Arbeitern und anderen sozial schwächeren Familien günstiger liegen, da diese dort die ganze Ausbildung nicht nur kostenlos erhalten, sondern für die Hochschulausbildung auch insgesamt Stipendien zugeteilt bekommen, von denen sie während ihrer Studienzeit (natürlich auf eine fixierte Zahl von Semestern beschränkt) angemessen leben können. Weder der Prozentsatz der öffentlichen Ausgaben für die Erziehung aus dem Bruttosozialprodukt noch aus dem Staatsbudget ist jedoch in den Ostblockstaaten wesentlich höher als in den westlichen Industriestaaten.[35] Die Gesamtausbildung ist in diesen Ländern also insgesamt nicht breiter als in den westlichen Industrieländern.[36] Daher können auch diese Ausgaben nicht die Existenz einer höheren Mehrproduktrate in den Ostblockstaaten erklären. Außerdem müssen in den westlichen Staaten noch die Ausgaben für die Schulbildung, die von den bürgerlichen Familien (im Grunde also jenen Familien, deren Kinder nicht von der Schulgeldzahlung befreit werden und keine Stipendien erhalten) gezahlt werden, hinzugerechnet werden, so daß der Unterschied in den Ausgaben für die Erziehung noch kleiner wird. Wollte man also den Unterschied des Mehrprodukts in den »sozialistischen« Staaten gegenüber dem kapitalistischen Mehrwert mit den Bildungsausgaben zugunsten der Werktätigen erklären, würde dies nur einen ganz geringen Teil des Mehrprodukts betreffen und daher über das Wesentliche dieses Mehrprodukts nichts aussagen.

Wenn wir die bereits erwähnten überdimensionalen materiellen Ausgaben für den bürokratischen Apparat beiseite lassen, sind an zweiter Stelle Ausgaben aus dem Mehrprodukt für die Investitionstätigkeit zu nennen. Wie zuvor erklärt, ist jedoch der verhältnismäßig hohe Akkumulationsfonds nicht Ausdruck »sozialistischer Vorteile«, sondern wird im Gegenteil erzwungen: 1. durch die langsame technische Entwicklung und Senkung der Kapitalproduktivität, so daß der Mangel an Qualität der Investitionsgüter durch immer mehr an Quantität dieser Güter ersetzt werden muß; 2. durch die unerhörten materiellen Verluste, die aus der Materialverschwendung, nichtentsprechenden Produktionsstruktur, aus nichtverkaufbaren oder nur mit großen Verlusten im Außenhandel verkaufbaren Produkten, nicht beendeten Bauten und ähnlichem entstehen, was alles ein zu kleines Nationaleinkommen im Verhältnis zum Akkumulationsbedarf darstellt; 3. durch die unökonomische Struktur der Produktion, bei welcher die an Investitionen weit anspruchsvollere Schwerindustrie überproportional gefördert wird. Dies wird wieder hervorgerufen durch den erwähnten unökonomischen Verbrauch und die Vergeudung von Rohstoffen, metallurgischen Halbfabrikaten, Energie und so weiter (welche die übermäßige Ausweitung der Schwerindustrie verlangt), wie auch durch die immer stärker vorangetriebene Rüstung (die ihrerseits wiederum auf der Schwerindustrie basiert).

Die Erklärung der unökonomischen Akkumulationsentwicklung kann also nicht in der Rüstung selbst und nicht vor allem in dieser gesehen werden, wie dies immer wieder von dogmatischen kommunistischen Ideologen dargestellt wird, also quasi den »sozialistischen Ländern von außen aufgezwungen würde«. Alle kapitalistischen Länder müssen auch rüsten – wobei wir hier die politische Seite des ganzen Rüstungswettbewerbs beiseite lassen, da es ein zu kompliziertes Problem ist. Obwohl in einigen kapitalistischen Ländern der Anteil der Militärausgaben am Nationaleinkommen sehr hoch ist (zum Beispiel in den USA und anderen), haben diese Länder keine solche Akkumulationsentwicklung wie die Ostblockstaaten.[37] Derartige Wirtschaftsverluste und Vergeudungen und mit ihnen zusammenhängende Akkumulationsquoten könnten sich kapitalistische Wirtschaften überhaupt nicht erlauben.

Die »sozialistische« Akkumulationsentwicklung kommt nur minimal der Bevölkerung zugute und verkleinert im Gegenteil ihre Konsumtion. Die Argumentation der Kommunisten, daß die Akkumulation im Westen der Vergrößerung des Privatkapitals dient, wirkt auf Arbeiter im Osten überhaupt nicht, denn die Erweiterung des Staatskapitals bringt ihnen keine Vorteile – sie verringert relativ ihre Konsumtion durch die riesige Unwirtschaftlichkeit des Systems und die Machtziele der Bürokratie.

Die Arbeiter sind sich voll bewußt, welche Verluste das bürokratische Wirtschaftssystem mit sich bringt und daß diese alle auf Kosten ihres Lebensstandards gehen. Die vorab angeführten, beständig wachsenden Lager nicht benötigter Produkte, die wachsende Zahl nicht beendeter Bauten, die Fehlinvestitionen (während des Aufbaus oder auch nach Beendigung geänderte Investitionsbeschlüsse beziehungsweise Produktionsvorhaben), wachsende staatliche Subventionen zur Finanzierung von Verlusten sowohl bei Produktions- als auch Außenhandelsunternehmen, dies alles wird aus dem Mehrprodukt – keinesfalls zugunsten der Werktätigen, sondern nur als Ausdruck der unsinnigen bürokratischen Organisation und Leitung – gedeckt. Nur an Subventionen für die Deckung von Verlusten der Außenhandelsorganisationen in der ČSSR im Jahre 1973 mußte der Staat 4,8 Mrd. Kčs bezahlen.[38]

Die Menschen in den Ostblockstaaten spüren, daß dies alles eine Ausbeutung ihrer Arbeitskraft darstellt, auch wenn sie dies nicht theoretisch ausdrücken und berechnen können. Für sie gilt die Tatsache, daß ihre realen Löhne und sonstigen Lebensbedingungen weit hinter der westlichen Entwicklung zurückbleiben und daß ihnen daher die so lautstark propagierte »Beseitigung der Ausbeutung« nichts gebracht hat. Die Arbeiter sehen, wie viele Stunden in der Produktion verlorengehen, nur weil beständig die Zufuhr verschiedenster Materialien nicht klappt, wie die Produktion unterbrochen werden muß, um dann wieder mit Überstunden, Sturmaktionen und Brigaden auf das Plansoll gebracht zu werden. Für sie ist »Planung« identisch mit bürokratischer Unverantwortlichkeit, die sie nicht ändern können und bei welcher sie in Wirklichkeit überhaupt keine Übersicht und Mitentscheidung über die Entwicklung und Benützung ihrer Arbeitsresultate haben.

Wenn man all diese durch die herrschende Bürokratie verursachten und verschuldeten Vergeudungen des Mehrprodukts betrachtet, wundert man sich nicht mehr darüber, daß jene nichts von einer Berechnung und Veröffentlichung der Benützungsweisen des Mehrprodukts wissen will. Es würde nämlich allzu klar in Erscheinung treten, daß die Ausbeutung der produktiv tätigen Menschen hier zumindest so groß, wenn nicht noch größer ist als in vielen kapitalistischen Staaten. Deshalb will die Bürokratie schon überhaupt nichts von einer Demokratisierung der Planung hören, von einer Aufstellung von Alternativplänen durch demokratisch gewählte Volksvertreter oder von einer Entscheidung über die Verwendung des Nationaleinkommens – Investitionen oder unterschiedliche Bedürfnisbefriedigung der Bevölkerung – durch demokratisch gewählte Organe.

Nur bei Alternativplänen können Volksvertreter auch wirklich über künftige Entwicklungen entscheiden. Solange ein bürokratisches Planungsamt einen einzigen Plan ausarbeitet, den kein Mitglied des Zentralkomitees der Partei auch nur verstehen, geschweige denn beurteilen kann, so daß dieser Plan immer ohne eine einzige wesentliche Änderung von diesem Organ formal akzeptiert werden muß, und solange dann schon überhaupt nur das Zentralkomitee einer monopolistischen Partei einen solchen formalen Akt durchführt, ohne die Möglichkeit zu einer Beurteilung von Alternativentwicklungen in freien, demokratischen Diskussionen, so lange muß dies als eine bürokratische Entscheidung über die Schaffung und Benützung des Nationaleinkommens und des Mehrprodukts bezeichnet werden: so lange wird diese staatsbürokratische Aneignung und Disposition mit dem Mehrprodukt auch ein *Ausbeutungsprozeß* bleiben. Die von den marxistischen Klassikern kritisierte privatkapitalistische Ausbeutung wurde also nur durch eine staatsbürokratische Ausbeutung ersetzt und kann nicht als eine sozialistische Befreiung der Arbeit angesehen werden.

Entfremdung des Menschen

Die Überwindung der durch die kapitalistische Gesellschaft hervorgerufenen menschlichen Entfremdung war das weitere wesentliche Anliegen von Marx und Engels und ihr Kriterium einer sozialistischen Gesellschaft. Und auch dieses Kriterium vermag man im Sowjetsystem nicht aufzufinden. Es gibt verschiedene Formen und Entstehungsstufen menschlicher Entfremdung; und die Vorstellung, daß man die Entfremdung mit einemmal durch revolutionäre Gesellschaftsänderungen überwinden könnte, muß als unrealistisch angesehen werden.[39] Abgesehen davon bleibt noch immer die Frage offen, ob es je gelingt, die Entfremdung ganz aus der Welt zu schaffen. Dies kann jedoch nicht bedeuten, daß man diese grundlegendste Anforderung an eine sozialistische Gesellschaft als »philosophisches Problem«

244

einfach beiseite schiebt und völlig ignoriert.

Die Entfremdung in der Arbeit, hervorgerufen durch die fortgeschrittene Arbeitsteilung, kann man wahrscheinlich auf der heutigen Stufe der Entwicklung schwerlich beseitigen. Auch viele grundlegende Bedürfnisse der Menschen sind noch allzu unzulänglich befriedigt, und in vielen Entwicklungsländern kann sogar der Hunger nicht überwunden werden. Ein Abgehen von der Arbeitsteilung, auch wenn diese noch eine Mehrheit von Menschen ein Leben lang an monotone und den Geist tötende Arbeiten bindet, würde heute einen solchen Rückgang der Arbeitsproduktivität mit sich bringen, daß der Hunger nicht nur nicht eingeschränkt, sondern vergrößert würde. Trotzdem kann und wird vieles auch auf diesem Gebiet versucht. Arbeitsrotationen der Arbeiter innerhalb autonomer Arbeitsgruppen mit dem Ziel einer Erweiterung der Tätigkeitssphäre (job-enlargement) und der Neugestaltung der Arbeit durch Erweiterung der Eigenverantwortung und ähnlichem (job-enrichment) sind Experimente[40], die unterstützt, weiterentwickelt und ausgedehnt werden sollten.

Es sind jedoch nicht die »sozialistischen« Länder, in denen diese Experimente entstanden sind, denn hier geht es nicht um den Menschen und seine Arbeitserleichterung, sondern um die Planerfüllung. Es werden zwar auch Aktionen zur Verschönerung der Arbeitsplätze, zur Schaffung gesünderer, sauberer und angenehmer Produktionsstätten organisiert, die Planziele jedoch stehen einstweilen über dem Menschen. Die Stachanowarbeiter, sozialistischen Arbeitsbrigaden, Wettbewerbsorganisationen, dies alles dient nur einem Ziel: mittels Mehrarbeit und Arbeitsrekorden die Produktion zu vergrößern und andere Arbeiter zu denselben Leistungen anzuspornen. Dies wird als Ausdruck des sozialistischen Bewußtseins der Arbeiter gewertet. Daß aber eine so erzielte Produktionssteigerung mittels Arbeitsintensivierungen geschieht, während auf der anderen Seite Milliarden durch bürokratische Planungs- und Leitungsmängel verloren gehen, hat noch kaum einen kommunistischen Politiker zum Nachdenken gebracht.

Auch wenn hinsichtlich der Überwindung allzu starrer Arbeitsteilungen noch vieles getan werden kann, haben wir wahrscheinlich noch nicht jenes Entwicklungsstadium erreicht, in welchem die großen Unterschiede zwischen den Arbeitstätigkeiten, was ihre Kreativität und Attraktivität für die Menschen anbelangt, beseitigt oder wenigstens verringert werden könnten. Die Überwindung der aus dieser Arbeitsteilung resultierenden Arbeitsentfremdung kann daher schwerlich zum aktuellen politischen Ziel erhoben werden.

Dafür ist aber die Situation zur Überwindung der menschlichen *Entfremdung* von der *Entscheidungsfällung* in der Gesellschaft nicht nur herangereift, sondern sie wird auf der heutigen Stufe der gewaltigen Produktivkräfteentwicklung, aber auch der entstandenen Gefahren für die menschliche Umwelt und weltweiter Katastrophen zur entscheidenden Forderung jeder gesellschaftlichen Reform. Aber gerade auf diesem Gebiet ist die »sozialistische« Gesellschaft nicht nur alles schuldig geblieben, sondern hat in ihrer Entwicklung die Entfremdung der Menschen noch weitaus vertieft. Die Bevölkerung ist nicht in breiterem Ausmaß zur Entscheidungsfindung über gesellschaftliche Prozesse herangezogen worden, sondern alle Willensbildungen und Entscheidungen in der Wirtschaft, Politik, Bildung, im Informationswesen und so weiter wurden ihr immer noch fremder und unzugänglicher.

Die Produktionsmittel, die Betriebe, die Produktion, die Produktionsresultate, dies alles entwickelt sich gemäß Entscheidungen, an welchen die Arbeiter kaum beteiligt sind. Die Arbeiter können nichts an den Produktions-, Investitions-, Verteilungsentscheidungen ändern, sie können die personellen Entscheidungen nicht beeinflussen, ja sie dürfen nicht einmal gegen jene Entscheidungen ankämpfen, die ihre unmittelbare Entlohnung betreffen. Die Arbeiter haben ihre Machtlosigkeit erkannt und sich auf ihre Weise mit dieser ihnen völlig entfremdeten Welt arrangiert. Da die realen Löhne niedrig sind und die bürokratisierten Betriebe nicht als die eigenen angesehen werden, haben sie gelernt, sich auf eigene Faust zu helfen – sie haben den Diebstahl von Material, Werkzeugen und Produkten an ihren Arbeitsstätten in einem solchen Ausmaß organisiert, daß dieser zu einem Kennzeichen entfremdeten Staatseigentums wurde.

Während der Arbeitszeit schonen die Arbeiter ihre Arbeitskraft, um nach der Arbeitszeit mit Hilfe des »organisierten« Materials Schwarzarbeiten durchzuführen. Da in allen Dienstleistungssphären und vor allem in den Reparaturwerkstätten der Kommunalbetriebe die größten Engpässe existieren, werden Schwarzarbeiter von der Bevölkerung gerne angeheuert und überbezahlt.

Die Schwarzarbeit wurde so zur Gewohnheit, und die Materialdiebstähle des »fremden« Eigentums gehören zur allgemeinen »Moral« der Arbeiter. In den Handelsunternehmen sind es die »Unter-der-Hand-Zuteilungen« von Mangelwaren, Veruntreuungen und Unterschlagungen, die von den kleinen bis zu den leitenden Angestellten angewandt werden. Trotz strenger Bestrafung einzelner aufgedeckter Fälle mehrt sich dieses »Auf-eigene-Faust-Helfen«, denn es ist eine spontane Reaktion auf viele bürokratische Fehlleitungen und Unsinnigkeiten.

In den Dienstleistungsbereichen, in denen es nichts zu stehlen gibt, blüht die Korruption. Ärzte im staatlichen Gesundheitswesen werden bestochen, um den langen Warteschlangen und den bürokratisierten »Fließband-Behandlungen« zu entgehen. Auch an den Hochschulen hat sich Korruption eingenistet, indem Familienväter versuchen, ihre Söhne und Töchter entgegen den »Kadervorschriften« an die Hochschule zu bekommen, sehr oft aber auch, um Aufnahmeprüfungen zu beeinflussen. In letzter Zeit greift diese Unsitte auch schon auf die Mittelschulen über, auf die Reifeprüfungen und so weiter. In den öffentlichen Verwaltungen sind Bestechungsgelder gang und gäbe; für die kleinen Bürokraten ist dieser »Zufluß« nur ein Ausgleich dessen, was sie für Reparaturen, Ersatzteile, Mangelwaren und so weiter anderswo mehr bezahlen müssen. Schließlich brauchen auch die Beamten des Parteiapparats schwer erhältliche Ersatzteile (zum Beispiel für Autos), Schwarzarbeiter und anderes, und ihre »Beziehungen« zu den von ihnen eingesetzten oder gehaltenen Direktoren der Produktions- oder Handelsbetriebe ermöglicht es ihnen in dieser Hinsicht, alles zu bekommen, nur daß dies nicht als Korruption, sondern als Protektion bezeichnet wird.[41]

Diese Entwicklung hat sicherlich nichts mit der vielpropagierten »moralischen Einheit« der Bürger in den Ostblockstaaten zu tun und kann durch keine Erziehung und Agitation überwunden werden, denn sie ist die menschliche Reaktion auf wirtschaftliche und politische Verhältnisse, die nun seit Jahrzehnten verbal kritisiert werden, sich aber nicht bessern, sondern in ihren Widersprüchen und Mängeln wachsen. Sie sind der Ausdruck einer sich vertiefenden Entfremdung von Institutionen und Organen den einfachen Menschen gegenüber, einer Angst und Entfremdung der Menschen untereinander, einer Selbstentfremdung der Menschen. Die wachsenden materiellen Interessen der Menschen, ihre Ausrichtung auf persönliche Vorteile, auf kurzfristige Bereicherungen wächst um so stärker, je größer die wirtschaftlichen Mängel, die gesellschaftlichen Desillusionen und die Verluste von Ideen und Perspektiven sind. Der unsinnige Ehrgeiz der Parteiideologen, mit Hilfe der Agitation die Interessen der Menschen zu ändern[42], steht im direkten Widerspruch zu den Grundthesen des Marxismus, denen zufolge der Mensch vor allem ein Produkt der gesellschaftlichen Bedingungen ist, in welchen er lebt. Aber so, wie die Parteiideologen die Widersprüche des Systems nicht eingestehen können, bleibt ihnen auch nichts anderes übrig, als die jahrzehntelangen vergeblichen Versuche, die Menschen »umzuerziehen« und mit Agitationsphrasen »umzumodeln«, beständig zu wiederholen. Daß der Agitationsleiter selbst an eine solche Kraft seiner Agitation nicht glaubt, aber sie praktiziert, weil dies seiner Funktion entspricht, drückt nur die Absurdität dieser bürokratischen Tätigkeit aus.

Wenn die Bevölkerung die Erfahrung machen muß, daß die Menschen, die wirklich etwas ändern wollten und das System mit den besten Absichten kritisierten, immer zum Schweigen gebracht wurden, daß die weniger fähigen, oft charakterlosen Opportunisten politische Karriere machen, kann man bei ihr nur folgende Reaktion erwarten: Ein Teil wird sich anpassen, wird mitzumachen und gemäß seinen Möglichkeiten sich zu arrangieren versuchen. Wer keine politische Karriere machen kann, wird versuchen, sich mit Beziehungen wenigstens ein bequemeres Leben einzurichten, und wer keine Beziehungen anknüpfen kann, der wird mit Schwarzarbeit, Schwarzhandel oder Entgegennahme von Bestechungsgeldern demselben persönlichen Ziel nachgehen. Ein anderer Teil der Bevölkerung, dessen Erziehung und Lebensausrichtung es nicht zuläßt, sich auf diese Weise mit dem System zu arrangieren, wird sich von jeglichem öffentlichen Leben zurückziehen und versuchen, im engsten Kreis zu überleben. Das Sichzurückziehen in den Familien- und Freundeskreis, mit völliger Gleichgültigkeit oder Verachtung dem öffentlichen und politischen Leben gegenüber, ist das Lebenscharakteristikum der Bevölkerungsmehrheit im »Sozialismus«: deshalb auch das überstarke Streben nach Wochenendhäuschen (oft gewöhnlichsten Bretterbuden irgendwo im Freien) bei allen Menschen in diesen Ländern. Fünf Tage in der Woche muß man es in der Arbeit irgendwie aushalten, und zwei Tage wird draußen, im engsten Kreis, gelebt, um dann wieder fünf Tage durchhalten zu können.

Die Menschen müssen leben, ob ihnen das System behagt, ob es ihnen gleichgültig ist oder ob sie es hassen. Ein System, das man sich nicht wünscht, aber nicht beseitigen kann, kann man vergessen, indem man seinen persönlichen Freuden nachgeht – den Freuden, die den Menschen immer und überall auch ihre Leiden ertragen helfen. Der eine gräbt in seinem Gärtchen, der andere spielt Karten, der eine sammelt Briefmarken, der andere betrinkt sich, der eine hungert und freut sich tagtäglich auf sein künftiges Auto, für das er schon 15 Jahre spart, und der andere gibt alles Geld fürs Essen aus oder hat seinen Spaß an seinen Kochkünsten. Alle werden sie nur dann an das System erinnert, wenn sie immer wieder von neuem Schlange stehen müssen beim Fleischeinkauf, wenn es wieder einmal nicht genug Gemüse und Obst gibt, wenn sie sich in den Warteräumen des Bezirksarztes stundenlang drängen müssen, um dann bürokratisch abgefertigt zu werden, wenn sie monatelang auf einen Sack Zement zu warten haben, wenn sie sich um 3 Uhr morgens um Ersatzteile für ihr altes Auto anstellen müssen und diese dann doch nicht bekommen, wenn sie im Geschäft just nicht die Sorte von Nägeln erhalten können, die sie brauchen,

wenn sie Toilettenpapier nur zweimal im Jahr zu kaufen bekommen, wenn sie, wenn sie...

Aber ebendiese alltäglichen Begegnungen mit dem »System« sind schon *so alltäglich* geworden, daß man sich an sie
gewöhnt hat – »man mag sich nicht dauernd ärgern, wenn
man die Dinge sowieso nicht ändern kann und das Leben
doch so kurz ist«. Und so werden die Konsumtionswut, die
Jagd nach westlichen Waren und Modeauswüchsen, die Eß-
und Trinkgelage zu ebensolchen Ausdrücken der menschlichen Entfremdung, wie sie es schon im Kapitalismus waren
und sind. Die Menschen sind sich dieser Entfremdung nicht
mehr bewußt und bedauern nur, daß dem hemmungslosen
Verbrauch im Osten größere Hindernisse im Wege stehen
als im Westen. Sie machen sich sogar Illusionen über die
westlichen Konsumtionsmöglichkeiten, die die kommunistischen Regime vergeblich zu zerstreuen suchen, da die Bürokraten selbst vor allem ihr eigenes materielles Wohl verfolgen. Ja, die Konsumausrichtung wird noch planmäßig ge-
züchtet, da Menschen mit Konsuminteressen den Regimen
nicht so gefährlich sind.

Natürlich wachsen auch Wut, Widerstandswillen und organisierte Opposition. All dies ist übrigens bei dem erwähnten
Bevölkerungsteil immer latent vorhanden, und das Verhältnis zwischen Gleichgültigkeit und Wut, Sichzurückziehen
und Widersetzen, Resignation und Opposition ist nicht nur
ein Ausdruck einer weiteren Differenzierung dieses Bevöl-
kerungsteils, sondern auch einer beständigen Verhal-
tensfluktuation bei ein und denselben Menschen. Wer heute
von nichts wissen will und die ganze Aufmerksamkeit seinem Schrebergarten widmet, kann morgen, bei der geringsten aussichtbietenden Nachricht, zum aktiven Kämpfer für
Gesellschaftsveränderungen werden. Allzu groß ist einfach
der Teil der Bevölkerung, den das System nicht nur nicht

gewonnen, sondern so stark abgestoßen hat, daß er bei der kleinsten Chance zum aktiven Gegner würde. Auf 90 % der Bevölkerung kann sich das Husak-Regime *nicht* verlassen, und dies hat nichts mit bürgerlicher oder kleinbürgerlicher Herkunft zu tun, sondern das ist der Ausdruck des antihumanen Wesens dieses Systems, welches sowohl jene zum Widerwillen direkt provoziert, die erkannt haben, daß sie besser leben könnten, wenn es nicht die unsinnigen bürokratischen Entwicklungshindernisse gäbe, als auch jene, denen es um mehr als das eigene »Ego« geht.

Unterdrückung und Verfolgungen sind jedoch so stark und allseitig, daß nur ein sehr kleiner Teil der Bevölkerung aktiven politischen Widerstand leistet. Es müssen schon moralisch starke und mutige Menschen sein, die sich bei Kenntnis der repressiven Maßnahmen, die dieses System gegen Dissidenten und Oppositionelle zur Verfügung hat, zum politischen Widerstand entschließen oder diesen gar zu organisieren bereit sind. Je bekannter ein Dissident in der Öffentlichkeit, besonders in der Weltöffentlichkeit ist und je stärker seine Unterstützung durch die öffentliche Meinung, um so schwerer kann er vom Regime totgeschwiegen oder liquidiert werden. Welche eigene Gesellschaftsvorstellung der Dissident auch immer vertritt oder verfolgt, immer wird sein Kampf in dem Sinne ein heroischer und fortschrittlicher sein, als er gegen die bürokratische Diktatur, für eine Befreiung der Menschen kämpft.

Wie lächerlich wirkt doch die bürokratische Kennzeichnung der Reformer in der ČSSR als »Opportunisten«, wenn ein Opportunist immer ein Mensch war, der bedenkenlos persönlichen Vorteilen und günstigen Gegebenheiten nachging, und die ganze Bevölkerung darunter heute nur die Politiker und Bürokraten versteht, die im »Prager Frühling« Angst um ihre Funktionen bekamen, weil sie unter öffentliche Kritik gerieten, deshalb mit den ebenso verängstigten Bürokraten der Nachbarstaaten verhandelten und die gewaltsame Unterdrückung der Reformen vorbereiteten. Wie können diese Politiker erwarten, daß sie mit Lügen und Agitationsphrasen den Menschen eigene Erfahrungen austreiben können? Nichts ist so stark wie eigene Erfahrungen; sie prägen den Menschen, und zu diesen tagtäglichen Erfahrungen gehört eben auch der Widerspruch zwischen den Worten der Politiker und der Realität des Lebens in den »sozialistischen« Ländern – Erfahrungen, die nicht vergessen werden oder bildlich gesprochen: sich in den Köpfen der Menschen anhäufen.

Es gibt viele, die diesen Widerspruch nicht ertragen können und in Verzweiflung geraten. Besonders die Menschen, die sich einst begeistern ließen, die großen Idealen und Erwartungen nachhingen, die Illusionen unterlagen und plötzlich, von der Wirklichkeit schockiert, desillusioniert und jeder positiven Perspektive beraubt, im Leben keinen Sinn mehr sehen.[43] Die Selbstentfremdung des Menschen, seine Vereinsamung, Angst, Trostlosigkeit, Verzweiflung und der Lebensüberdruß haben seit jeher zum selbstvernichtenden Alkoholismus und letzten Endes zum Selbstmord geführt. In ihm sah Marx den konzentrierten Ausdruck der menschlichen Entfremdung, welche die Gesellschaft hervorbringt.[44] Bestimmt ist dies eine Erscheinung, die durch verschiedenste, zusammentreffende komplizierte Faktoren und Prozesse hervorgerufen wird. Und doch kann der entscheidende Einfluß der Gesellschaft, ihrer inneren, nicht zu lösenden Widersprüche und ihres unerträglichen Drucks auf sensible Menschen nicht übersehen werden. Wenn Marx mit Recht die kapitalistischen Verhältnisse anklagt, so ist die Tatsache, daß die »sozialistischen« Verhältnisse die Entfremdung der Menschen nicht nur vertieft, sondern auch zu einer Steigerung der Selbstmordrate geführt haben, eine der größten Anklagen gegen dieses System.[45]

Es ist kein Zufall, daß gerade in solchen »sozialistischen« Ländern, in denen die Lebensvorstellungen der Menschen westlich geprägt sind, in Ungarn, der DDR und der ČSSR, der Widerstand des Volks gegen den stalinistischen Kommunismus jeweils mit russischen Panzern gebrochen wurde und die mehr oder weniger offene Unterordnung dieser Länder durch den russischen Neoimperialismus bei breiten Schichten der Bevölkerung eine tiefgreifende Verzweiflung und Orientierungslosigkeit hervorgerufen hat, daß gerade in diesen Ländern auch die Selbstmordrate am höchsten liegt und sogar die aller kapitalistischen Länder überholt hat. Welche weiteren Faktoren hier auch immer noch mitgewirkt haben mögen, der Einfluß spezifischer gesellschaftlicher und daher auch systembedingter Faktoren kann schwerlich übersehen werden und müßte marxistische Theoretiker besonders zum Nachdenken veranlassen.

Ein System, das plötzlich die Mehrheit der Bevölkerung eines Landes entgegen ihrer ganzen bisherigen Erziehung, Interessenentwicklung und Lebensweise zwingt, sich in neuen Bahnen zu bewegen, nach vollständig anderen Normen und Zielvorstellungen zu leben, und das diesen Menschen nicht die Möglichkeit gibt, sich zu diesen Bedingungen und Zielen frei zu äußern und sie aktiv mitzuformen, das sie also zwingt, sich willenlos dem Lauf der Dinge zu fügen, muß zu einer nie dagewesenen Entfremdung dieser Menschen führen. Die politische Bürokratie, die sich anmaßt, beständig zu wissen, was diesen Menschen am besten entspricht und wie das Leben in ihrem Interesse gestaltet werden soll, die aber verschweigt, daß sie bei dem allen immer vorrangig und rücksichtslos die eigenen spezifischen Interessen, besonders die Machtinteressen, die notwendigerweise in einen wesentlichen Widerspruch zu den Interessen der übrigen Bevölkerung geraten müssen, verfolgt, muß den wachsenden Haß einer Bevölkerungsmehrheit auf sich ziehen.

Die hohen Bürokraten, die sich beständig nur untereinander bewegen, für die nur Interessen, Wünsche und Kräfteveränderungen in den politischen Spitzen wichtig sind, denen nie einfache Menschen ihre wahren Ansichten und Einstellungen mitgeteilt haben, sind von der wirklichen Psyche und dem Bewußtsein des Volks völlig isoliert; sie werden nie imstande sein, Gefühle der arbeitenden Menschen zu begreifen und können daher nur mit Hilfe ihrer Machtinstrumente regieren. Das System der absoluten Bürokratisierung ist zu einem System der absoluten Menschenentfremdung geworden.

Staatsmonopolismus und soziale Widerstände

Eine Gesellschaftsordnung, die nicht imstande ist, eine effektivere Entwicklung der Produktivkräfte zu erlangen als das heutige kapitalistische System, die daher auch den Arbeitern und anderen Bevölkerungsschichten kein höheres Lebensniveau sichern kann, die die Ausbeutung nicht überwunden, sondern nur ihre Form geändert hat und die schließlich zu einer größeren Entfremdung der Menschen als in allen vorangegangenen Gesellschaftssystemen geführt hat, eine solche Gesellschaftsordnung kann keine wirklich *sozialistische* Gesellschaftsordnung sein. Die fundamentalen Kriterien, wie sie auf Grund von jahrhundertealten Visionen sozialistischer Denker über eine allseitige Befreiung der Menschen, von den Begründern des sogenannten wissenschaftlichen Sozialismus aufgestellt wurden, sind hier nicht zur realen Praxis geworden. Auch wenn die offiziellen Parteiideologen lautstark etwas anderes behaupten, sie können nicht die grundlegende Kritik dieser Gesellschaftsform widerlegen. Schon die Tatsache, daß sie es nicht wagen, die Kritiken andersdenkender Sozialisten in den eigenen Publikationen und Medien zu veröffentlichen, daß sie sich nur angesichts einer strengen Zensur und ohne Diskussionsmöglichkeiten trauen, ihre Behauptungen zu veröffentlichen, ist ein Beweis dafür, daß sie die Wahrheit nicht widerlegen können.

Die Macht in diesem staatsmonopolistischen System ist in den Händen einer historisch entstandenen, spezifischen politischen Bürokratie, die dem Volk gegenüber entfremdet ist, in ihrem Vorgehen vor allem von Machtinteressen (die innere und äußere Festigung der eigenen Machtstellung verfolgend) motiviert wird, das Volk ausbeutet und unterdrückt und ökonomische Verhältnisse aufrechterhält, die zu einem immer größeren Hindernis einer potentiell effektiveren Produktivkräfteentwicklung und schnelleren Steigerung des Lebensstandards der Bevölkerung werden. Mit Hilfe einer komplexen Informationsverzerrung, Zensurhandhabung, Bildungsmonopolisierung, Wissenschafts- und Kunstreglementierung sowie der staatlich organisierten Ausbreitung einer dogmatischen Ideologie, die zu einer neuen Glaubenslehre wurde, wird eine öffentliche Bewußtseinsfälschung in einem Maße organisiert, wie sie selten in der Geschichte zu verzeichnen war. Ihre ökonomische Macht beruht auf einer staatlich monopolisierten Aneignung und Disposition mit allen Produktionsmitteln, sowie der Verteilung aller Produkte, wobei der staatliche Vermittler völlig von der Parteibürokratie beherrscht wird, bei einer de facto nicht existierenden Kontroll- und Einspruchsmöglichkeit von seiten der nichtbürokratischen Bevölkerung.

In den sechziger Jahren wurde M. Djilas als Kritiker des

kommunistischen Systems bekannt, der die Parteibürokratie als *neue Klasse* charakterisierte.[46] Die folgenden Diskussionen unter Marxisten drehten sich hauptsächlich um seine Benützung des marxistisch allgemein definierten Begriffes »Klasse«. Dabei war weniger bekannt, daß früher schon einmal der Italiener B. Rizzi die sowjetische Bürokratie als Klasse bezeichnet hatte und diese Einstufung zu begründen versuchte. Dies wird jetzt durch die Arbeit von A. Carlo in Erinnerung gerufen. Carlo verficht diese Theorie einer Bürokratenklasse in der Sowjetunion und argumentiert im Grunde mit der Existenz des Eigentums an Produktionsmitteln in den Händen der Bürokratie.[47] Diese Argumentation ist beachtlich und kann in vielem bestätigt werden.

Ohne hier nun zu einer weitgehend philosophischen Problematik übergehen zu können, kann nur bemerkt werden, daß es vor allem davon abhängt, ob die marxistische Charakteristik einer *Klasse*[48] tatsächlich alle Wesenszüge dieses Begriffsinhaltes richtig beziehungsweise völlig erfaßt hat und diese so unverändert akzeptiert oder eventuell komplettiert oder korrigiert werden muß. Wird die verfassungsmäßig verankerte führende Rolle der kommunistischen Partei nicht nur formell aufgefaßt, sondern als de facto existierende monopolisierte Machtstellung und Disposition mit den Produktionsmitteln, der Arbeit sowie den Produktionsresultaten verstanden, und wird eine solche Ausschließlichkeit der Verfügungsgewalt in der wirtschaftlichen und politischen Sphäre durch eine abgesonderte soziale Gruppe auch als ein allgemeingültiges Merkmal einer *Klasse* in einer philosophischen Diskussion akzeptiert, dann ist auch die Charakterisierung der Parteibürokratie in einem kommunistischen System als neue Klasse grundsätzlich richtig.[49]

Mandels Argumentation[50], daß die sowjetische Bürokratie

keine Klasse sein könne, weil ihr Sturz keine andere Produktionsweise mit sich bringen könne, wenn ein sozialistisches System erhalten bleiben solle, ist nicht überzeugend und entspringt einer ungenügenden Analyse des sowjet-kommunistischen Systems. Im Grunde ist für ihn dieses System ein sozialistisches System, welches nur einen bürokratischen Fehler aufweist. Auch seine Bemerkung, daß es »das erste Mal in der Geschichte wäre, daß eine Klasse erst nach ihrer Machtergreifung vorhanden gewesen wäre«, kann an der sowjetischen Tatsache nichts ändern. Erstens gibt es in der Geschichte Gesellschaftssysteme, deren herrschende Klasse im vorangehenden System als Klasse nicht existierte (man denke z. B. an die Klasse der Sklavenhalter u. ä.). Zweitens würde aber auch die Nichtexistenz eines historischen Präzedenzfalles nichts an der Tatsache ändern, daß die politische Bürokratie eben nur unter solchen Bedingungen zur herrschenden Klasse wird, in welchen sie zum ersten Male allein über die Produktionsmittel, die Produktion und die Produktionsresultate verfügt, und dies bei gewaltsamer Ausschaltung jeder Einspruch- und Änderungsmöglichkeit von seiten anderer Volksschichten oder Klassen. Nur die Entwindung der Macht aus den Händen dieser Klasse mittels eines Kampfes des Volkes und eine weitgehende Demokratisierung des Systems, Demokratisierung aller politischen und wirtschaftlichen Entscheidungsvorgänge auf der Basis eines kollektiven Eigentums an Produktionsmitteln, kann nicht nur die Herrschaft dieser spezifischen Klasse, sondern auch die Existenz einer bürokratischen Herrscherklasse als solche beenden, was die Bedingung einer wirklich sozialistischen Entwicklung in den Ostblockstaaten wäre.

Obzwar im Rahmen dieser Arbeit nicht das allgemein-philosophische Problem eines »Klassenbegriffes« geklärt werden kann, ändert sich damit nichts an der Realität, daß diese Parteibürokratie zur allein herrschenden, sozialen Klasse in einem staatsmonopolisierten System wurde und ihre spezifischen, volksentfremdeten Interessen die gesamte innenpolitische, wirtschaftspolitische und außenpolitische Tätigkeit des Staates entscheidend bestimmen. Auch in der Außenpolitik der udssr treten die *bürokratischen* Machtinteressen und antidemokratischen Zielbestrebungen in einem neuen Imperialismus klar zutage.

Die ganze Problematik der Außenpolitik der Ostblockstaaten wurde hier ausgeklammert, da sie eine eingehende Analyse der internationalen Beziehungen, ihrer Entwicklung sowie der sowjetischen Einflüsse auf diese Beziehungen verlangen würde, was die Möglichkeiten und den Rahmen dieser Arbeit übersteigt. Hier muß jedoch in aller Kürze die Richtigkeit der Leninschen Theorie, daß die Außenpolitik immer mit der Innenpolitik zusammenhängt und daß Imperialismus mit Demokratieunterdrückung Hand in Hand geht, bestätigt und hervorgehoben werden.[51] So wie die Bürokratie innerhalb der Sowjetunion die wirklichen Bedürfnisse und Interessen der Bevölkerung ignoriert und alle demokratischen Bedingungen unterdrückt, so benimmt sie sich in ihren auswärtigen Beziehungen: als imperialistische Großmacht. Alle Schritte anderen Nationen und Staaten gegenüber, ganz gleich ob diese eine kapitalistische oder sozialistische Entwicklung verfolgen, werden nur von dem Standpunkt gelenkt, wie dies der Festigung des sowjetischen Regimes dient, den direkten oder indirekten Machteinflüssen des sowjetischen Staates in der Welt auf andere Staaten vergrößert und die Hegemonie sowohl des sowjetischen Staats als auch der Partei anderen kommunistischen Staaten und Parteien gegenüber verstärkt. Entsprechend diesen Machtzielen werden auch alle imperialistischen Methoden, sowohl direkter, gewaltmäßiger Unterwerfungen als auch indirekter Unterordnungen der Politik anderer Staaten mit Hilfe ökonomischer Beeinflussungen, Gewaltandrohungen und so weiter zielbewußt angewandt.

Natürlich wird die sowjetische Machtbürokratie jede Gewaltanwendung, auch wenn sie ausgesprochen offensiven Charakter hat, gegenüber anderen Staaten mit der Bedrohung entweder des eigenen Landes oder des Sozialismus in anderen kommunistischen Staaten begründen. Aber diese »Begründungen« durch die eigenen Interessen, Verteidigungsnotwendigkeiten, Präventivschritte und so weiter sind aus dem imperialistischen Weltarsenal allgemein bekannt und können den wahren Machterweiterungscharakter all dieser Schritte nicht verdecken. Noch nie hat die sowjetische Bürokratie freiwillig die Interessen und Entwicklungsvorstellungen anderer Völker und Nationen respektiert, wenn sie ihren eigenen Machtzielen oder Hegemonieansprüchen zuwiderliefen. Auch wenn sie nicht immer mit Gewalt vorgehen konnte, so hat sie zumindest die schärfsten ökonomischen, politischen und anderen Sanktionen gegen Regierungen in Gang gesetzt, die sich ihr nicht freiwillig unterordnen wollten, und wo es die internationale Machtsituation zuließ, hat sie sich nicht gescheut, andere Nationen mit brutaler Gewalt zu unterdrücken, wenn sie glaubte, damit die eigenen Interessen am besten zu wahren.

Zu welcher Farce hat die imperialistische Politik der sowjetischen Bürokraten die von Lenin einst theoretisch postulierten Rechte anderer Nationen im Sozialismus gemacht! »Der siegreiche Sozialismus muß die volle Demokratie verwirklichen, folglich nicht nur vollständige Gleichberechtigung der Nationen realisieren, sondern auch das Selbstbestimmungsrecht der unterdrückten Nationen durchführen, das heißt das Recht auf freie politische Abtrennung anerkennen.« Parteien, die eine solche Freiheit der Nationen nicht anerkennen wollten, »derartige Parteien würden« – gemäß Lenin – »Verrat am Sozialismus begehen«.[52] Eben diesen Verrat praktiziert die heutige großrussische Bürokratie durch ihre Unterdrückung der Freiheit und des Selbstbestimmungsrechts vieler anderer Nationen.

Die tschechoslowakischen Reformer erhoben einst nicht den Anspruch auf eine Lostrennung der Tschechoslowakei vom Bündnis mit der Sowjetunion und den anderen kommunistischen Staaten oder auf einen Austritt aus dem Warschauer Pakt. Sie forderten nur eine gleichberechtigte Stellung in allen internationalen Organen und die Respektierung der Nichteinmischung in ihre Selbstbestimmung über die konkreten Formen ihrer sozialistischen Entwicklung. Es genügte jedoch, daß die antibürokratische Haltung auf die Nachbarvölker ansteckend wirkte und daß die Bürokratie in diesen Ländern sich durch eine demokratische Entwicklung in ihrer Machtstellung gefährdet sah, um das ganze – für die sozialistische Welt so bedeutsame – tschechoslowakische Experiment mit Panzern brutal niederzuwalzen. Nur Bürokraten, denen so etwas wie eine sozialistische Bewußtseinsentwicklung bei den Völkern weitgehend gleichgültig ist, die nicht daran denken, was an dieser Bewußtseinsentwicklung im Weltumfang durch solch einen Eingriff zerstört wird, und die sich nur auf die eigene militärische Kraft verlassen, können so vorgehen. Dies führt zu einem anschwellenden Freiheitskampf unterdrückter Nationen im sowjetischen Machtbereich.

Auch alle sogenannten Friedensaktionen und Initiativen in internationalem Maßstab werden von dem bürokratischen sowjetischen Regime ebenso formell im Zuge einer politischen Zielverfolgung unternommen wie die »moralischen«

Aufforderungen innerhalb des Landes. So wie für die Bürokratie nicht wichtig ist, was sich die Menschen wirklich denken, wenn sie zu Produktionssteigerungen angespornt werden – wichtig ist nur die Zahl der von der Bürokratie lancierten »moralischen« Anfeuerungen und Mobilisationen selbst –, so ist auch im internationalen Maßstab nicht wichtig, ob sich etwas im Denken und in der Einstellung der Menschen unterschiedlicher Länder und Systeme zueinander ändert; es kommt nur darauf an, den Anschein einer Friedenstätigkeit zu erwecken, mit der man hofft, verschiedene wirtschaftliche Vorteile für das Sowjetregime herausschlagen zu können. »Friedensschritte« können im nächsten Augenblick durch militärische Schritte abgelöst werden, wenn man in diesen den geeigneteren Weg zur Vergrößerung des sowjetischen Machteinflusses sieht, ohne daß man dabei im geringsten an das Leben der Menschen denkt.

Trotz aller Selbstbezeichnung als »sozialistisch« hat das bürokratische System nichts mit Sozialismus zu tun. Man kann den bürokratischen kommunistischen Ideologen nicht den Anspruch auf die alleinige Bestimmung des Wesensinhalts einer sozialistischen Gesellschaft zuerkennen, ansonsten würde der Begriff »Sozialismus« zu einem Synonym für Unfreiheit, Unterdrückung und Rückständigkeit. Das in der Sowjetunion und unter ihrem Machteinfluß auch in weiteren kleineren Ländern entstandene System kann nur als ein staatskapitalistisches – präziser als *staatsmonopolistisches* und *absolut bürokratisiertes System* bezeichnet werden. Die Aufdeckung des antisozialistischen und antihumanen Inhalts dieses Systems kann nicht die Bejahung und Verteidigung des kapitalistischen Systems bedeuten. Im Gegenteil! Die Fixierung des sowjetkommunistischen Systems als *staatsmonopolistisch* drückt die Verabsolutierung negativer Wesenszüge des Kapitalismus in diesem System aus, die eben in einer wachsenden Desinteressiertheit der arbeitenden Menschen an einer optimalen Wirtschaftseffektivität, in der starken Staatsausbeutung und in der vertieften Menschenentfremdung in Erscheinung tritt. Die Aufdeckung des staatsmonopolistischen Systeminhalts ist die Voraussetzung für einen von sozialistischen Positionen geführten Kampf um seine Transformation in ein *demokratisches, humanes, wirklich sozialistisches System.* Die bürokratisch aufgebaute Vogelscheuche des »Antikommunismus« kann und darf den Kampf gegen die bürokratische Pervertierung der großen geschichtlichen Idee einer freien, sozialistischen Gesellschaft nicht aufhalten: denn nur durch einen solchen Kampf kann der Sozialismus zur Realität werden.

Der Kampf gegen die Sozialismuspervertierung muß ein Kampf gegen die erkannten Ursachen der bürokratischen Pervertierung sein, so wie ihn auch die tschechoslowakischen Reformer bewußt geführt haben. Nur wenn in den staatsmonopolistischen Ländern der *interne antibürokratische Faktor* eingeführt wird, indem die Betriebe zu selbständigen, kollektiveigenen Betrieben umgewandelt werden, die innerhalb regulierter Marktbeziehungen ökonomisch gezwungen wären, ihre Leitungs-, Forschungs-, Investitions- und Produktionstätigkeit so effektiv wie möglich zu entwickeln, wird die Bürokratisierung der Wirtschaft überwunden. Nur wenn der *externe antibürokratische Faktor* eingeführt wird, indem die Politik und makroökonomische Wirtschaftsplanung demokratisiert wird, kann die politische Herrschaft der Bürokratie gebrochen werden.

Die sozialistische Demokratisierung verlangt eine Überwindung der Mängel und Ungleichheiten der bürgerlichen Demokratie, die vor allem durch die Ausschließlichkeit des Kapitaleigentums einer privilegierten Minderheit gegeben sind. Keine einzelne Interessengruppe und daher auch nicht die Bürokratie darf Vorteile erhalten, durch welche sie ihre spezifischen Interessen der Bevölkerungsmehrheit aufzwingen kann. Dazu müssen vor allem Prinzipien durchgesetzt und institutionalisiert werden wie etwa: die Existenz pluralistischer Interessengruppierungen und Organisationen, freie Meinungskämpfe mittels unabhängiger Massenmedien, kombinierte Selbstverwaltungs- und Volksvertretungsformen, Bildung eines Kollektivkapitaleigentums der Betriebsmitarbeiter, Mehrheitsentscheidungen bei gesicherten Rechten von Minderheiten, die Beseitigung von professionellen Politikern, direkte Volksabstimmungen über Verfassungsartikel, die Wahl- und Abberufungsmöglichkeit aller leitenden Beamten, Sicherung von Publikationsmöglichkeiten auch für Minderheitengruppen, alternative Makropläne, vorbereitet durch Kommissionen bei pluralistischer Interessenvertretung, Volksdiskussionen über Planalternativen, verbunden mit politischen Wahlkämpfen, die unabhängige Existenz von Interessenforschungsinstituten und ihre enge Verbindung mit den Massenmedien, teilweise staatliche finanzielle Abdeckung von diversifizierten Massenmedien und die Durchsetzung anderer oder ähnlicher, demokratievertiefender Prozesse.

Der Kampf für eine solche Demokratisierung und Überwindung der bürokratischen Herrschaft wird sich früher oder später in allen Ostblockstaaten erweitern und an Kraft gewinnen, denn Druck hat immer Gegendruck erzeugt, auch wenn dies in manchen Ländern, die nie wirklich demokratische Verhältnisse gekannt haben, wie Rußland, relativ länger dauern kann. Aber auch hier ist die Dissidentenbewegung nur ein Ausdruck des im Volk heranreifenden Verlangens nach demokratischen Bedingungen und einer freieren Entwicklung. Träger dieser Entwicklung wird vor allem die Schicht der technisch-ökonomischen und wissenschaftlich-kulturellen Intelligenz sein, deren typischer Repräsentant in der Sowjetunion zum Beispiel heute die Gruppe um den Atomphysiker Sacharow ist. Die immer breitere Schicht junger Techniker, Ingenieure, Betriebsökonomen und so weiter, aber auch qualifizierte und fortschrittliche Arbeiter geraten in ihrer Bewußtseinsentwicklung immer mehr in Widerspruch zur gesamten Praxis des Sowjetsystems.[53] Diese Menschen sehen am unmittelbarsten die ganzen Unsinnigkeiten, Starrheiten und Verluste, die das System mit sich bringt, und erkennen immer klarer, daß es mit kleinen Verbesserungen nicht getan ist. Der krasse Gegensatz zwischen der offiziellen Propaganda und ihren realen Erfahrungen macht sie zu immer zielbewußteren Kämpfern für Demokratie und grundsätzliche Reformen.[54]

Es waren seit jeher, in der gesamten Geschichte, die Intellektuellen, die den Kampf gegen Absolutismus und despotische Unterdrückung begonnen haben. Nie standen sie jedoch ohne soziale Basis da, im Gegenteil, sobald ihre Stimmen zu hören waren, war dies immer ein Zeichen dafür, daß ihre Gedanken und Forderungen im Volk heranreiften und verstanden wurden. Dies gab ihnen auch die erforderliche moralische Kraft, der totalitären Macht die Stirn zu bieten. Auch die tschechoslowakischen Reformer hätten einst ohne die immer breitere Unterstützung des Volkes ihren Kampf nicht führen können.

Selbstverständlich ist auch die Einstellung der Parteibürokratie nie völlig einheitlich, denn die großen Schwierigkeiten und die wachsende Unzufriedenheit und Opposition im Volk führen auch zu Differenzierungen innerhalb der Parteibürokratie. So wie sich alle Bürokraten einig sind, was die Erhaltung und Festigung des Einparteisystems mit der »führenden Rolle der Partei« (sprich Parteiapparat) anbetrifft, so gibt es natürlich unterschiedliche Ansichten wie diese politische Macht der Parteibürokratie am besten erhalten und gestärkt werden könnte.

Ein Teil der Parteibürokraten verfolgt besonders reaktionäre Tendenzen und glaubt nur bei Beibehaltung beziehungsweise sogar Verschärfung des repressiven Systems und ohne jegliche Reformen die Macht (in der offiziellen Ausdrucksweise: »den Sozialismus«) erhalten zu können. Dieser, als »stalinistisch« zu bezeichnende Teil, wird immer versucht sein, alle Mängel des Systems als »Überbleibsel des Kapitalismus« zu bezeichnen, welche angeblich von »Gegnern des Sozialismus« – sei es innerhalb oder außerhalb des Landes – hervorgerufen werden. Diese Stalinisten versuchen mit der künstlichen Schaffung von inneren und äußeren Feinden erstens die Bevölkerung von den eigenen Systemmängeln und ihren bürokratischen Ursachen abzulenken und zweitens nationalistische Emotionen und damit verbunden einen Willen innerhalb des Volkes zur Erhaltung des Systems hervorzurufen. Es sind diese Kräfte, die auch überzeugt sind, daß nur beständige innere und äußere Spannungen sowie eine dauernd angeheizte Kampfpsychose gegen die vermeintlichen Gegner des Sozialismus zur Überwindung aller entstehenden Zweifel, Kritiken und Oppositionen in der Bevölkerung benützt werden können.

»In der Außenpolitik stehen die Neo-Stalinisten der Westpolitik Breschnews kritisch gegenüber, vor allem der ökonomischen Kooperation mit dem Westen und dem Kulturaustausch. Sie treten für die Einheit des Ostblocks und für ein schärferes Vorgehen gegen die sogenannten ›Revisionisten‹ ein, worunter sie die autonome Politik Jugoslawiens sowie progressive Tendenzen in manchen kommunistischen Parteien Westeuropas verstehen.«[55]

Demgegenüber existiert ein anderer Teil innerhalb der Parteibürokratie, der überzeugt ist, daß man das System nur festigen kann, wenn man der Bevölkerung einen höheren Lebensstandard sichert und dadurch die Schärfe jeder Opposition bricht. Dieser Teil wird auch immer wieder mit bestimmten Teilreformen kokettieren, von welchen man sich eine Steigerung der Wirtschaftseffektivität und der Konsumtion verspricht. Die Reformen dürfen aber nicht das Wesen des Systems, das heißt vor allem die absolute Herrschaft des Parteiapparates berühren und können daher auch die Hauptursache der absoluten Bürokratisierung aller Entscheidungsfällung nicht beseitigen. Dennoch werden diese relativ liberaleren bürokratischen Kräfte zu verschiedenen Kompromissen bereit sein, von welchen man vor allem eine schnellere Steigerung des Lebensstandards erwartet (zum Beispiel aktivere wirtschaftliche Beziehungen zu den kapitalistischen Ländern, Teilreformen im Planungs- und Lenkungssystem, Auflockerungen in der kulturellen, künstlerischen Sphäre und ähnliches).[56]

In verschiedenen Phasen der Entwicklung können sich diese zwei Flügel innerhalb der Parteiführung ablösen und unterschiedliche politische Linien und Taktiken hervorrufen. Dabei werden auch immer bestimmte kadermäßige (personelle) Änderungen im Apparat vor sich gehen. Die Unterscheidungslinie zwischen den zwei Strömungen ist jedoch unscharf, verschwommen und die Zugehörigkeit vieler Parteibürokraten zu der oder jener Ausrichtung hat nicht prinzipiellen, sondern sehr oft machtausgerichteten, persönlichkeitsgebundenen Charakter. Auch wenn der »liberale« Flügel immer günstigere Bedingungen für alle ernsthaften Reform- und Befreiungsbewegungen schafft, so bleibt er im Wesen doch nur ein Bestandteil der Parteibürokratie. Von dieser dann eine Beseitigung der *eigentlichen Ursachen* der bürokratischen Herrschaft zu erwarten, wäre reine Illusion.

Wirkliche Demokraten, die Systemreformen anstreben, können aber in relativ liberaleren Bedingungen leichter um Demokratisierungen kämpfen als unter stalinistischen Verhältnissen (wie es zum Beispiel auch die tschechoslowakischen Reformer einst konnten). Früher oder später müssen sie jedoch im Kampf um eine wirkliche Demokratisierung mit dem Widerstand der gesamten Parteibürokratie rechnen, der nur mit Hilfe eines genügend starken Druckes von seiten des Volkes als auch mit Hilfe einer fortschrittlichen internationalen Unterstützung überwunden werden kann.

Trotz der übergroßen Machtkonzentration in den Händen der Parteibürokratie, beziehungsweise eben auf Grund dieser, wächst die Möglichkeit ihrer Überwindung in absehbarer Zukunft in allen kommunistischen Ländern und vor allem in der Sowjetunion selbst. Die Analyse der bürokratisierten, staatsmonopolistischen Wirtschaft zeigt ihre wachsende Uneffektivität, ihre riesigen Verluste und ihre Unfähigkeit, den Lebensstandard der Bevölkerung schneller zu heben. Die denkenden Menschen innerhalb dieser Wirtschaftssphäre werden nicht für das System gewonnen, sondern werden in wachsendem Maße von diesem abgestoßen und zu Reformgedanken hingeleitet. Die wachsende Unzufriedenheit und innere, mehr oder weniger verdeckte Opposition immer breiterer Schichten der Bevölkerung reflektieren sich schließlich auch in einer *anwachsenden Polarisierung* innerhalb der Parteibürokratie selbst. Die Möglichkeit einer verschärften stalinistischen politischen Entwicklung kann zwar nicht völlig ausgeschlossen werden. Gleichzeitig besteht aber die berechtigte Hoffnung einer Stärkung des liberaleren bürokratischen Flügels. Es ist anzunehmen, daß eine allmähliche Öffnung des Systems für zukünftige Demokratisierungen größere Chancen hat als ein stalinistischer

Rückschlag, weil eben langfristig gesehen ein immer stärke-res Interesse der Bevölkerungsmehrheit einen wachsenden Teil der Bürokratie selbst interessenmäßig beeinflußt und durchwirkt. Bestimmt kann und wird auch die Weltöffent-lichkeit einen nicht geringen Einfluß auf diese Entwicklung ausüben.

VII. Politisches Nachwort

Dieses Buch soll allen die Wahrheit über das kommunistische Machtsystem vermitteln. Ganz besonders wende ich mich aber an jene Kräfte in den kapitalistischen Staaten, die in der *sozialistischen Transformation* die Zukunft der Menschheit sehen. In dem Maße, in dem die inneren Widersprüche und Schwierigkeiten des kapitalistischen Systems anwachsen, und seine Fähigkeit, die Zukunftsprobleme – ohne wesentliche Systemänderungen – zu meistern, immer mehr schrumpft, wird die Verantwortung jener Menschen sichtbar, die sich für sozialistische Wandlungen einsetzen. Die Frage, welcher Weg eingeschlagen und in welcher Richtung sich das gesellschaftliche Denken der Menschen vor allem bewegen sollte, wenn grundsätzliche Lösungen verlangt werden, steht heute mehr denn je schicksalsschwer vor uns. Alle die, die in der Entwicklung der sowjetischen Gesellschaft eine sozialistische Entwicklung sehen – und sei sie mit verschiedenen »anfänglichen Kinderkrankheiten« besät –, möchte ich eindringlich warnen. Die vorstehende Analyse hat mit ihrer notwendigerweise theoretisch-abstrakten Ausdrucksform die erschreckendsten menschlichen Deformationen noch nicht lebendig genug aufzeigen können, um die Leser aufzurütteln. Vielleicht können auch nur wortgewaltige Schriftsteller jenen moralischen Verfall, jene Charakterlosigkeit und jenen Zynismus der Funktionäre und Bürokraten, jene Machtintrigen, propagandistische Verlogenheit und heuchlerische Verstellungskunst, jene Masse an

Unwissenheit, Formalismus und alibistischer Tätigkeitsvorspiegelung, die im kommunistischen System wachsen und sich unter den Menschen verbreiten, im einzelnen wiedergeben. In dieser Hinsicht ist diese Arbeit noch immer nicht genügend ausdrucksvoll und bringt daher die negativen Entwicklungstendenzen und Folgen dieses bürokratischen Systems eher allzu nüchtern zum Bewußtsein.

Es sind keine Kinderkrankheiten, die mit der Zeit überwunden werden, sondern es sind Wesenszüge eines Sozialismus vortäuschenden bürokratischen Systems, das zum größten Verrat an der Idee der sozialistischen Menschheitsbefreiung wurde. Die Repräsentanten und Vertreter dieses Systems, die mit dessen Existenz stehen und fallen, werden immer behaupten, daß das alles nicht wahr und nur Ausdruck eines »bürgerlichen Antikommunismus« sei. Mit diesem geflügelten Wort wird heute jede noch so berechtigte Kritik einfach vom Tisch gewischt und übergangen. Ich möchte hier noch einmal mit aller Klarheit ausdrücken, daß ich in einem demokratischen und humanen Sozialismus die fortschrittliche Zukunft der Menschheit sehe. Mit Bezeichnungen wie »Renegat« oder »Verräter« oder mit der Verdrehung meiner wahren Ansichten kann man meine sozialistische Überzeugung nicht entstellen und zu einem »Antisozialismus« umfunktionieren.

Wenn ich mit all meinen Erfahrungen und Erkenntnissen gegen die kommunistische Pervertierung des Sozialismus kämpfe, dann eben deshalb, weil es mir um einen Sozialismus für die Menschen und nicht für bürokratisierte Machtfunktionäre geht. Ich sehe meine Aufgabe heute darin, nicht nur die volle Wahrheit über das kommunistische System auszusagen, sondern die Menschen auf jene *Ursachen* hinzuweisen, die zu seiner antisozialistischen Pervertierung geführt haben. Die Kenntnis dieser Ursachen ist die grundlegendste Vorbedingung, um nicht nur das existierende System selbst ändern zu können, sondern um auch in Zukunft in anderen Ländern der Errichtung eines bürokratischen kommunistischen Systems vorzubeugen. Wem es nicht nur um die eigene Macht, sondern wirklich um das arbeitende Volk geht, kann und darf sich nicht dem mühevollen Durchdenken der hier und in vielen anderen Arbeiten angeführten Argumente und Erkenntnisse verschließen.

Es hat den Anschein, als ob heute in den kommunistischen Parteien Italiens, Spaniens und anderen neue Vorstellungen über eine zukünftige sozialistische Entwicklung heranreiften, bei welcher eine pluralistische Demokratie beibehalten werden sollte. Hoffentlich werden alle kommunistischen Parteien die grundsätzliche Bedeutung demokratischer Bedingungen für einen wirklichen sozialistischen Fortschritt erkennen. Dies kann aber nicht bedeuten, daß sie die existierende Unterdrückung der Demokratie mit all ihren antisozialistischen Folgen in den Ostblockstaaten weiterhin ignorieren könnten. Die westlichen kommunistischen Parteien haben die geschichtliche Verantwortung, die tschechoslowakischen Analysen und Reformvorstellungen eingehend zu studieren und sie auch *theoretisch* zu verwerten. Man kann sich nicht nur mit Protesten gegen die Besetzung der ČSSR begnügen, denn damit hat sich nichts für das tschechoslowakische Volk geändert. Nicht nur die Einstellung zu dem tschechoslowakischen Reformversuch, sondern auch die daraus gezogenen ideologischen und politischen Konsequenzen werden heute zum wesentlichen Prüfstein für die Aufrichtigkeit humaner sozialistischer Zielverfolgungen. Einige stark moskauhörige Parteien schließen sich der sowjetischen Verketzerung der tschechoslowakischen Reformer an und stellen diese als »Sozialismusverräter« dar. Was jedoch von den östlichen Machtbürokraten als

Verrat bezeichnet wird, ist nur ein konsequentes Auseinandergehen der Reformer mit denen, die längst den Sozialismus selbst verraten haben. Wer wirklich für den Sozialismus kämpft, muß sich von Bürokraten, Karrieristen und Heuchlern lösen, eben weil sie den Sozialismus nicht verkörpern und ihn nur in den Augen breiter Menschenschichten diskreditiert haben.

Wenn ich das kommunistische System so schildere, wie es seinem Wesen nach tatsächlich ist, dann halte ich dies heute auch für meine Pflicht als Wissenschaftler. Das heißt, daß ich nicht mehr aus irgendwelchen politisch-taktischen Gründen heraus versucht bin, Darstellungen und Formulierungen auszuarbeiten, die die kommunistischen Machthaber noch akzeptieren *könnten*. In diesem Sinne muß man Politik und Gesellschaftswissenschaft trennen. Sicherlich hat so etwas wie politische Taktik auch ihren Sinn. Innerhalb der kommunistischen Länder war und ist es leider auch weiterhin nötig, so manche theoretische Abhandlung – auch wenn ihr Schöpfer die Dinge sehr oft viel kritischer sieht und sie unter freien Bedingungen grundsätzlich anders darstellen würde – so zu formulieren, daß diese nicht sofort als »antimarxistisch«, »feindlich« und ähnlich verurteilt und im Keim erstickt wird. Auch verblümte Wahrheiten oder vorsichtig ausgedrückte Teilaspekte, welche sich auf diese oder jene Weise im Osten verbreiten lassen oder sogar auf einen Teil der Kommunisten dort wirken können, haben ihre aufklärende Wirkung. Ich selbst und alle Reformer mußten einst jahrelang sehr vorsichtig und taktisch vorgehen, wenn wir überhaupt etwas ändern und nicht sofort als »Feinde« unterdrückt werden wollten. Wer eine solche Taktik nicht verstehen will, weiß nicht, was Politik ist, und denkt nicht daran, wie richtige Ziele in bestimmten objektiv gegebenen Bedingungen realisiert werden könnten. In dem Sinne muß man auch die verschiedensten Schritte in der internationalen Politik verstehen.

Dies kann aber auf der anderen Seite nicht bedeuten, daß man Dinge nicht so sehen sollte, wie sie im Osten wirklich sind, und daß man sich Illusionen über das Wesen und die Entwicklung des kommunistischen Systems hingibt. Im Gegenteil, wem politisches Taktieren nicht Selbstzweck ist oder wer sich nicht nur beständig den gegebenen Machtverhältnissen anpassen will, wem es langfristig um einen wesentlichen Schritt weiter in der Befreiung der Menschheit geht, der kann nicht immer *nur* »realistische« opportune Politik machen. Man kann dem Gegner, mit dem man zusammenleben muß, verschiedenste Zugeständnisse machen, wenn man die Gewißheit hat, daß man dadurch langfristig befreiende Schritte und Änderungen zugunsten der unterdrückten Menschen erzielt. Nur mit Hilfe langfristiger politischer Strategien können interne wie externe Gegner bürokratischer kommunistischer Regime auch auf Kompromisse im Verhältnis zu dem sowjetbürokratischen System eingehen, um solche zugunsten von zukünftigen demokratischen und wirklich sozialistischen Wandlungen des Systems auszunützen. Jahrelang konnten sich die tschechoslowakischen Reformer, obzwar die meisten von ihnen sich keine Illusionen über das wahre Wesen des bürokratischen Systems machten, ihre Schritte innerhalb der Partei abwägen und taktische Teilzielformulierungen wählen, solange sie dies nur dem großen Ziel, der wesentlichen Systemreform näherbrachte. Sobald aber eine solche Systemreform durch die militärische Intervention zunichte gemacht wurde, mußten sich die Reformer von der Partei trennen, da sie keine Chancen mehr hatten, die Systemänderung durchzusetzen und sich durch eine weitere Zusammenarbeit mit dem reaktionären bürokratisierten Regime diskreditiert hätten.

Wenn einmal die Gewißheit entstanden ist, daß das kommunistische System ein antisozialistisches, staatsmonopolistisches und bürokratisches System ist, dann wird eine Umwandlung in ein wirklich sozialistisches System zum Grundkriterium sozialistischen Verhaltens, auch wenn es sich hier um ein fernes Ziel handeln sollte. Soweit bestimmte taktische Vorgänge einer solchen Umwandlung dienen, können sie akzeptiert werden, und dazu kann in bestimmten Fällen auch eine »vorsichtigere« Formulierung der Systemcharakterisierung selbst gehören. Sobald jedoch solche »vorsichtigen« Systemcharakterisierungen dazu benützt werden, den wahren, nichtsozialistischen Inhalt zu verdecken und nur unwesentliche Schwächen oder Anfangsmängel einzugestehen, wird dies zu einem Verrat an den wirklichen Interessen der Völker und zu einer Hilfe für die kommunistischen, staatsmonopolistischen Bürokraten. Das Verhältnis zu dem wahren Wesen des kommunistischen Systems, zu dem Kampf um seine sozialistische Änderung und daher auch zu den Bestrebungen der tschechoslowakischen Reformer bleibt so ein wichtiges Grundkriterium für alle wirklichen Sozialisten.

Wem dagegen die Idee des Sozialismus gleichgültig ist, wer entweder als konservativer Anhänger des Kapitalismus oder als Pragmatiker ohne längerfristige Ziele eine demokratische sozialistische Entwicklung ablehnt, der wird versucht sein, sich mit der sowjetischen Großmacht zu arrangieren, wenn er damit erstens die Absicherung des Friedens und zweitens die Erhaltung des Kapitalismus im verbleibenden Teil der Welt zu erreichen glaubt. Dies ist eine berechtigte Einstellung, und es ist nur die große Frage, ob dieses langfristige kapitalistische Ziel durch eine solche Politik wirklich gesichert werden kann. Auf jeden Fall wird eine solche Politik auch von einer zielbewußten Aufrechterhaltung entsprechender militärischer Macht begleitet sein müssen.

Auch die Kräfte, die an einer demokratisch-sozialistischen Transformation des kapitalistischen Systems interessiert sind, und in dem Maß, in dem sie einer bürokratischen, staatsmonopolistischen, totalitären Entwicklung in den eigenen Ländern vorbeugen wollen, können solange nicht eine nihilistische Einstellung zur Verteidigungsfähigkeit ihrer Länder einnehmen, solange sich nicht in den Ostblockstaaten grundlegende demokratische Wandlungen vollzogen haben. Ja, je realer sich sogar verschiedene demokratisch-sozialistische Änderungen im Westen durchsetzen sollten, je größere Freiheiten und soziale Fortschritte für das arbeitende Volk damit verbunden wären, um so stärker müßte auch ihre machtmäßige Absicherung vor den Staatsbürokratien des Ostblocks existieren. Wer dies nicht versteht, versteht eben auch nicht den antihumanen, antidemokratischen und neoimperialen Charakter des sowjetischen kommunistischen Systems. Je größer die Erfolge *demokratischer* Systeme, je höher der Lebensstandard und die Freiheiten der Bevölkerung in diesen Systemen, desto stärker wird auch der Kampf der Menschen innerhalb des kommunistischen Systems um demokratische Wandlungen sein – aber um so verzweifelter werden auch die reaktionären, stalinistischen Flügel innerhalb der östlichen Parteibürokratie um ihre Machterhaltung kämpfen. Eine solche Machterhaltung wird man aber nicht nur mit stärkeren inneren Repressionen, sondern auch mit äußeren Expansionen – und dies vor allem gegen die ansteckenden Herde der demokratischen Entwicklung – zu erreichen versuchen. Solange daher diese stalinistischen bürokratischen Kräfte durch reale demokratische Wandlungen nicht definitiv entmachtet sind, solange die Gefahr ihrer expansionistischen Gelüste nicht wirklich gebannt ist, solange können auch die westlichen demokratischen Kräfte ihre militärische Sicherung nicht aufgeben.

Selbstverständlich würden weitere demokratische und wirklich sozialistische Reformen im Westen den demokratischen Befreiungskampf in den Ostblockstaaten noch stärken, ebenso wie alle Intensivierungen monopolistischer und staatsbürokratischer Entwicklungen sowie Demokratiebeschränkungen im Westen den Ansichten, den Interessen und der Stellung der stalinistischen Bürokratie im Osten dient. Der entscheidende Antagonismus in der Weltentwicklung besteht heute nämlich immer deutlicher zwischen Entwicklungen in Richtung von Staatsmonopolismen und antidemokratischen, antihumanen Bürokratisierungen, bei immer stärkerer Entmachtung und Unterdrückung des Volkes auf der einen Seite, und zielbewußten Demokratisierungen, nicht nur in der politischen, sondern auch in der wirtschaftlichen Sphäre, die dem Volk immer mehr Möglichkeiten geben würden sowohl in der Mikro- als auch der Makrosphäre der Gesellschaft demokratisch und ohne Manipulierung durch partielle Interessengruppen über seine Entwicklung zu entscheiden, auf der anderen Seite. Je stärker sich eine solche Demokratisierung in den westlichen Staaten in Richtung eines demokratischen Sozialismus vollziehen würde, um so kräftiger könnte sich auch der demokratische Befreiungskampf in den Ostblockstaaten entwickeln und um so wichtiger ist in dieser Hinsicht auch eine beständige Ausweitung aller nur möglichen Kontakte vom Westen her mit den Menschen in den östlichen Ländern. Solche Kontakte ermöglicht schließlich auch die Entspannungspolitik in wachsendem Maße.

Eben weil die Entspannungspolitik vor allem den liberalen Kräften in den Ostblockstaaten hilft, während sie die Chancen der stalinistischen Kräfte einengt und ihre Potenzen für

Feindschaffungen und Konfliktschürungen verringert, sollte sie von allen fortschrittlichen Menschen gefördert und unterstützt werden. Natürlich kann sie nicht mit Illusionen hinsichtlich der sowjet-kommunistischen Bürokratie verbunden werden. Für die stalinistischen Kräfte, die im Apparat und in allen Parteiorganen ihre eigenen Ziele verfolgen und politisch wirken, bedeutet die Entspannungspolitik nur eine vorübergehende Taktik, welche sie in der gegebenen Situation als eine experimentierbare Form der Verfolgung ihrer Weltbeherrschungsziele ansehen. Dieser existierenden stalinistischen Tendenzen voll bewußt, sollten die Westmächte eine aktive Politik der Demokratieförderung und Aggressionsverhinderung in der Welt verfolgen. Je kleiner die Möglichkeit der stalinistischen Kräfte internationale Spannungen, Anarchien und Gewalttaten zu provozieren und wahnsinnige Steigerungen der Rüstungsanstrengungen zu erzwingen, um so größer sind die Chancen nicht nur für die Friedenserhaltung, sondern auch für den sozialen und demokratischen Fortschritt in der Welt. Je mehr wirtschaftliche, kulturelle, touristische und ähnliche Beziehungen sich zwischen Ost und West entwickeln, je einheitlicher, behutsamer und langfristig zielstrebiger die westlichen Demokratien in diesen Beziehungen demokratiefördernd wirken werden, um so bessere Bedingungen entstehen gleichzeitig für den Freiheitskampf der demokratischen Kräfte in den Ostblockstaaten.[1]

Allerdings muß die Außenpolitik der westlichen Mächte, zwischenstaatlich koordiniert, nicht weniger langfristige Ziele verfolgen wie die sowjetische Außenpolitik, die die Erweiterung des hegemonialen, sowjetkommunistischen Einflusses in der Welt innerhalb der Détente nicht aufgegeben hat. Da die Demokratisierung des Systems in den Ostblockstaaten auch eine der entscheidenden Bedingungen für die Überwindung seines neoimperialen Charakters ist, sollte auch das langfristig angestrebte Ziel der westlichen Außenpolitik, dem die kurzfristigen taktischen Schritte letzten Endes untergeordnet werden müssen: *reale Demokratisierung in den Ostblockstaaten* lauten. Auch wenn mit einer solchen zielbewußten westlichen Außenpolitik eventuelle Wiederbelebungen stärkerer stalinistischer Tendenzen in der UdSSR nicht *definitiv* verhindert werden können (was im Kalkül immer enthalten sein muß), bietet sie *größere Chancen* für demokratische Liberalisierungen in den Ostblockstaaten als eine Politik des Kalten Krieges, die schließlich nur in einer Weltkatastrophe enden könnte.

Diese komplizierten Probleme internationaler Beziehungen können hier nicht tiefergehend analysiert werden. Ihre kurze Erwähnung war jedoch nötig, um ein komplexeres Verständnis der innerlich differenzierten sozialen Entwicklung und ihrer Bedingungen in den Ostblockstaaten zu erreichen. Es bleibt zu hoffen, daß diese Analyse des sowjetkommunistischen Systems auch die sozialistischen Kräfte im Westen ideell dazu veranlassen kann, sich mit dem Inhalt des Sozialismus theoretisch endlich wieder ernsthafter zu befassen.

Wenn ein so großer Teil arbeitender Menschen in kapitalistischen Ländern noch heute Angst vor sozialistischen Wandlungen haben, so ist dies *vor allem* das verheerende Resultat jener kommunistischen Parteien, die – zur Macht gelangt – statt eines sozialistischen ein staatsmonopolistisches System errichtet haben. Keine bürgerliche Propaganda könnte die Vorzüge eines sozialistischen Systems für arbeitende Menschen auf die Dauer verheimlichen oder verzerren, wenn diese tatsächlich existierten. Nicht jene Kräfte schwächen den Kampf um die sozialistische Zukunft, die dem heutigen Kommunismus den Spiegel vorhalten, sondern jene, die Angst haben, in ihn hineinzublicken. Mit Beschimpfungen und Verleumdungen werden solche Kritiken nicht aus der Welt geschafft, sondern diese werden so lange wachsen und sich zur realen politischen Kraft wandeln, solange der bürokratische Kommunismus die Menschen unterdrückt. Erst mit seiner eigenen Veränderung können auch seine kritischen theoretischen Reflexionen aufhören.

Anhang

Auszug aus dem Brief eines Ungenannten aus Prag:

»Trotz aller Kraftworte und optimistischer Äußerungen unserer führenden Funktionäre, verfällt unser Regime einer immer größeren und universaleren Angst.
Unser Regime fürchtet sich heute vor allem, buchstäblich vor allem. Es fürchtet sich vor den Lebenden, die denken können, keine Selbstkritik üben wollen und nicht Angst haben zu sprechen. Es fürchtet sich vor den Toten und ihrem Andenken. Es fürchtet die Begräbnisse und die Gräber. Es fürchtet sich vor der Jugend, ebenso wie vor den alten Kommunisten. Es fürchtet die Parteilosen, die Intellektuellen, die Arbeiterklasse. Es fürchtet sich vor der Wissenschaft, der Kunst, den Filmen, dem Theater, den Büchern, den Schallplatten.
Es hat Angst vor der freien Informationsverbreitung: es fürchtet den Fernsehsatelliten; das dritte Programm des westdeutschen Fernsehens läßt ihm keine Ruhe, es fürchtet den fremden Rundfunk, bewacht seine Grenzen vor fremder Literatur und Drucksachen strenger als vor Haschisch und Marihuana. Es hat Angst vor Reisen der eigenen Bürger ins Ausland und vor Besuchen von dorther: jeder westliche Tourist, Journalist, Geschäftsmann, Diplomat, Intellektueller oder Student ist für unser Regime ein potentieller ideologischer Feind.
Unser Regime hat Angst vor technischem Fortschritt: Druckereien, Vervielfältigungsmaschinen, Xeroxapparate,

Fernschreiber, Phototelegraphen, automatische Telephon-verbindungen mit dem Ausland, rufen bei unserem Regime Angstkrämpfe hervor, und das Innenministerium muß beständig neue Vorkehrungen und Maßnahmen ausdenken, mit welchen der Nutzen dieser Erfindungen und dieses technischen Fortschritts neutralisiert werden könnte. Es hat aber auch Angst vor völlig neutralem technischen Fortschritt, der beständige Änderungen in der Produktion und Industrie hervorruft, deren Folgen schwer vorausgesehen werden können. Wahrscheinlich hat das Regime nur vor dem Fortschritt in der Kriegstechnik und in der Unterdrük-kungstechnik (verbesserten Polizeiknüppeln, Tränengas, räumlichen Abhörgeräten, Telefonabhörgeräten, Korre-spondenzkontrolleinrichtungen, usw.) keine Angst, da es annimmt, daß dieser Fortschritt seine Stellung festigt und ihm das Gefühl größerer Sicherheit gibt. Aber nicht einmal dies ist sicher: diese Technik ist teuer und anspruchsvoll und ihre Einführung stört das so mühevoll aufrechterhaltene ökonomische Gleichgewicht.

Das Regime fürchtet die Anekdoten, die zirkulierenden Manuskripte, die Bücher der Emigrantenverlage Index oder 68 Publishers Toronto, die Journale ›Listy‹ und ›Svědectví‹, ja sogar Zeitschriften, die durch Maschinenabschriften vervielfältigt in einigen wenigen Exemplaren umlaufen.

Das Regime hat Angst vor jedweder wirklichen politischen Aktivität und auch vor den für viele Jahre verurteilten politischen Häftlingen. Es ist kein Zufall, daß das Husak-Regime es für notwendig hielt, zum fünften Jahrestag der Normalisierung eine wesentliche Verschärfung der Strafgesetze und der Strafprozeßordnung durchzuführen, die unkontrollierte Macht der Polizei zu stärken, eine Rechtsbefugnis von Militärgerichten auch über Zivilisten einzuführen, die Rechte der juristischen Verteidigung einzuschränken, die sogenannte Schutzbeaufsichtigung von entlassenen politischen Häftlingen einzuführen, die Briefzensur zu legalisieren, die Haftbedingungen politischer Häftlinge zu verschlechtern. Der Komplex dieser Maßnahmen, die am 1. 7. 1973 in Kraft traten, glich in seinen Konsequenzen der Einführung eines Ausnahmezustandes und steht in merkwürdigem Kontrast zu den Erklärungen über die eingetretene Normalisierung. Aber es ist ebenso charakteristisch für unser Regime, daß es gleichzeitig Angst hat, eine Reihe solcher Maßnahmen zu benützen, welche es sich abstimmen beziehungsweise »legalisieren« ließ.

Das Husak-Regime hat sowohl vor den sogenannten politischen Rechten als auch vor den extremen Linken Angst. In den Versammlungen des Funktionärsaktives der KPČ warnen die Vertreter des Zentralkomitees der KPČ vor der Gefahr der Rechten, die noch immer stark und gut organisiert sei, nur ihre Taktik und ihre führenden Köpfe geändert habe.

Das Husak-Regime fürchtet sich aber auch vor der eigenen Polizei – die Geschichte hat schon oft gezeigt, wie gefährlich die eigene Polizei auch für die höchsten politischen Kreise sein kann. Daher die Verlegenheit und das lange »Auf-der-Stelle-Treten« im Frühjahr 1973 vor der Ernennung des neuen Innenministers Obzina an Stelle des so rätselhaft ums Leben gekommenen (bei einer Flugzeugkatastrophe) Ministers Kaska.

Das Husak-Regime hat auch vor dem Abzug der sowjetischen Armee Angst – die Resolution und das Memorandum der Obristen des StB (Staatssicherheit), die kurz nach Beginn der Wiener Gespräche zur Beschränkung der Streitkräfte in Europa angenommen wurden, haben unser als auch das sowjetische Politbüro vor den unübersehbaren politischen Folgen eines übereilten Abzuges der sowjetischen Armeen aus der ČSSR gewarnt. (Sie werden dafür bezahlt, die Situation im Land zu kennen. Daher kann angenommen werden, daß sie wissen, worüber sie schreiben.)

Sie haben Angst vor einer Entspannung in der Welt und besonders in Europa. In geschlossenen Versammlungen und Schulungen für Funktionäre der KPČ erklären sie, daß es eigentlich nur um eine Taktik geht, daß es sich in Wirklichkeit um keine Auflockerung handle, daß unser Regime weiterhin gefestigt (lies: gestärkt!) werden müsse, da an unseren westlichen Grenzen bis an die Zähne bewaffnete Divisionen der Bundeswehr und der NATO stehen, die unsere Souveränität gefährden (?! – ist uns denn diese überhaupt geblieben?).

Das Husak-Regime hat wirklich viel Anlässe für seine Angst: seine Politik – das ist eine ununterbrochene Kette von Verbrechen, verübt an der eigenen Nation, der Ausverkauf unserer nationalen Souveränität und die Zerstörung unserer Wirtschaft. In den Jahren der Husak-Regierung ist unser Land gänzlich zur sowjetischen Kolonie geworden, die weniger politische Rechte hat als die verbliebenen kolonialen oder abhängigen Regime in Afrika oder Asien. Viele öffentliche und geheime Abkommen fesseln unser Land immer fester an die Sowjetunion. Unser Land hat heute keine eigene Außenpolitik – für jedes zwischenstaatliche Abkommen, ja sogar für jede tschechoslowakische Stellungnahme auch zu weniger bedeutenden internationalpolitischen Begebenheiten muß vorher Moskau konsultiert und dessen Einverständnis gewonnen werden. Geheime Abkommen verpflichten die tschechoslowakische Armee an der Seite der sowjetischen Armee auch im Falle eines außereuropäischen Konflikts zu kämpfen. Der tschechoslowakische Staatssicherheitsdienst ist gänzlich in Händen des

KGB – die Zahl der sowjetischen Berater in der ČSSR wird beständig vergrößert. Der Staatsapparat in unserem Land ist uneffektiv, die gewählten Organe haben keine Rechtsbefugnis und sind, ebenso wie die Wahlen dieser Organe selbst, unter völliger Kontrolle des Parteiapparates. Unsere Gesetze werden immer mehr eingeschränkt und revidiert in Richtung einer Verminderung grundlegender bürgerlicher Freiheiten und Rechte sowie der Rechtssicherheit des Bürgers – aber nicht einmal die existierenden Gesetze werden von der regierenden Garnitur respektiert. Die Probleme häufen sich auch in der wirtschaftlichen Sphäre: der Anstieg der Weltmarktpreise des Erdöls und der Rohstoffe hat den beständigen Preisanstieg in unserem Land noch mehr beschleunigt und die Inflation vergrößert. Die erzwungenen Ersparnisse der Bevölkerung übersteigen alle zulässigen Grenzen. Es entstehen Probleme in der Versorgung, das Regime ist nicht imstande, das Wohnungsproblem zu lösen (auf den Bau einer Wohnung auch in genossenschaftlicher Form in Prag müssen heute junge Leute 10–15 Jahre warten!).

Das Husak-Regime hat also wirklich alle Ursachen für seine Angst: seine Kraft beruht auf fremden Bajonetten und Tanks – und sein politisches Aktiv gehört zu den technisch, kulturell und politisch zurückgebliebensten Teilen unserer Bevölkerung.

Die wissenschaftlich-technische Revolution, die in den Kundgebungen der Funktionäre in allen Fällen dekliniert wird, und dies womöglich ebensooft wie die Treue zum Leninismus und die ewige Freundschaft mit der Sowjetunion, ruft in Wirklichkeit zusammen mit einer jeden gesellschaftlichen Bewegung nur Verdacht und Mißtrauen des Establishments hervor. Es ruft Angst hervor, denn es ist etwas, was intellektuell nicht erfaßt werden kann. Statt einer revolutionären Ordnung, aufgebaut auf einer revolutionären Philosophie, haben wir es hier mit einem der reaktionärsten und konservativsten Regime der Gegenwart zu tun.

Die Dialektik der Entwicklung ist aber unerbittlich: die Angst des Regimes und sein Bestreben, keine Änderungen zuzulassen, führen nur zu einer immer stärkeren Rückständigkeit, vergrößern seine innere Instabilität und schaffen Voraussetzungen für seinen Untergang beziehungsweise seine Umwandlung.«

(Der gesamte Brief wurde in ›*Listy*‹, Nr. 7/1975, S. 23 ff. veröffentlicht.)

Anmerkungen

Vorwort

1 Siehe O. Šik, Der dritte Weg.

I. Einleitung

1 Zu diesen theoretischen Vereinfachungen und Lücken der marxistisch-leninistischen Theorie siehe auch die spezielle Arbeit: O. Šik,
   Der dritte Weg.
2 Marx sprach zwar immer von einer kommunistischen Gesellschaft und
   ihren zwei Phasen. Die erste oder niedrigere Phase des Kommunismus
   wird seit Lenins Zeiten als die sozialistische Phase bezeichnet, und in
   diesem Sinne wird auch hier vom sozialistischen System gesprochen.
   Siehe eingehender dazu: O. Šik, Der dritte Weg, S. 384–392.

II. Entstehung und Entwicklung des sowjetischen bürokratischen Systems

1 »In Rußland überwiegt jetzt gerade der kleinbürgerliche Kapitalismus,
   von dem sowohl zum staatlichen Großkapitalismus als auch zum Sozialismus ein und derselbe Weg führt, der Weg über ein und dieselbe Zwi-
   schenstation, die ›allgemeine Rechnungsführung und Kontrolle über
   die Erzeugung und Verteilung der Produkte‹ heißt.«
   W. I. Lenin, Über ›linke Kinderei und über Kleinbürgerlichkeit‹, Werke
   27, S. 333.
2 W. I. Lenin, Entwurf des Programms der KPR(B), Werke 29, S. 99.
3 »Lenin wirkte auf mich wie ein wirklich aufrichtiger und ungezwunge-
   ner Mensch, ohne Zeichen von Egoismus. Ich bin überzeugt, daß es ihm
   nur um gesellschaftliche Interessen ging und nicht um persönliche
   Macht; ich bin überzeugt, daß er, wann immer, anderen gewichen wäre,

wenn er damit der Sache des Kommunismus hätte dienen können. Seine Entschiedenheit entsprang seinem unerschütterlichen Glauben. Ein Mensch mit einer so felsenfesten Überzeugung könnte im skepsisreichen Westen schwerlich gefunden werden.

Den Sieg des Kommunismus betrachtete er als etwas Vorausbestimmtes, wissenschaftlich Bewiesenes und so Sicheres wie eine – von Astronomen vorausgesagte – Sonnenfinsternis. [...]

Aus dieser felsenfesten Überzeugung resultierte auch Lenins unversöhnliche und ausgeprägte Weltanschauung.«

Russel, in: Leninův odkaz (Lenins Vermächtnis), S. 172.

4 Je deutlicher heute die Unterschätzung und Vereinfachung der ganzen Demokratie-Problematik durch Lenin wird, desto eindringlicher tritt die Gefährlichkeit von Lenins Art und Weise, alle sozialistischen Opponenten in dieser Frage als Klassenfeinde und dergleichen (razgromit) zu erledigen, hervor. Man denke etwa an die Art seiner Polemik gegen Kautsky.

5 W. Harich, Zur Kritik der revolutionären Ungeduld, S. 13 ff.

6 »Die KPR wird bestrebt sein, so schnell wie möglich radikalste Maßnahmen zu ergreifen, die die Abschaffung des Geldes vorbereiten, in erster Linie seine Ersetzung durch Sparbücher, Schecks, kurzfristige Berechtigungsscheine für gesellschaftliche Produkte und anderes mehr.«

W. I. Lenin, Entwurf des Programms der KPR(B), Werke 29, S. 100.

7 »Sofortige Inangriffnahme der vollständigen Durchführung der allgemeinen Arbeitsdienstpflicht, bei möglichst vorsichtiger und allmählicher Ausdehnung der Arbeitsdienstpflicht auf die Kleinbauernschaft, die von ihrer Wirtschaft lebt und keine Lohnarbeit anwendet.«

W. I. Lenin, Außerordentlicher VII. Parteitag der KPR(B), Werke 27, S. 143.

8 »Gegen den Bürokratismus werden wir noch lange Jahre zu kämpfen haben, und wer anders darüber denkt, der treibt Scharlatanerie und Demagogie, denn um den Bürokratismus niederzuringen, braucht man Hunderte von Maßnahmen, braucht man allgemeine Bildung, allgemeine Kultur, allgemeine Teilnahme an der Arbeiter- und Bauerninspektion.«

W. I. Lenin, II. Gesamtrussischer Verbandstag der Bergarbeiter, Werke 32, S. 54.

9 »Wir rechneten darauf – vielleicht wäre es richtiger zu sagen: Wir nahmen an, ohne genügend zu rechnen –, daß wir durch unmittelbare Befehle des proletarischen Staates die staatliche Produktion und die staat-

liche Verteilung der Güter in einem kleinbäuerlichen Land kommunistisch regeln könnten. Das Leben hat unseren Fehler gezeigt.«
W. I. Lenin, Zum vierten Jahrestag der Oktoberrevolution, Werke 33, S. 38.

10 »Der Warenaustausch war ein Fehlschlag, der Privatmarkt hat sich als stärker erwiesen als wir, und statt des Warenaustausches ist gewöhnlicher Kauf und Verkauf, ist Handel zustande gekommen.«
»Jetzt befinden wir uns in einer Lage, wo wir noch ein wenig weiter zurückgehen müssen, nicht nur zum Staatskapitalismus, sondern auch zur staatlichen Regelung des Handels und des Geldumlaufs. Nur auf diesem Wege, einem noch langwierigeren Wege, als wir angenommen hatten, könnten wir das Wirtschaftsleben wiederherstellen.«
W. I. Lenin, VII. Moskauer Gouvernements-Parteikonferenz, Werke 33, S. 77.

11 »Nicht auf Grund des Enthusiasmus unmittelbar, sondern mit Hilfe des aus der großen Revolution geborenen Enthusiasmus, auf Grund des persönlichen Interesses, der persönlichen Interessiertheit, der wirtschaftlichen Rechnungsführung bemüht euch, zuerst feste Stege zu bauen, die in einem kleinbäuerlichen Land über den Staatskapitalismus zum Sozialismus führen; sonst werdet ihr nicht zum Kommunismus gelangen, sonst werdet ihr die Millionen und aber Millionen Menschen nicht zum Kommunismus führen.«
W. I. Lenin, Zum vierten Jahrestag der Oktoberrevolution, Werke 33, S. 38.

12 »Bis die ›höhere‹ Phase des Kommunismus eingetreten sein wird, fordern die Sozialisten die strengste Kontrolle seitens der Gesellschaft und seitens des Staats über das Maß der Arbeit und das Maß der Konsumtion, aber diese Kontrolle muß mit der Expropriation der Kapitalisten beginnen, mit der Kontrolle der Arbeiter über die Kapitalisten, und darf nicht von einem Beamtenstaat durchgeführt werden, sondern von dem Staat der bewaffneten Arbeiter.«
W. I. Lenin, Staat und Revolution, Werke 25, S. 484.

13 »Selbstverständlich mußte sich der in den Sowjetinstitutionen wiedererstandene Bürokratismus auch in den Parteiorganisationen zersetzend auswirken, denn die Spitzen der Partei sind die Spitzen des Sowjetapparats. Das ist ein und dasselbe.«
W. I. Lenin, Unsere außen- und innenpolitische Lage und die Aufgaben der Partei, Werke 31, S. 416 f.
»Nebenbei bemerkt, Bürokraten gibt es bei uns nicht in den Sowjet-, sondern auch in den Parteiinstitutionen.«

W. I. Lenin, Lieber weniger, aber besser, Werke 33, S. 482.

14 »Greift man zu den Resolutionen der Verfechter des Kollegialitätsprinzips, so findet man darin die sehr abstrakte Formulierung, daß jedes Mitglied eines Kollegiums die persönliche Verantwortung für die Durchführung der Aufgaben tragen muß. Das ist eine Binsenwahrheit für uns. Aber jeder von uns, der über praktische Erfahrungen verfügt, weiß, daß das in 100 Fällen einmal wirklich durchgeführt wird. In den allermeisten Fällen bleibt dieser Grundsatz nur auf dem Papier. Kein Mitglied eines Kollegiums erhält bestimmte Aufgaben, und für die Durchführung ist niemand persönlich verantwortlich. Bei uns gibt es überhaupt keine Kontrolle der Arbeit.«
W. I. Lenin, Rede auf dem III. Gesamtrussischen Kongreß der Volkswirtschaftsräte, Werke 30, S. 300.

15 »Bürokratismus, Formalismus, Mangel an Verantwortlichkeitsgefühl, Produktionsprogramme, die von oben herab diktiert werden und in keiner Weise der Maschinerie und der technischen Leistungsfähigkeit der Betriebe Rechnung tragen. Die produktionspolitischen, technischen und finanziellen Voranschläge und Pläne passieren Dutzende von Ämtern und werden erst am Ende des jeweiligen Geschäftsabschnittes bestätigt. Revisionen jagen einander, und eine jede dauert drei bis fünf Monate. In der Praxis aber völliges Fehlen jeder Kontrolle, unerhörte Unterschlagungen, Mißbräuche, Defraudationen. Ein riesiges Personal an Büroangestellten, Buchhaltern und Statistikern, Zehntausende Kilogramm Berichts- und Rundschreiben, Makulatur – und in der Trustleitung fehlen die elementarsten Angaben über die Arbeit des Einzelbetriebes – der Oberste Volkswirtschaftsrat weiß nichts von der Arbeit des Trustes.«
A. Jugow, Die Volkswirtschaft der Sowjetunion und ihre Probleme, S. 70.

16 Auch 1926 kritisierte Dzerzinsky, der damalige Vorsitzende des höchsten volkswirtschaftlichen Rates, die bürokratische Verwaltung der Industrie folgendermaßen:
»Unsere industrielle Wirtschaft führen wir in erschrecklichem Maße unwirtschaftlich [...]. Wenn Sie sich unseren ganzen Apparat ansehen, wenn Sie sich unser Verwaltungssystem ansehen, wenn Sie auf unseren unglaublichen Bürokratismus schauen, auf unsere unglaubliche Inanspruchnahme durch alle Koordinierungen [der verschiedenen Wirtschaftszweige und Wirtschaftsorgane miteinander, der Verfasser] blikken, so wird Sie bei allem das Entsetzen packen.«
›Prawda‹, 1. 1. 1926, zitiert aus: A. Jugow, a.a.O., S. 69.

17 Die Thesen, die von Funktionären der Gewerkschaften (Kommunisten) gegen den Standpunkt der Parteiführung im März 1920 ausgearbeitet wurden, enthalten diese Forderung:

»§ 7. Das Hauptprinzip bei Aufbau der Organe zur Regulierung und
Leitung der Industrie, das allein, mit Hilfe der Gewerkschaften, die
Teilnahme der breiten Massen parteiloser Arbeiter garantiert, ist das
jetzt bestehende Prinzip der kollegialen Leitung der Industrie, angefan-
gen vom Präsidium des Obersten Volkswirtschaftsrats bis hinunter zur
Werkleitung. Nur in besonderen Fällen, nach gegenseitiger Vereinba-
rung zwischen den Präsidien des Obersten Volkswirtschaftsrats und des
Gesamtrussischen Zentralrats der Gewerkschaften oder der ZK der
entsprechenden Gewerkschaften darf das Prinzip der Einzelleitung in
einzelnen Betrieben Anwendung finden unter der unerläßlichen Voraussetzung, daß die Gewerkschaften und ihre Organe über die unter
persönlicher Verantwortung arbeitenden Verwaltungsfunktionäre die
Kontrolle ausüben.«

W. I. Lenin, IX. Parteitag der KPR(B), Werke 30, S. 456.

18 W. I. Lenin, Außerordentlicher Siebenter Parteitag der KPR(B), Werke
27, S. 142.

19 »Indem die Gewerkschaften auf solche Weise eine unlösbare Verbindung zwischen der zentralen Staatsverwaltung, der Volkswirtschaft und
den breiten Massen der Werktätigen gewährleisten, müssen sie die letzteren in weitestem Ausmaß in die unmittelbare Arbeit der Wirtschaftsführung einbeziehen. Die Teilnahme der Gewerkschaften an der
Wirtschaftsführung, und die Heranziehung der breiten Massen zu dieser Arbeit durch sie, ist zugleich das Hauptmittel des Kampfes gegen
die Bürokratisierung des Wirtschaftsapparates der Sowjetmacht und
gibt die Möglichkeit, eine wirkliche Volkskontrolle über die Ergebnisse
der Produktion zu schaffen.«

W. I. Lenin, II. Gesamtrussischer Verbandstag der Bergarbeiter,
Werke 32, S. 52.

20 Siehe dazu eingehender O. Anweiler, in: F. Kool/E. Oberländer (Hrsg.), Arbeiterdemokratie oder Parteidiktatur, Bd. I,
S. 61−68.

21 »Die Leitung der gesamten Volkswirtschaft der RSFSR muß dem Sowjetsystem entsprechend auf den Prinzipien des Arbeiterzentralismus,
der Wählbarkeit und Verantwortlichkeit aller mit der Leitung und Organisierung der Volkswirtschaft betrauten Organe, von den untersten
bis zu den höchsten, gegenüber den organisierten Produzenten und allen Werktätigen beruhen. [...]

Diese Konzentration der Leitung der einheitlichen Wirtschaft der Republik wird durch die Einführung einer organisatorischen Ordnung erreicht, bei der alle leitenden Organe der Volkswirtschaft sowohl im Zentrum als auch in der Provinz von den Vertretern der organisierten Produzenten gewählt werden. Auf diese Weise wird die für die Organisierung der Volkswirtschaft notwendige Willenseinheit herbeigeführt, aber auch den breiten Arbeitermassen die reale Möglichkeit gegeben, mit eigenen Initiativen auf die Organisation und Entwicklung unserer Wirtschaft Einfluß zu nehmen.«
Schlapnikow, Die Organisation der Volkswirtschaft und die Aufgaben der Gewerkschaften, in: a.a.O., S. 165 f.

22 »Wer jedoch das praktische Leben beobachtet und Lebenserfahrung hat, weiß, daß man, um verwalten zu können, Sachkenntnis besitzen und alle Bedingungen der Produktion genau und gründlich kennen muß, daß man mit der modernsten Technik des betreffenden Produktionszweigs vertraut sein und über eine bestimmte wissenschaftliche Ausbildung verfügen muß. Das sind die Voraussetzungen, denen wir um jeden Preis genügen müssen. Wenn wir dann allgemein gehaltene Resolutionen abfassen, in denen wir mit gewichtiger Kennermiene von Kollegialitätsprinzip und Einzelleitung in der Verwaltung reden, so kommen wir allmählich zu der Überzeugung, daß wir auf dem Gebiet der Verwaltung so gut wie nichts verstehen, aber auf Grund unserer Erfahrungen anfangen, manches zu lernen, jeden Schritt abzuwägen, jeden mehr oder weniger befähigten Verwaltungsfunktionär zu verantwortlicher Arbeit aufrücken zu lassen.«
W. I. Lenin, Rede auf dem III. Gesamtrussischen Verbandstag der Schiffahrtsarbeiter, Werke 30, S. 420.

23 In der Polemik gegen die Gewerkschaftler wiederholte Lenin Argumente aus einer früher veröffentlichten Broschüre (s. u.): »[...] daß jede maschinelle Großindustrie – d. h. gerade die materielle, die produktive Quelle und das Fundament des Sozialismus – unbedingte und strengste Einheit des Willens erfordert, der die gemeinsame Arbeit von Hunderten, Tausenden und Zehntausenden Menschen leitet. Sowohl technisch als auch ökonomisch und historisch leuchtet diese Notwendigkeit ein und ist von allen, die über den Sozialismus nachgedacht haben, stets als seine Voraussetzung anerkannt worden. Wie aber kann die strengste Einheit des Willens gesichert werden? Durch die Unterordnung des Willens von Tausenden unter den Willen eines einzelnen.«
W. I. Lenin, Die nächsten Aufgaben der Sowjetmacht, Werke 27, S. 259.

24 »[…] man muß gegen die ideologische Zerfahrenheit und gegen jene ungesunden Elemente der Opposition kämpfen, die sich bis zum Verzicht auf jegliche ›Militarisierung der Wirtschaft‹, bis zum Verzicht nicht nur auf die ›Methode der Ernennung von oben‹ versteigen, wie sie bis jetzt vorwiegend praktiziert worden ist, sondern auch bis zum Verzicht auf jegliche ›Ernennung‹ überhaupt, das heißt letzten Endes auf die führende Rolle der Partei gegenüber der Masse der Parteilosen. Man muß gegen die syndikalistische Abweichung kämpfen, die die Partei zugrunde richten wird, wenn man sich nicht endgültig von ihr auskuriert.«

W. I. Lenin, Die Krise der Partei, Werke 32, S. 37 f.

»Bürokratismus oder Eigeninitiative der Massen? Das ist der zweite Punkt, in dem die Parteispitzen und die Arbeiteropposition verschiedener Meinung sind. Die Frage des Bürokratismus wurde auf dem VIII. Sowjetkongreß (Dez. 1920) aufgeworfen, aber nur in äußerst oberflächlicher Weise erörtert. Hier wie auch in der Frage der Rolle und der Aufgaben der Gewerkschaften wird die Diskussion in einer falschen Richtung geführt. Der Streit geht auch in diesem Punkte tiefer, als es den Anschein hat. Sein Kern besteht in folgendem: Welches System der Leitung des Arbeiterstaates gewährleistet der schöpferischen Tätigkeit der Klasse in dem Augenblick, da die wirtschaftliche Basis des Kommunismus geschaffen wird, größeren Spielraum – das System der bürokratischen Staatsorgane oder das System der breiten, praktischen Eigeninitiative der Arbeitermassen? Die Frage nach dem System der Leitung ist der Streit um zwei einander ausschließende Prinzipien: Bürokratismus oder Eigeninitiative.«

A. Kollontaj, Über Bürokratismus und die Eigeninitiative der Massen, in: F. Kool/E. Oberländer (Hrsg.), Arbeiterdemokratie oder Parteidiktatur, Bd. I, S. 225 f.

25 »Man muß der Masse der Werktätigen auf jede Weise helfen, ihr näherkommen, aus ihrer Mitte Hunderte und Tausende parteiloser Mitarbeiter auf wirtschaftliche Posten stellen. Die ›Parteilosen‹ dagegen, die in Wirklichkeit nichts anderes sind als in das Modegewand Kronstädter Parteilosigkeit verkleidete Menschewiki oder Sozialrevolutionäre, muß man vorsorglich im Gefängnis halten oder nach Berlin zu Martow schicken, damit sie alle Herrlichkeiten der reinen Demokratie frei genießen und mit Tschernow, Miljukow und den georgischen Menschewiki ihre Gedanken frei austauschen können.«

W. I. Lenin, Über die Naturalsteuer, Werke 32, S. 380.

26 »Um zu regieren, braucht man eine Armee von gestählten Revolutio-

nären, von Kommunisten. Diese Armee gibt es, ihr Name ist Partei. Der ganze syndikalistische Humbug, die obligatorischen Kandidaturen der Produzenten – das alles verdient, in den Papierkorb geworfen zu werden.«

W. I. Lenin, II. Gesamtrussischer Verbandstag der Bergarbeiter, a.a.O., S. 48 f.

27 »Die Zerrüttung kann nur überwunden, die Produktivkräfte unseres Landes können nur wiederhergestellt und gesteigert werden, wenn das zur Zeit bestehende System, wenn die praktischen Methoden der Organisierung und Verwaltung der Volkswirtschaft der Republik grundlegend geändert werden. Das System und die Methoden des Aufbaus, die sich auf eine schwerfällige bürokratische Maschinerie stützen, schließen jegliche schöpferische Initiative, jedes selbständige Handeln der in den Gewerkschaften organisierten Produzenten aus. Dieses System einer Wirtschaftspolitik, die auf bürokratische Weise, über die Köpfe der organisierten Produzenten hinweg, durch ernannte Beamte und zweifelhafte Spezialisten durchgeführt wird, hat zu einer Zweigleisigkeit in der Leitung der Wirtschaft geführt und ruft ständig Konflikte zwischen den Werkkomitees und den Betriebsleitungen, zwischen den Gewerkschaften und den Wirtschaftsorganen hervor. Alle durch dieses System geschaffenen Bedingungen lassen es kaum zu, daß sich bei den breiten Arbeitermassen Begeisterung für die Produktionsarbeit einstellt, und verhindern, daß sie zur aktiven und systematischen Mitarbeit bei der Überwindung der wirtschaftlichen Zerrüttung herangezogen werden. Ein solches System muß entschieden abgelehnt werden.«

Thesen der Arbeiteropposition zum X. Parteitag, in: F. Kool/E. Oberländer (Hrsg.), Arbeiterdemokratie oder Parteidiktatur, Bd. I, S. 173.

28 »/3/ /4/ Engerer Kontakt des gesamten Apparats der Staatsmacht und der Staatsverwaltung mit den Massen als bei den früheren Formen des Demokratismus.

/5/ Schaffung einer bewaffneten Macht der Arbeiter und Bauern, die vom Volke am wenigsten isoliert ist (Sowjets = bewaffnete Arbeiter und Bauern). Organisiertheit der allgemeinen Volksbewaffnung als einer der ersten Schritte zur vollständigen Verwirklichung der Bewaffnung des gesamten Volkes.

/6/ Ein vollkommener Demokratismus infolge des weniger formalen Charakters, der größeren Leichtigkeit der Wahl und der Abberufung.

/7/ Enger (und unmittelbarer) Kontakt mit den Berufen und ökonomischen Produktionseinheiten (Wahl nach Betrieben, nach lokalen bäuerlichen und kustargewerblichen Kreisen). Dieser enge Kontakt bietet die

Möglichkeit, tiefgreifende sozialistische Umgestaltungen durchzuführen.

/8/ (Ist teilweise, wenn nicht vollständig, im Vorhergehenden enthalten) – die Möglichkeit, die Bürokratie zu beseitigen, ohne sie auszukommen, Beginn der Realisierung dieser Möglichkeit.«

W. I. Lenin, Außerordentlicher Siebenter Parteitag der KPR(B), Werke 27, S. 141.

29 So vereinfacht wurden zum Beispiel schon 1921, also noch zu Lebzeiten Lenins, die Bewegung und der Aufstand der Arbeiter und Matrosen in Kronstadt charakterisiert. Sogar das bolschewistische Blatt ›Novij Put‹ in Riga mußte am 19. 3. 1921 gestehen:

»Die Matrosen von Kronstadt sind in ihrer Allgemeinheit Anarchisten. Sie marschieren nicht rechts, sondern links von den Kommunisten. In ihren letzten Radiogrammen verkünden sie: ›Es lebe die Sowjetmacht!‹ Nicht ein einziges Mal erklärten sie: ›Es lebe die Nationalversammlung!‹ Warum empörten sie sich gegen die Sowjetregierung? Weil ihnen diese nicht sowjetisch genug ist. Sie schrieben dieselben halb-anarchistischen, halb-kommunistischen Losungen auf ihre Fahne, welche die Bolschewiki selbst vor dreieinhalb Jahren, am Tage nach der Oktoberrevolution, verkündet hatten. In ihrem Kampf gegen die Sowjetregierung taten die Insurgenten von Kronstadt verschiedentlich ihren tiefen Haß gegen die ›Bourgeois‹ und alles, was bourgeois ist, kund. Sie erklärten, daß die Sowjetregierung sich verbürgerlicht hätte, daß Sinowjew ›angemästet‹ sei. Wir haben es hier mit einem Aufstand von links und nicht mit einer Erhebung von rechts zu tun.«

Zit. nach: R. Rocker/E. Goldmann, Der Bolschewismus: Verstaatlichung der Revolution, S. 99.

Obwohl also die Kronstädter die kommunistischen Funktionäre nicht aus antisozialistischen Positionen kritisierten, genügte ihre antikommunistische Kritik, sie als Konterrevolutionäre zu bezeichnen und sie brutal und blutig zu unterdrücken.

30 »Entgegen späteren bolschewistischen Behauptungen muß aber festgestellt werden, daß die ohnehin schwachen nichtbolschewistischen Parteigruppen an keinen gewaltsamen Aufstand dachten, den sie für aussichtslos hielten. Die Menschewiki waren zum Beispiel nicht der Auffassung, daß Petrograd am Vorabend eines neuen ›Februar‹ wie seinerzeit im Jahre 1917, stehe. Sie wollten vielmehr durch eine systematische Agitation eine Lockerung der Parteidiktatur und einen allmählichen Übergang zu einer Demokratisierung herbeiführen. Freie Wahlen in die Sowjets als erster Schritt zur Ablösung der Diktatur durch die Herr-

schaft der Demokratie – das war die politische Tageslosung, schrieb der menschewistische Führer Dan, der in den Februartagen bis zu seiner Verhaftung in Petrograd tätig war.«

F. Kool/E. Oberländer (Hrsg.), Arbeiterdemokratie oder Parteidiktatur, Bd. I, S. 69 f.

31 »Hunderte von aufständischen Arbeitern und Matrosen in Kronstadt, der kommunistischen Hochburg, wurden hingemordet, obzwar sie in ihrer Mehrheit ergebene Stützen der sozialistischen Revolution waren, nur weil sie freie Wahlen in die Sowjets, ohne das Diktat der kommunistischen Partei forderten.

Kurz vor ihrer Liquidierung erließen die Aufständischen ihren *Anruf an die Proletarier der ganzen Welt*, in welchem unter anderem gesagt wird: ›Seit zwölf Tagen hat eine Handvoll wahrhafter Helden – Arbeiter, Matrosen und Soldaten der Roten Armee – abgeschlossen von der ganzen Welt, alle Angriff der kommunistischen Henker zu erdulden. Wir stehen fest zu der Sache, die wir zur unseren gemacht haben – das Volk zu befreien von dem Joch, das ihm durch den Fanatismus einer Partei auferlegt wurde, und wir sterben mit dem Rufe: Es leben die freierwählten Sowjets! Möge das Proletariat der ganzen Welt es wissen! Kameraden! Wir benötigen eure moralische Hilfe. – Protestiert gegen die Gewalttaten der kommunistischen Autokraten.‹«

Zit. nach: R. Rocker/E. Goldmann, Der Bolschewismus, S. 102.

32 »Und so verwandelt sich diese kleinbürgerliche Kraft in ein anarchistisches Element, das seine Forderungen in Unruhen zum Ausdruck bringt. [...]

Heute gibt es kein Land in Europa, in dem es nicht weißgardistische Elemente gäbe. Die russischen Emigranten zählen an die siebenhunderttausend. Das sind geflüchtete Kapitalisten und jene Masse der Angestellten, die sich der Sowjetmacht nicht anpassen konnte. Diese dritte Kraft sehen wir nicht, sie ist ins Ausland gegangen, aber sie lebt und wirkt im Bunde mit den Kapitalisten der ganzen Welt, von denen sie ebenso unterstützt wird durch Finanzierung und unterstützt wird auf andere Art und Weise, weil die Kapitalisten ihre internationale Verbindung haben.«

W. I. Lenin, Rede auf dem Verbandstag der Eisenbahn- und Schiffahrtsarbeiter, Werke 32, S. 286.

33 »Der Staat ist das Gebiet des Zwangs. Es wäre Wahnwitz, wollte man auf den Zwang verzichten, besonders in der Epoche der Diktatur des Proletariats. ›Administrieren‹ und administratives Herangehen an die Dinge sind hier unerläßlich. Die Partei ist die unmittelbar regierende

Vorhut des Proletariats, sie ist der Führer.

Solange wir, das ZK der Partei und die ganze Partei, administrieren, das heißt den Staat leiten, werden und können wir niemals auf ein ›Durchrütteln‹, das heißt auf Absetzungen, Versetzungen, Ernennungen, Entlassungen und so weiter verzichten.«

W. I. Lenin, Noch einmal über die Gewerkschaften, a.a.O., S. 89 f.

34 R. Luxemburg, Politische Schriften, Bd. III, S. 134.

35 »Gen. Stalin hat, nachdem er Generalsekretär geworden ist, eine unermeßliche Macht in seinen Händen konzentriert, und ich bin nicht überzeugt, daß er es immer verstehen wird, von dieser Macht vorsichtig genug Gebrauch zu machen.

[…] Stalin ist zu grob, und dieser Mangel, der in unserer Mitte und im Verkehr zwischen uns Kommunisten durchaus erträglich ist, kann in der Funktion des Generalsekretärs nicht geduldet werden. Deshalb schlage ich den Genossen vor, sich zu überlegen, wie man Stalin ablösen könnte, und jemand anderen an diese Stelle zu setzen, der sich in jeder Hinsicht vom Gen. Stalin nur durch *einen* Vorzug unterscheidet, nämlich dadurch, daß er toleranter, loyaler, höflicher und den Genossen gegenüber aufmerksamer, weniger launenhaft usw. ist.«

W. I. Lenin, Brief an den Parteitag, Werke 36, S. 579, S. 580.

36 In die Kompetenz des Generalsekretärs der Partei gehörte zunächst die sogenannte Organisationsarbeit innerhalb der Partei, die Kontrolle der Tätigkeit des Parteiapparats, die Vorbereitung von Materialien für die Partei-Zentralorgane und daher auch die Verantwortung für die gesamte Kaderpolitik (Personalpolitik), das heißt also Evidenz und Verteilung von Kadern und Besetzung von allen Funktionen im Parteiapparat. Später kam sogar noch die Kaderpolitik in allen wichtigen Organen der staatlichen Leitung und Verwaltung hinzu. Dadurch hatte Stalin eine riesige Macht in seinen Händen konzentriert, vor welcher sogar Lenin ausdrücklich warnte.

37 »Im Lande hatte man kaum von ihm [von Stalin] sprechen hören. Die nichtsowjetische Welt hatte überhaupt keine Ahnung von seiner Existenz. Aber in weniger als zwei Jahren war seine Gewalt über den Parteiapparat derart stark geworden, daß Lenin – für derart gefährlich hielt er Stalins Einfluß – die ›kameradschaftlichen Beziehungen‹ zu ihm abbrach. Zwei weitere Jahre vergingen und Trotzki, der Ranghöhe nach in der Führung der Oktoberrevolution und der Sowjetregierung gleich der Zweite nach Lenin, war von Stalins Apparat in eine prekäre politische Stellung gedrängt worden.«

L. Trotzki, Stalin, S. 450.

38 Ein sehr gut informierter Kenner der russischen Szenerie ist Alec Nove.
   In seinem Buch »*An Economic History of the USSR*« bringt er eine de-
   taillierte Übersicht nicht nur der wirtschaftlichen Entwicklung, sondern
   auch aller wesentlichen Diskussionen, welche in der Sowjetunion nach
   der Revolution geführt wurden. Doch zeigt er gerade bei seinem Bemühen, den Verlauf so objektiv wie möglich darzustellen, nicht genügend, warum bestimmte Ansichten akzeptiert und andere abgelehnt
   wurden. Er versucht diese oder jene Idee mit der – seinerzeit gegebenen – objektiven Situation zu konfrontieren und von den heute ersicht-
   lichen Resultaten aus zu bewerten. Dabei läßt er außer acht, daß das
   jeweilige Interesse des bürokratischen Apparats immer ein entscheidender Faktor war, ohne dessen Beachtung die konkrete Geschichts-
   entwicklung, ihre Ursachen und wesentlichen Zusammenhänge nicht
   verstanden werden können.

39 Immer, auch später, sowohl in der Sowjetunion als auch anderen »sozialistischen« Ländern, ist der Mann als eigentlicher Herrscher aus einer sogenannten Kollektivführung hervorgegangen, der den Parteiapparat und über diesen die Kaderpolitik in Händen hatte. So war es bei
   Chruschtschow, Breschnew, Novotný, Ulbricht und anderen.

40 »Vor allem fielen die Trotzkisten über den Parteiapparat her. Sie hatten
   begriffen, daß die Partei ohne einen starken Parteiapparat nicht leben
   und arbeiten kann. Die Opposition versuchte diesen Apparat zu er-
   schüttern, ihn zu zerstören, die Parteimitglieder dem Parteiapparat und
   die Jugend den alten Parteikadern gegenüberzustellen.«
   Geschichte der Kommunistischen Partei der Sowjetunion, S. 322.

41 »Gerade in der Zeitspanne zwischen dem 9. Januar und dem Oktober-
   streik 1905 haben sich bei dem Verfasser die Ansichten über den Charakter der revolutionären Entwicklung Rußlands herausgebildet, die
   die Bezeichnung Theorie der ›permanenten Revolution‹ erhielten.
   Diese befremdliche Bezeichnung brachte den Gedanken zum Ausdruck, daß die russische Revolution wohl unmittelbar vor bürgerlichen
   Zielen steht, jedoch bei ihnen nicht wird stehenbleiben können. Die
   Revolution wird ihre nächsten bürgerlichen Aufgaben nicht anders lösen können als dadurch, daß sie das Proletariat an die Macht bringt.
   Dieses aber wird, nachdem es die Macht erobert hat, sich nicht auf den
   bürgerlichen Rahmen der Revolution beschränken können. Im Gegenteil, gerade zur Sicherung ihres Siegs wird die proletarische Avantgarde
   schon in der ersten Zeit ihrer Herrschaft tiefstgehende Eingriffe nicht
   nur in das feudale, sondern auch in das bürgerliche Eigentum vorneh-
   men müssen. Hierbei wird sie in feindliche Zusammenstöße nicht nur

mit allen Gruppierungen der Bourgeoisie geraten, die sie am Anfang ihres revolutionären Kampfs unterstützt haben, sondern auch mit den breiten Massen der Bauernschaft, mit deren Beihilfe sie zur Macht gekommen ist. Die Widersprüche in der Stellung der Arbeiterregierung in einem rückständigen Lande mit einer erdrückenden Mehrheit bäuerlicher Bevölkerung werden nur im internationalen Maßstabe, in der Arena der Weltrevolution des Proletariats, ihre Lösung finden können.«

L. Trotzki, zit. nach: J. W. Stalin, Fragen des Leninismus, S. 107 f.

42 »In letzter Instanz kann die Arbeiterklasse ihre führende Stellung nicht mittels des Staatsapparats, der Armee erhalten, sondern über die Industrie, in welcher sich das Proletariat bildet [...] Nur die Entwicklung der Industrie stellt die unerschütterliche Basis für die Diktatur des Proletariats bereit.«

L. Trotzki, Thesen über die Industrie, 1923, zit. nach: A documentary History of Communism, S. 234, 237. (Übersetzung O. Š.)

43 »Solange es in anderen Ländern keine Revolution gibt, werden wir Jahrzehnte brauchen, um uns herauszuwinden, und da ist es um Hunderte Millionen, ja sogar Milliarden nicht schade, die wir aus unseren unermeßlichen Reichtümern, aus unseren reichen Rohstoffquellen hergeben, nur um die Hilfe des fortgeschrittenen Großkapitalismus zu erhalten. Wir werden sie später mit Zinseszinsen zurückholen. Es ist aber unmöglich, in einem unglaublich ruinierten Land, in dem eine ebenfalls ruinierte Bauernschaft die riesige Mehrheit bildet, die proletarische Macht ohne die Hilfe des Kapitals zu behaupten, das dafür natürlich Hunderte Prozent Zinsen herausschinden wird.«

W. I. Lenin, X. Parteitag der KPR(B), Werke 32, S. 227.

44 »Die eigenmächtige Leitung durch bürokratische Institutionen muß durch ökonomisches Manövrieren ersetzt werden. Aber die Industrie, welche mehr verbraucht als sie gibt, das heißt die Industrie, welche aus dem Staatsbudget lebt, das heißt aus der Landwirtschaft, kann keine feste und dauernde Basis für die proletarische Diktatur bilden. Von dem Mehrwert, welcher innerhalb der staatlichen Industrie gebildet wird, ist das Schicksal der Sowjetmacht, das heißt das Schicksal des Proletariats abhängig.«

L. Trotzki, Thesen über die Industrie, zit. nach: a.a.O.

45 »Die ›permanente Revolution‹ Trotzkis ist die Verneinung der Leninschen Theorie der proletarischen Revolution und umgekehrt – die Leninsche Theorie der proletarischen Revolution ist die Verneinung der Theorie der ›permanenten Revolution‹.

Der Unglaube an die Kräfte und Fähigkeiten des russischen Proletariats – das ist die Grundlage der Theorie der ›permanenten Revolution‹.

Bisher wurde gewöhnlich eine Seite der Theorie der ›permanenten Revolution‹ betont – der Unglaube an die revolutionären Möglichkeiten der Bauernbewegung. Jetzt muß, der Gerechtigkeit halber, diese Seite durch eine andere Seite ergänzt werden – durch den Unglauben an die Kräfte und Fähigkeiten des Proletariats Rußlands.

Wodurch unterscheidet sich die Theorie Trotzkis von der gewöhnlichen Theorie des Menschewismus, daß der Sieg des Sozialismus in einem, und noch dazu in einem rückständigen Lande, ohne den vorausgehenden Sieg der proletarischen Revolution ›in den ausschlaggebenden Ländern Westeuropas‹ unmöglich ist? Im Grunde genommen durch gar nichts. Zweifel sind da unmöglich.

Trotzkis Theorie der ›permanenten Revolution‹ ist eine Abart des Menschewismus.«

J. W. Stalin, Die Oktoberrevolution und die Taktik der russischen Kommunisten, in: Fragen des Leninismus, S. 116.

46 »Aber das Proletariat braucht die Partei nicht nur zur Eroberung der Diktatur, es braucht sie noch notwendiger, um die Diktatur zu behaupten und sie im Interesse des vollständigen Sieges des Sozialismus zu festigen und auszubauen.«

J. W. Stalin, Über die Grundlagen des Leninismus, in: a.a.O., S. 94.

47 »Die russische Bourgeoisie tritt dem Proletariat alle revolutionären Positionen ab. Sie wird ihm auch die revolutionäre Hegemonie über die Bauernschaft überlassen müssen. Das Proletariat an der Macht wird der Bauernschaft gegenüber als befreiende Klasse auftreten.«

L. Trotzki, Stalin, S. 555.

48 Siehe besonders: E. A. Preobrazhenski, Ekonomitscheskije krizisy pri NEPe, Moskau 1924; Novaja ekonomika, Moskau 1926; Problema chozjajstvennogo ravnovesije pri konkretnom kapitalizme i v sovjetskoj sisteme, Moskau 1926; usw.

49 Siehe E. A. Preobrazhenski, The new Economics, S. 160. (Übersetzung O. Š.)

50 »Nichts anderes, als daß Sinowjew unter dem endgültigen Sieg des Sozialismus in einem Lande nicht die Garantie gegen Intervention und Restauration versteht, sondern die Möglichkeit der Errichtung der sozialistischen Gesellschaft. Unter dem Sieg des Sozialismus in einem Lande aber versteht Sinowjew einen Aufbau des Sozialismus, der nicht zur Errichtung des Sozialismus führen kann und führen soll. Ein Auf-

bau aufs Geratewohl, ohne Perspektive, ein Aufbau des Sozialismus, bei dem man nicht die Möglichkeit hat, die sozialistische Gesellschaft zu errichten – das ist die Position Sinowjews.«

J. W. Stalin, Zu den Fragen des Leninismus, in: a.a.O., S. 174.

51 Siehe Geschichte der Kommunistischen Partei der Sowjetunion, S. 334 f.

52 »Gegen die Generallinie der Partei traten die Sinowjewleute auf. Dem Stalinschen Plan der sozialistischen Industrialisierung stellte der Sinowjewmann Sokolnikow einen bürgerlichen Plan entgegen, der unter den Haifischen des Imperialismus im Schwange war [...]

[...] Diesen Plan annehmen hätte geheißen, unser Land in ein hilfloses agrarisches Anhängsel der kapitalistischen Welt zu verwandeln, es gegenüber der kapitalistischen Umwelt zu Wehrlosigkeit und Ohnmacht zu verurteilen, und, am Ende, die Sache des Sozialismus in der Sowjetunion zu begraben.

Der Parteitag brandmarkte den wirtschaftlichen ›Plan‹ der Sinowjewleute als einen Plan der Versklavung der Sowjetunion [...]

[...] Genosse Stalin entlarvte das trotzkistisch-menschewistische Wesen der ›neuen Opposition‹. Er zeigte, daß Sinowjew und Kamenjew nur die Sprüchlein der Feinde der Partei nachbeteten, gegen die Lenin seinerzeit einen schonungslosen Kampf geführt hatte.«

Ebda.

53 »Das bedeutete, daß die Industrialisierung in der Sowjetunion einen scharf ausgeprägten sozialistischen Charakter trug, daß sich die Industrie der Sowjetunion in der Richtung zum Sieg des sozialistischen Produktionssystems entwickelte, daß auf dem Gebiete der Industrie die Frage ›Wer – wen?‹ bereits zugunsten des Sozialismus entschieden war [...]

[...] In noch schnellerem Tempo wuchs die sozialistische Großindustrie, die im Jahre 1927, im ersten Jahre nach der Wiederherstellungsperiode, gegenüber dem vorhergehenden Jahre einen Produktionszuwachs von 18 Prozent ergab. Das war eine Rekordziffer der Zunahme, unerreichbar für die Großindustrie selbst der fortgeschrittensten Länder des Kapitalismus.«

Ebda., S. 346 f.

54 E. A. Preobrazhenski, The new Economics, S. 195.

55 Siehe die Angaben von Strumilin und Lifšic, ›Planovoje chozjajstvo‹, Nr. 3, 1928, ›Vestnik financov‹, Nr. 2, 1929, ›Bolschewik‹, Nr. 2–3, 1929.

56 Dokumenten des Staatlichen Archivs für die Volkswirtschaft in Mos-

kau zufolge hatten im Jahre 1928 zwei Drittel der Kolchosen nicht einen einzigen Traktor.

57 Nur in der ersten Phase der Massenkollektivierung gegen Ende des Jahres 1929 wurden 1,6 Millionen Pferde und zum 1. 1. 1931 weitere 3 Millionen Pferde abgeschlachtet. Von 1929 bis 1933 verringerte sich der Rinderbestand um die Hälfte, der der Schafe und Ziegen um zwei Drittel. Im Jahre 1933 war der Viehbestand niedriger als im Hungerjahr 1922.

Narodnoje Chozjajstvo sssr, S. 118.

58 »Es ist nicht wahr, daß es Fehler und Übergriffe nur im Winter 1929/30 gab und daß die weitere Entwicklung der Kollektivierung auf dem Prinzip der Freiwilligkeit beruhte. [...]

Administrative Vorgänge, die Verletzung des Freiwilligkeitsprinzips, das System der Strafen und Repressionen gegen die Bauern fielen in die Jahre 1932 und 1933.«

N. J. Nemakov, Kommunistitscheskaja Partija – organisator massovogo kolchosnogo dvischenija, 1929–1932 gg, S. 20. (Übersetzung O. Š.)

59 »Mit der Bauernschaft verhält es sich bei uns in dieser Hinsicht folgendermaßen: Sie zahlt dem Staat nicht nur die üblichen Steuern, direkte und indirekte, sondern sie muß außerdem überzahlen durch verhältnismäßig hohe Preise für Industriewaren – das als erstes –, und sie wird mehr oder minder unterbezahlt durch die Preise für landwirtschaftliche Erzeugnisse – das als zweites.

Das ist eine zusätzliche Besteuerung der Bauernschaft im Interesse der Hebung der Industrie, die für das ganze Land, darunter auch für die Bauernschaft, arbeitet.«

J. W. Stalin, Über die Industrialisierung und das Getreideproblem, Rede am 9. 7. 1928, Werke 11, S. 140 f.

60 Chruschtschow führte zum Beispiel an, daß die Selbstkosten von 100 kg Schweinefleisch in einer Spanne zwischen 26.51 und 37.60 Rbl lagen, während der durchschnittliche staatliche Einkaufspreis im Jahre 1952 bei 4.72 Rbl lag.

N. S. Chruschtschow, ›Izwestija‹, 7. 3. 1964.

61 Es ging um den Parteiausschluß von Trotzki, Sinowjew, Radek, Preobrazhenski, Rakowski, Pjatakow, Serebrjakow, I. Smirnow, Kamenjew, Sarkis, Safasow, Livschitz, Mdiwani, Smilga, Sapronow, V. Smirnow, Boguslavski, Drobnis, u. a.

62 Siehe Resolutions and Decisions of the Communist Party of the Soviet Union, Vol. 2, S. 34 ff.

63 N. Bucharin, Zametki ekonomista (Anmerkungen eines Ökonomen),

›*Prawda*‹ (Moskau), 30. 9. 1928.

64 N. Bucharin, O novoj ekonomitscheskoj politike i naschich zadatschach (Über die neue ökonomische Politik und unsere Aufgaben), ›*Bolschewik*‹, Nr. 8, 1925, S. 8.

65 »Im Rahmen der gegebenen Klassenherrschaft ist die Änderung der Formen und Methoden dieser Herrschaft notwendig... denn die Formen der Diktatur, welche der umzingelten Wirtschaft, den Requisitionen, den Abgaben, dem Bürgerkrieg entsprochen haben, zeigten sich als nicht adäquat, als gegensätzlich zur neuen Periode, in welcher ernstlich und für lange die neue ökonomische Politik verkündet wurde.«
N. Bucharin, Chozjajstvennyj rost i problema rabotschekrestjanskogo bloka (Das wirtschaftliche Wachstum und die Probleme des Arbeiter-Bauern-Blocks), ›*Bolschewik*‹, 5. 11. 1924, S. 33 f. (Übersetzung O. Š.)

66 Diese langsamere und ökonomisch ausgeglichene Entwicklung der Industrie, bei welcher die Industrie durch steigende Angebote von Konsumgütern und landwirtschaftlichen Produktionsmitteln das Wachstum der Agrarproduktion ankurbelt und stimuliert sowie die Landwirtschaft durch wachsende Lieferungen von Lebensmitteln und Rohstoffen das Wachstum der Industrie ermöglicht, wurde im Sinne Bucharins vor allem von L. Schanin, aus dem Volkskommissariat für Finanzwesen, ausgearbeitet.
Auf Grund dieser Entwicklung hätten sich allmählich auch immer größere Investitionsmittel für die Schwerindustrie, ohne wachsende Ausbeutung und Verelendung der Bevölkerung, gebildet.
Siehe vor allem L. Schanins Artikel: Ekonomitscheskaja priroda nasego beztovarija (Die ökonomische Natur unserer Warenlosigkeit), ›*Ekonomitscheskoje obozrenije*‹, XI. 1924, S. 25–39.

67 »Um sich eine theoretische Stütze zuzulegen, heckten sie die lächerliche ›Theorie vom Erlöschen des Klassenkampfs‹ aus und behaupteten auf Grund dieser Theorie, je mehr Erfolge der Sozialismus in seinem Kampf gegen die kapitalistischen Elemente aufzuweisen haben werde, desto mehr werde sich der Klassenkampf mildern, der Klassenkampf werde bald vollständig erlöschen, und der Klassenfeind werde alle seine Positionen ohne Widerstand aufgeben, weshalb man keine Offensive gegen das Kulakentum zu unternehmen brauche. Dadurch stellten sie ihre fadenscheinige bürgerliche Theorie vom friedlichen Hineinwachsen des Kulakentums in den Sozialismus wieder her und traten den bekannten Leitsatz des Leninismus mit Füßen, daß der Widerstand des Klassenfeinds um so schärfere Formen annehmen wird, je mehr er den Boden unter sich verliert, je mehr Erfolge der Sozialismus haben wird,

und daß der Klassenkampf erst nach der Vernichtung des Klassenfeinds ›erlöschen‹ kann.«

Geschichte der Kommunistischen Partei der Sowjetunion, S. 355.

68 Bereits im September 1923, nach Lenins erstem Schlaganfall, fand in Kislowodsk eine Zusammenkunft von einigen führenden Politikern statt, welche gegen Stalin und die wachsende Macht des Parteiapparats gerichtet war. Hier haben auch Sinowjew und Bucharin einen Plan von Maßnahmen ausgearbeitet, mit welchem man diese bürokratische Macht limitieren wollte. Wie ersichtlich, blieb dies nicht nur erfolglos, sondern obendrein hat weder der Apparat noch Stalin diese Zusammenkunft vergessen. Alle damaligen Teilnehmer wurden von Stalin beseitigt.

69 »Natürlich ist die kleinbäuerliche Warenwirtschaft noch keine kapitalistische Wirtschaft. Sie ist aber ihrer Grundlage nach von gleichem Typus wie die kapitalistische Wirtschaft, da sie auf dem Privateigentum an den Produktionsmitteln beruht. Lenin hat tausendmal recht, wenn er in seinen Randbemerkungen zur ›Ökonomik der Transformationsperiode‹ Bucharins von der ›warenwirtschaftlich-kapitalistischen Tendenz der Bauernschaft‹ im Gegensatz zur ›sozialistischen Tendenz des Proletariats‹ spricht. Dadurch erklärt sich auch, warum die ›Kleinproduktion unausgesetzt, täglich, stündlich, elementar und im Massenumfange Kapitalismus und Bourgeoisie erzeugt‹ (Lenin).«

J. W. Stalin, Zu den Fragen der Agrarpolitik in der UdSSR, in: Fragen des Leninismus, S. 339.

70 »Stalin hielt sich nicht damit auf, die Menschen zu überzeugen, aufzuklären und geduldig mit ihnen zusammenzuarbeiten, sondern er zwang anderen seine Ansichten auf und verlangte absolute Unterwerfung unter seine Meinung. Wer sich seiner Konzeption widersetzte oder einen eigenen Standpunkt zu vertreten, die Korrektheit der eigenen Position zu beweisen suchte, wurde unweigerlich aus dem Führungskollektiv ausgestoßen und anschließend sowohl moralisch als auch physisch vernichtet. Dies zeigt sich in besonderem Maße in der Zeit nach dem XVII. Parteikongreß, als zahlreiche prominente Parteiführer und einfache Parteimitglieder, die der Sache des Kommunismus mit aufrichtiger Hingebung dienten, dem Despotismus Stalins zum Opfer fielen.«

N. S. Chruschtschow auf dem XX. Parteitag, Moskau, 25. 2. 1956.

71 »Von Stalin stammt der Begriff des ›Volksfeindes‹. Dieser Terminus machte es von vornherein überflüssig, einer Person ideologische Irrtümer nachzuweisen. Dieser Terminus ermöglichte die Anwendung grausamster Unterdrückung, die Verletzung aller Normen der revolutionä-

ren Gesetzlichkeit zum Nachteil derer, die in irgendeinem Punkt nicht mit Stalin übereinstimmten, bei denen auch nur der geringste Verdacht feindlicher Absichten bestand und die nicht gut angeschrieben waren. Dieser Begriff des ›Volksfeinds‹ machte jede Form des ideologischen Kampfes beziehungsweise jede freie Meinungsäußerung zu dieser oder jener Frage, auch wenn sie rein praktischer Natur war, unmöglich. In der Regel genügte als einziger Schuldbeweis, im Widerspruch zu allen Normen der Rechtswissenschaft, das ›Geständnis‹ des Angeklagten selbst; wie sich später herausstellte, wurden die ›Geständnisse‹ durch physischen Druck von den Angeklagten erpreßt.«
Ebda.

72 »Ein Jahr später wurde bekannt, daß Trotzki, Sinowjew, Kamenjew und ihre Komplizen die eigentlichen, direkten und wirklichen Organisatoren des Mordes an Kirow und die Organisatoren der vorbereitenden Schritte zur Ermordung anderer Mitglieder des Zentralkomitees waren. Es wurden vor Gericht gestellt: Sinowjew, Kamenjew, Bakajew, Jewdokomow, Pikel, I. N. Smirnow, Mratschkowski, Ter-Waganian, Reinhold und andere.
Die überführten Verbrecher mußten öffentlich, vor Gericht, eingestehen, daß sie nicht nur den Mord an Kirow organisiert hatten, sondern auch die Ermordung aller anderen Führer der Partei und der Regierung vorbereiteten.«
Geschichte der Kommunistischen Partei der Sowjetunion, S. 395 f.
In seiner Geheimrede auf dem XX. Parteitag deutete Chruschtschow an, alle Zusammenhänge wiesen darauf hin, daß dieser Mord nicht nur auf Stalins Weisung geschehen sei, sondern daß später auch alle Funktionäre, welche die Hintergründe dieses Mordes kannten, erschossen worden seien:
»Nach Kirows Ermordung erhielten Spitzenfunktionäre des Leningrader NKWD ganz minimale Strafen, aber 1937 wurden sie erschossen. Es ist anzunehmen, daß man mit ihrer Erschießung die Spuren der Organisatoren des Mordes an Kirow auslöschen wollte.«
Ebda.

73 »Hauptinspirator und Hauptorganisator dieser ganzen Bande von Mördern und Spionen war der Judas Trotzki. Die Helfershelfer Trotzkis, die seine konterrevolutionären Direktiven ausführten, waren Sinowjew, Kamenjew und ihre trotzkistischen Nachläufer. Sie bereiteten die Niederlage der Sowjetunion für den Fall eines Angriffs der Imperialisten vor, sie waren gegenüber dem Arbeiter- und Bauernstaat zu Defätisten, zu verabscheuungswürdigen Lakaien und Agenten der deut-

schen und japanischen Faschisten geworden.«
Ebda., S. 396.

74 »Die Massenunterdrückungen und brutalen Verstöße gegen die sozialistische Gesetzlichkeit begannen nach dem Meuchelmord an S. H. Kirow. Am Abend des 1. Dezember 1934 unterzeichnete der Sekretär des
Präsidiums des zentralen Exekutivkomitees, Janukidze, auf Veranlas-
sung Stalins [...] folgende Weisung:
1. Die Untersuchungsorgane werden angewiesen, die Fälle der wegen
Vorbereitung beziehungsweise Ausführung von Terrorakten Angeklagten beschleunigt zu behandeln.
2. Die Gerichtsorgane werden angewiesen, die Vollstreckung der wegen Verbrechen dieser Kategorie ausgesprochenen Todesurteile nicht
im Hinblick auf eine eventuelle Begnadigung aufzuschieben, da das
Präsidium des zentralen Exekutivkomitees der UdSSR die Entgegennahme von Eingaben dieser Art nicht für möglich erachtet.
3. Die Organe des Volkskommissariats für Innere Angelegenheiten
(NKWD) werden angewiesen, die Todesurteile gegen Verbrecher, die
der oben angeführten Kategorie angehören, unmittelbar nach der Ur-
teilsverkündung zu vollstrecken.«
N. S. Chruschtschow auf dem XX. Parteitag, Moskau, 25.2.1956.

75 »Unsere Partei kämpfte für die Verwirklichung der Pläne Lenins, für
den Aufbau des Sozialismus. Das war ein ideologischer Kampf. Wären
Lenins Grundsätze im Verlauf dieses Kampfes befolgt worden, hätte
man die Prinzipientreue der Partei geschickt mit lebhafter und eifriger
Sorge um die Menschen gepaart, wären die Menschen nicht zurückge-
stoßen und vergeudet, sondern auf unsere Seite gezogen worden, dann
wäre es bestimmt nicht zu so brutalen Verstößen gegen die revolutionäre Gesetzlichkeit gekommen, und viele Tausend wären nicht den
Terrormethoden zum Opfer gefallen. Außergewöhnliche Maßnahmen
hätte man dann nur gegen jene ergriffen, die wirklich verbrecherische
Handlungen gegen das Sowjetsystem begangen hatten.«
Ebda.

III. Das Wesen der kommunistischen Bürokratie

1 O. Šik, Argumente für den Dritten Weg.

2 »Sie wäre andererseits sehr mystischer Natur, wenn ›Zufälligkeiten‹
keine Rolle spielten. Diese Zufälligkeiten fallen natürlich selbst in den
allgemeinen Gang der Entwicklung und werden durch andere Zufällig-

keiten wieder kompensiert. Aber Beschleunigung und Verzögerung sind sehr von solchen ›Zufälligkeiten‹ abhängig – unter denen auch der ›Zufall‹ des Charakters der Leute, die zuerst an der Spitze der Bewegung stehen, figuriert.«
K. Marx an L. Kugelmann, 17. 4. 1871, MEW 33, S. 209.

3 »Die ›persönliche Macht‹ ist nichts anderes als der Ausdruck einer hochgradigen Zentralisation, die den einzelnen zum Chef macht – aber nicht in seiner Eigenschaft als isoliertes Individuum, sondern als Exponent bestimmter Kräfte, deren hierarchisch höchsten Ausdruck er darstellt.«
A. Carlo, Politische und ökonomische Struktur der UdSSR (1917–1975), S. 21.

4 L. Trotzki, Stalin, S. 452.

5 Gemäß Trotzki war Lenin knapp vor seinem Tode entschlossen, Stalin von seinem Posten als Generalsekretär der Partei durch eine harte, offene Kritik entfernen zu lassen. »Lenins Absichten waren durchaus klar. Indem er die Politik Stalins zum Beispiel nahm, wollte er vor der Partei (und ohne irgendwelche Rücksichten) die Gefahren der bürokratischen Umwandlung der Diktatur aufzeigen.«
Ebda., S. 464.

6 Mao Tse-tung, Zur Frage der richtigen Lösung von Widersprüchen im Volke, Ausgewählte Schriften, S. 78 ff.

7 Dies soll und kann auch nicht eine Bewertung oder gar Verurteilung der »Kulturrevolution« bedeuten, was eben nur auf Grund einer eingehenden Analyse und viel konkreterer Kenntnisse möglich wäre, als sie bis heute die zugänglichen Informationsquellen ermöglichen. Es soll nur die Tatsache konstatiert werden, daß auch dieser spezifische Entwicklungsprozeß nicht zur Beseitigung jener Bedingungen führte, die ich als die eigentliche Ursache des spezifisch sozialistischen Bürokratisierungsprozesses betrachtete.

8 Siehe mehr darüber in K. Marx, Der achtzehnte Brumaire des Louis Bonaparte, MEW 8, S. 111 ff., und I. Deutscher, Marxismus und die UdSSR.

9 Dabei wurde vor allem auf folgende Werke Bezug genommen:
K. Marx, Der achtzehnte Brumaire des Louis Bonaparte, MEW 8
K. Marx, Zur Kritik der Hegelschen Rechtsphilosophie, MEW 1
M. Weber, Wirtschaft und Gesellschaft
P. J. Proudhon, Bekenntnisse eines Revolutionärs
M. Bakunin, Philosophie der Tat
N. Luhmann, Theorie der Verwaltungswissenschaft

R. Mayntz (Hrsg.), Bürokratische Organisation,
darin: R. Merton, Bürokratische Struktur und Persönlichkeit
R. Dahrendorf, Konflikt und Freiheit
Narr, W.-D./A. Offe (Hrsg.), Wohlfahrtsstaat und Massenloyalität.

10 M. Weber, Wirtschaft und Gesellschaft, S. 545.
»Verbandspolitische Willensbildung und ihr Vollzug bilden für Weber im Herrschaftsverband eine unauflösbare Einheit.«
R. Mayntz (Hrsg.), Bürokratische Organisation, S. 33.

11 M. Weber, ebda., S. 122.

12 Ebda., S. 822.

13 Weber identifiziert zwar im Grunde den bürokratischen Beamten mit dem Hauptberufsbeamten ebenso, wie er das »Beamtentum« und die »Bürokratie« gleichsetzt (siehe Wirtschaft und Gesellschaft, S. 126 f.). Jedoch in allgemein verbreiteter Benutzung wird bereits mit der Bezeichnung »Bürokrat« eine negative Charakteristik von Beamten hervorgehoben, was fast in allen Enzyklopädien und Lexika betont wird. Siehe zum Beispiel: »Bürokrat [...] trockener Buchstabenmensch, die Bürokratie [...] 2) herabsetzend: Engherzigkeit, Kleinlichkeit, Schreibstubenwirtschaft [...]«
Der neue Brockhaus, Bd. 1, S. 411.
»The words ›bureaucrat‹ and ›bureaucratie‹ have an even more negative connotation. The designation of an official as a bureaucrat is almost invariably derogatory, whether in Hansard's Parlamentary Debates, the Congressional Record, or in the British and American press. The word ›bureaucrat‹ is seldom used to designate a wise or progressive official, and the word ›bureaucratie‹ is not employed to describe fair, considerate, and efficient administrative behaviour. This situation makes it unlikely that the term ›bureaucracy‹ will receive general acceptance as a generic designation, carrying to critical connotation, for the increasing number of institutions employing great numbers of people compelled by an era of high technology and subdivision of labour to earn their living and to perform the world's work in large organisated units.«
Encyclopedia Britannica, Bd. IV., S. 420
Siehe auch R. Merton, Bürokratische Struktur und Persönlichkeit, in: R. Mayntz (Hrsg.), Bürokratische Organisation, S. 265.

14 M. Weber, ebda., S. 561 f.

15 »Damit aber diese Gegensätze, Klassen mit widerstreitenden ökonomischen Interessen nicht sich und die Gesellschaft in fruchtlosem Kampf verzehren, ist eine scheinbar über der Gesellschaft stehende Macht nötig geworden, die den Konflikt dämpfen, innerhalb der Schranken der

›Ordnung‹ halten soll, und diese, aus der Gesellschaft hervorgegangene, aber sich über sie stellende, sich ihr mehr und mehr entfremdende Macht ist der Staat.«

F. Engels, Der Ursprung der Familie, des Privateigentums und des Staats, MEW 21, S. 165.

16 M. Weber, ebda., S. 565.

17 »Der Bürokrat handelt, zum Teil unabhängig von seiner Position *innerhalb* der Bürokratie, als Repräsentant der Macht und des Prestiges der ganzen Organisation. In seiner offiziellen Rolle ist er mit deutlicher Autorität ausgestattet. Das erzeugt häufig eine tatsächlich oder scheinbar despotische Attitüde, die durch eine Diskrepanz zwischen seiner Position innerhalb der Hierarchie und seiner Position gegenüber dem Publikum nur noch verstärkt werden kann. Protest und Beschwerde bei anderen Beamten von seiten des Klienten sind häufig unwirksam oder weitgehend ausgeschlossen durch den bereits erwähnten Esprit de Corps, der die Beamten in einer mehr oder weniger solidarischen Gruppe zusammenhält.«

R. Merton, in: R. Mayntz (Hrsg.), a.a.O., S. 272.

18 O. Šik, Ökonomie, Interessen, Politik, S. 490.

19 C. N. Parkinson, Parkinson's Law or The Pursuit of Progress. S. 12.

20 »Da die Bürokratie ihre ›formellen‹ Zwecke zu ihrem Inhalt macht, so gerät sie überall in Konflikt mit den ›reellen‹ Zwecken. Sie ist daher genötigt, das Formelle für den Inhalt und den Inhalt für das Formelle auszugeben.«

K. Marx, Zur Kritik der Hegelschen Rechtsphilosophie, MEW 1, S. 248 f.

21 R. Merton, in: R. Mayntz (Hrsg.), a.a.O., S. 268 f.

22 »Die Bürokratie ist ein Kreis, aus dem niemand herausspringen kann. Ihre Hierarchie ist eine Hierarchie des Wissens. Die Spitze vertraut den unteren Kreisen die Einsicht ins einzelne zu, wogegen die untern Kreise der Spitze die Einsicht in das Allgemeine zutrauen, und so täuschen sie sich wechselseitig.«

K. Marx, ebda., S. 249.

23 Ebda.

24 »Die Überlegenheit des berufsmäßig Wissenden sucht jede Bürokratie noch durch das Mittel der Geheimhaltung ihrer Kenntnisse und Absichten zu steigern. Bürokratische Verwaltung ist ihrer Tendenz nach stets Verwaltung mit Ausschluß der Öffentlichkeit. Die Bürokratie verbirgt ihr Wissen und Tun vor der Kritik, soweit sie irgend kann.«

[...]

»Allein weit über die Gebiete rein sachlich motivierter Geheimhaltung wirkt das reine Machtinteresse der Bürokratie als solches. Der Begriff des ›Amtsgeheimnisses‹ ist ihre spezifische Erfindung, und nichts wird von ihr mit solchem Fanatismus verteidigt wie eben diese, außerhalb jener spezifisch qualifizierten Gebiete rein sachlich nicht motivierbare Attitüde.«

M. Weber, ebda., S. 572, 249.

25 K. Marx, ebda., S. 249.

26 »Demokratisierung dient nicht zu Herstellung einer idealen, sehr wohl aber zur Herstellung einer besseren, einer demokratischeren Gesellschaft. Die realistische und normative Demokratie sieht in der Demokratisierung eine Chance, weil die Demokratie entwicklungsfähig, dynamisch ist; und sie sieht in der Demokratisierung ein Postulat, weil die sukzessive, asymptotische Annäherung an die konkrete Utopie der Machtgleichheit als demokratische Norm dazu verpflichtet.«

A. Pelinka, Dynamische Demokratie, S. 19.

27 M. Weber, ebda., S. 572.

28 »Steht die Bürokratie einem Parlament gegenüber, so kämpft sie aus sicherem Machtinstinkt gegen jeden Versuch desselben, durch eigene Mittel (zum Beispiel das sogenannte ›Enqueterecht‹) sich Fachkenntnisse von den Interessenten zu verschaffen; ein schlecht informiertes und daher machtloses Parlament ist der Bürokratie naturgemäß willkommener – soweit jene Unwissenheit irgendwie mit ihren eigenen Interessen verträglich ist.«

Ebda., S. 573.

29 Ebda., S. 835.

30 »Der Parteiapparat ist zweifellos die entscheidende Säule des sowjetischen Systems. Seine Bedeutung ist in den letzten zwei Jahrzehnten nach Stalins Tod noch erheblich gewachsen. Er lenkt und führt die kommunistische Partei in der Sowjetunion mit ihren 14,8 Millionen Mitgliedern. Darüber hinaus kontrolliert er noch die wichtigsten Massenorganisationen, vor allem den kommunistischen Jugendverband (Komsomol) und die sowjetischen Gewerkschaften, außerdem natürlich auch die Parteiorganisationen, die Wirtschaftsunternehmen, die Ministerien, die Armee und die politische Arbeit in der Armee. Die Parteifunktionäre sind die entscheidende Kraft bei den laufenden ›Kampagnen‹.«

W. Leonhard, Am Vorabend einer neuen Revolution?, S. 106.

31 Siehe mehr darüber in O. Šik, Argumente für den Dritten Weg, Kap. IV, V und VI.

32 A. Carlo, Politische und ökonomische Struktur der UdSSR (1917–1975), S. 63 ff.

33 Ebda., S. 80 ff.

34 Ebda., S. 69.

35 Ebda., S. 84.

36 Carlo kann schwerlich erklären, warum zum Beispiel in anderen Ländern, in welchen es starke kommunistische Parteien gab, wie zum Beispiel in der ČSSR, die nicht »ausgeblutet« waren und alle wichtigen Positionen mit den besten Kadern besetzen konnten, die Bürokratisierung sich nicht weniger als in der UdSSR entwickelt. Er weicht zudem dem entscheidenden Problem der Bürokratisierung des Parteiapparates aus und ignoriert völlig das spezifische Wesen der Bürokratie, das mit ihrer gesellschaftlichen Stellung verbunden ist. Ebda., S. 60 f.

37 Ebda., S. 67.

38 Sollte Carlo nicht zumindest vorsichtiger sein und erst einmal abwarten, ob eine weitere Industrieentwicklung in China nicht auch schwer lösbare Widersprüche zwischen Produktion und Bedürfnissen, Angebot und Nachfrage mit sich bringt. Er selbst schreibt über den wesentlichen Unterschied zwischen Aufbauphase und hochentwickelter Industriephase (S. 68), wobei er allerdings *nur* in einer »echten sozialistischen Wirtschaftsplanung« den Ausweg sieht. Mit dem Widerspruch zwischen partiellen Produktionsinteressen der Betriebskollektive und dem gesellschaftlichen Interesse an einer optimalen Produktionsentwicklung (siehe O. Šik, Argumente für den Dritten Weg, Kap. III) befaßt er sich nicht.

39 A. Carlo kennt die tschechoslowakische theoretische Entwicklung so wenig, daß er sie sogar mit Libermans Theorie identifiziert (S. 80) und behauptet, daß sie gegenüber der polnischen Entwicklung der 50er Jahre nichts Wesentliches gebracht hätte. Solche gewagten theoretischen Schlußfolgerungen verlangen zumindest eine eingehende Kenntnis dieser Theorien.

40 Siehe mehr darüber in O. Šik, Argumente für den Dritten Weg, Kap. IX.

41 Ein typisches Beispiel ist die Abhandlung: M. Randová, Entstehung und Entwicklung der sozialistischen Moral, ›Rudé Právo‹, 17. 7. 1975.

42 L. Breschnew, Auf dem Weg Lenins, S. 321 f.

43 Größtenteils sind es eben Nichtökonomen, die absolut nichts vom Marktmechanismus verstehen und ihn einfach deshalb ablehnen, weil sie ihn mit dem Kapitalismus identifizieren. Als Parteiideologen ver-

dienen sie sich dann mit der Marktverketzerung die Lorbeeren der Bürokratie. Man höre sich nur die nichtssagenden Phrasen des Journalisten J. Hajek (Chefredakteur des Parteijournals ›Tvorba‹ in der ČSSR) an:

»Šik ist unter diesem Aspekt ein typischer Liberaler – vor allem durch seine Fetischisierung und Verabsolutierung des Marktes, als wäre dieser im sozialistischen Wirtschaftssystem keiner wissenschaftlichen Untersuchung zugänglich und als wäre es nicht möglich, seine wichtigsten Entwicklungstendenzen zu beherrschen.«

J. Hajek, Demokratisierung oder Demontage?, S. 20.

Soviel Unsinn in einem einzigen Satz! Man sollte wirklich nicht über etwas schreiben, wovon man absolut nichts versteht! Weiß Hajek eigentlich, was für eine Funktion der Markt in der Gesellschaft erfüllt? Glaubt er wirklich, daß diese durch das dirigistische Plansystem ersetzt wurde? Gibt es für ihn nur die spätkapitalistische Form des Markts, oder hält er es als Anhänger der Dialektik für möglich, daß ein allgemeineres Wesen des Markts, das schon Jahrtausende vor dem Kapitalismus existierte, in *unterschiedlichen sozial-ökonomischen Arten* innerhalb unterschiedlicher Produktionsverhältnisse in Erscheinung tritt? Glaubt er daher nicht, daß auch im Sozialismus ein Markt spezifischer Art, wesentlich unterschiedlich vom kapitalistischen Markt, existieren könnte? Weiß er, daß im kommunistischen System die Grundfunktionen des Markts unterdrückt wurden und daß daher von »seiner wissenschaftlichen Untersuchung und Beherrschung seiner Entwicklungstendenzen« nicht die Rede sein kann? Ist er sich klar darüber, daß es gerade den Reformern um einen »regulierten Markt« ging, dessen positive gesellschaftliche Funktionen ausgenützt, aber die globale Marktentwicklung geplanten Makrozielen unterstellt und die negativen Marktwirkungen mittels spezifischer wirtschaftspolitischer Instrumente beschränkt werden sollten? Sollten sich nicht Leute, die bestimmte Theorien kritisieren wollen, zumindest zuvor mit diesen Theorien vertraut machen?

IV. Mechanismus des kommunistischen Machtsystems

1 In der Verfassung der ČSSR wird im Kap. II, § 4 gesagt:
»Führende Kraft in der Gesellschaft und im Staat ist die Avantgarde der Arbeiterklasse, die Kommunistische Partei der Tschechoslowakei, die freiwillige kämpferische Vereinigung der aktivsten und bewußtesten Bürger aus den Reihen der Arbeiter, Bauern und der Intelligenz.«

2 Der Einfachheit halber werde ich im weiteren die Bezeichnung »Polit-büro« benützen, auch wenn in verschiedenen kommunistischen Par-teien unterschiedliche Namen verwendet werden.

3 Novotný hat kurz vor seinem Tod bei einer privaten Feier seines 70. Geburtstags in einem kleinen Kreis selbstkritisch bemerkt, »daß er für seine Funktionen nicht die intellektuellen Voraussetzungen hatte, daß er aber zu eitel war, um dies einzugestehen«.
Okolnosti Smrti A. Novotnéko (Die Begleitumstände des Todes von A. Novotný), ›Listy‹, August 1975, Nr. 6, S. 4.

4 Zahl der Funktionen vom ZK-KPČ genehmigt   541
Zahl der Funktionen vom Politbüro des ZK-KPČ genehmigt   837
Zahl der Funktionen vom Sekretariat des ZK-KPČ genehmigt 2499
von den Abteilungen des ZK-KPČ gebilligt   5059
Aus den Unterlagen für den XIV. Parteitag der KPČ, Prag 1968, S. 25 f. (Nach der Moskauer Erklärung nicht anerkannter und als illegal be-zeichneter Parteitag der KPČ, der vom 22. bis zum 27. 8. 1968 tagte.)

5 »Es ist ein Faktum, daß die Menschen sich mehr an Personen und Or-gane gebunden fühlen, die sie in die Funktionen eingesetzt haben, als dem Volk gegenüber, das sie gewählt hat. Dies beweist, daß die lang-jährige und zielbewußte Vorbereitung von Talenten fehlt, daß in das Verhältnis zwischen der Partei, ihren Mitgliedern und den führenden Mitarbeitern eine existenzielle und materielle Abhängigkeit eindringt, daß die Menschen ausgewechselt, aus einer Funktion in die andere ver-setzt werden, ohne allseitige Beurteilung ihrer wirklichen Qualitäten und Werte.«
Aus den Unterlagen für den XIV. Parteitag der KPČ, Prag 1968, S. 24.

6 »Bei Betrachtung der Ausrichtung der Arbeit des Politbüros des ZK zeigt es sich, daß den Teilfragen, den operativen Angelegenheiten, die ihrem Charakter nach nicht ins Politbüro gehörten und von verantwort-lichen Mitarbeitern der Partei, des Staats oder ihrer zentralen Institu-tionen hätten entschieden werden können, nicht entsprechend große Aufmerksamkeit gewidmet wurde. Die statistische Analyse des Cha-rakters der im Politbüro in den Monaten Februar, März und April in den Jahren 1965–1967 behandelten Probleme zeigt, daß von den ins-gesamt behandelten 480 politischen Problemen nur 32 einen prinzipiel-len und 448 einen rein operativen Charakter hatten.«
Ebda., S. 38.

7 »Nehmen wir zum Beispiel die Partei- und Regierungsbeschlüsse. Sie kamen routinemäßig, oft ohne Berücksichtigung der konkreten Situa-tion zustande. Dies ging so weit, daß Parteifunktionäre, selbst in den

kleinsten Sitzungen ihre Reden ablasen. Daraus ergab sich für die Partei- und Regierungsarbeit die Gefahr des Formalismus und der Bürokratisierung des gesamten Apparats.«

N. S. Chruschtschow auf dem XX. Parteitag, Moskau 25. 2. 1956.

Nur muß man heute die berechtigte Frage aufwerfen: »Was hat sich seit dieser Zeit in der kommunistischen Praxis geändert?« Hat der XX. Parteitag also die allgemein gültigen und andauernden Gründe der Bürokratisierung aufgedeckt? Oder soll sich das Volk damit begnügen, daß man weitere Jahrzehnte den Bürokratismus kritisiert?

8 N. W. Podgorny, ›*Prawda*‹, 13. 6. 1975.

9 So wiederholen sich zum Beispiel jährlich die Klagen der Kolchosbauern über nicht reparierte Maschinen, ihren Ausfall während der Erntezeit und so weiter. So meldete zum Beispiel die ›*Izwestija*‹ vom 19. 1. 1975, daß landwirtschaftliche Maschinen nur 48 % der gesamten Arbeitszeit in produktivem Einsatz waren, während sie die restliche Zeit durch Warten auf Reparaturen oder durch fehlendes Bedienungspersonal ausfielen. Was sollen die Abgeordneten mit derartigen Klagen und Kritiken anfangen? Bedeutet konkretes Weitergeben an die Landwirtschaftsmaschinenbetriebe eine Lösung? Bedeutet etwa die nachträgliche Reparatur einer Maschine die Erledigung eines Wählerauftrags an die Abgeordneten?

10 »Es wurde festgestellt, daß von den auf dem XVII. Parteitag gewählten 139 Mitgliedern und Kandidaten des Zentralkomitees der Partei (der KPdSU) 98 Personen, das sind 70 Prozent, in den Jahren 1937 bis 1938 verhaftet und liquidiert wurden.

[...]

Es ist bekannt, daß 80 Prozent der stimmberechtigten Delegierten dieses Parteitages in den Jahren der Verschwörung vor der Oktoberrevolution und während des Bürgerkriegs, also vor 1921, der Partei beigetreten waren. Nach der gesellschaftlichen Herkunft handelt es sich bei der Masse der Delegierten des XVII. Parteitags um Arbeiter (60 Prozent der Stimmberechtigten).«

N. S. Chruschtschow, ebda.

Auch in der ČSSR war in den Jahren 1950 bis 1952 ein Großteil der Personen, die wegen »antistaatlicher Tätigkeit« inhaftiert wurden, Angehörige der Arbeiterklasse.

1951 und 1952 waren von 11 026 wegen »antistaatlicher Tätigkeit« verurteilten Personen 3488 *Arbeiter*, das heißt 31,6 %. Von 16 010 Personen, die in denselben Jahren von der Staatssicherheit verhaftet wurden, waren 5962 *Arbeiter*, also verglichen mit allen anderen sozialen Klassen und Gruppen wieder die Mehrheit.

J. Pelikan (Hrsg.), Das unterdrückte Dossier, S. 67.

11 »Massenverhaftungen und Verschickungen, die Tausende von Menschen betrafen, Hinrichtungen ohne ordnungsgemäßes Untersuchungs- und Gerichtsverfahren schufen Unsicherheit und verbreiteten Furcht, ja sogar Verzweiflung.«

N. S. Chruschtschow, ebda.

12 Zahlen, die eine Gesamtübersicht über politische Prozesse und politische Häftlinge in den Ostblockstaaten vermitteln könnten, lassen sich nur schwer beschaffen. Sehr viel Material ist in eine Abhandlung des Internationalen Komitees für die Verteidigung der Menschenrechte in der UdSSR über die heutigen Konzentrationslager in der UdSSR (Brüssel, 26. 2. 1973) enthalten. Diesem sorgfältig ausgearbeiteten Bericht sind auch die folgenden Angaben entnommen:

Das sowjetische Recht kennt, rein formal gesehen, keine politischen Häftlinge. Es wird nur von sogenannten »besonders gefährlichen Verbrechen gegen den Staat« gesprochen (S. 5).

Gegenwärtig wird die Zahl der Lager, in welchen Häftlinge wegen so definierter »verbrecherischer Taten« untergebracht werden, auf 1000 (S. 3) geschätzt. Da in den Lagern neben politischen Häftlingen auch gewöhnliche Kriminelle untergebracht sind, ist ihre zahlenmäßige Differenzierung schwierig. Obwohl die Anzahl der in den Lagern Inhaftierten stark variiert, kann man sagen, daß im Durchschnitt 1200 Personen in einem Lager leben. Somit schätzt man die Zahl der Häftlinge in den Konzentrationslagern gegenwärtig auf 1 200 000 (S. 4 und 9). Dazu wäre noch anzumerken, daß diese Zahl weiter wächst. Das bedeutet, daß etwa 0,5 % der ganzen Bevölkerung der UdSSR in Gefangenschaft leben (vgl. 0,07 % in Großbritannien, 0,16 % in Frankreich, 0,2 % in den USA) (S. 3, App. 3). Seit 1927 gab es in der UdSSR keine Amnestie für politische Gefangene mehr.

In der ČSSR beläuft sich die Zahl der Verhaftungen und Verurteilungen wegen politischer Motive in den Jahren 1971 und 1972 auf über dreitausend.

J. Pelikan, Sozialistische Opposition in der ČSSR, S. 67.

13 Von 1 600 000 Mitgliedern der tschechoslowakischen kommunistischen Partei im Jahre 1968 verließen die Partei (Austritt, Ausschluß, Mitgliedsannullierung) bis zum Jahre 1970: 600 000 Mitglieder. In Böhmen und Mähren waren es 550 000, das sind 42 % der böhmisch-mährischen Partei. Von diesen war die Hälfte vor dem Zweiten Weltkrieg, während der deutschen Okkupation oder vor der Machtergrei-

fung im Februar 1948 in die Partei eingetreten. Von 25 000 noch lebenden Vorkriegsmitgliedern verblieben nur 8000 in den Reihen der KPČ, von 500 noch lebenden Spanienkämpfern (Angehörige der internationalen Brigaden während des spanischen Bürgerkriegs) nur 30!

14 Der bekannte tschechoslowakische Philosoph Karel Kosik schrieb im Mai 1975 einen Brief an seinen französischen Kollegen Jean-Paul Sartre, in welchem er neben anderem sagt:
»Praktisch existiere ich auf zweierlei Art. Ich existiere nicht und existiere doch. Ich bin tot – aber ich lebe […]
Hinsichtlich der bürgerlichen und grundlegenden menschlichen Rechte bin ich fast eine Null geworden. Aber was die Aufmerksamkeit, die mir die Polizei widmet, anbetrifft, erlebe ich eine ganz außergewöhnliche Existenz. Ich bin einfach nichts, und deshalb kann ich nicht an der Prager Karlsuniversität Philosophie unterrichten oder auf eine andere, meiner Spezialbildung entsprechende Art beschäftigt sein. Ich bin tot, und deshalb kann ich nicht an wissenschaftlichen Konferenzen, zu welchen ich eingeladen werde, teilnehmen und kann Einladungen zu Vorträgen an europäischen Universitäten nicht annehmen. Wie bei einem Menschen, der nicht existiert und der in Wirklichkeit nie existiert hat, sind in der Tschechoslowakei alle meine Publikationen verboten, sie sind in den Bibliotheken ebensowenig zugänglich, wie mein Name im Autorenverzeichnis gestrichen wurde.
Ich existiere nicht, und deshalb erachten es die offiziellen Institutionen nicht für nötig, auf meine Beschwerden und Proteste zu antworten. Auf der anderen Seite existiere ich aber, was die Hausdurchsuchungen und Polizeiverhöre, die immer systematischer werden, beweisen. Als Philosoph und Autor wurden mir die grundlegendsten Rechte entzogen, und ich lebe beständig als Angeklagter und Verdächtiger.«
Zit. nach: ›Listy‹, Nr. 5, Juli 1975, S. 30.

15 In der ČSSR wurde eine lange Namensliste aller aus der KPČ ausgeschlossenen Menschen angefertigt, die geheim an alle Hochschulen ging. Kinder aus hier angeführten Familien dürfen an keiner Hochschule immatrikuliert werden. Es wurden außerdem verschärfte allgemeine Kriterien ausgearbeitet, nach denen Kinder nur in folgender Rangfolge an die Hochschule kommen können:
1. Studenten, Mitglieder der KPČ
2. Kinder aus Familien, deren beide Eltern KPČ-Mitglieder sind
3. Kinder aus politisch aktiven Familien
4. Kinder aus Arbeiter- und Bauernfamilien
5. Kinder aus Familien, bei denen ein Familienmitglied in der KPČ ist
6. weitere.

16 »[...] die sozialistische Demokratie und Legalität werden zertreten [...]
es gibt ein freies Feld für den Mißbrauch von Macht und Stellung der
militärischen Organe und vor allem des Sicherheitsministeriums, die allem Geschehen machtmäßig übergeordnet sind. Ihre ›Spinnennetze‹
überdecken auch die Gerichte und Staatsanwälte, die längst ihr
Rechts-Antlitz und ihre Berufung verloren haben. Sie sind völlig im
Bann der Organe des Sicherheitsministeriums und von diesen abhängig. Ohne Opponentur der Gerichte kann aber nicht von Gesetzlichkeit
gesprochen werden.«
A. Dubček, Brief vom 28. 10. 1974 an die Nationalversammlung der
Föderation und an den slowakischen Nationalrat, zit. nach: ›Listy‹, Nr.
3, April 1975.

17 »Aus Angst, daß er seine Stellung verliert, lehrt ein Lehrer in der
Schule Dinge, an die er nicht glaubt. Aus Angst um seine Zukunft wiederholt sie der Schüler. Aus Angst, daß er nicht weiter studieren kann,
geht ein junger Mensch in den Jugendverband und macht dort alles, was
man von ihm verlangt. Aus Angst, daß sein Sohn oder seine Tochter
nicht genug Punkte erreicht, die man bei einem monströsen politischen
Punktesystem zur Aufnahme in eine Schule haben muß, übernimmt der
Vater verschiedene Funktionen und macht ›freiwillig‹ alles, was verlangt wird. Aus Angst vor den möglichen Folgen beteiligen sich die
Menschen an den Wahlen, wählen die vorgeschlagenen Kandidaten
und tun, als ob sie diesen Ritus für echte Wahlen hielten. Aus Angst um
ihre Existenz, Stellung oder Karriere besuchen sie Versammlungen,
geben ihre Stimmen ab für alles, was befürwortet werden soll, zumindest schweigen sie. Aus Angst geben sie verschiedene demütigende
Selbstkritik- und Reueerklärungen ab und füllen verlogen eine Menge
von demütigenden Fragebögen aus. Aus Angst, daß sie jemand anzei-
gen könnte, äußern sie nicht öffentlich und oft nicht einmal in der privaten Sphäre ihre wirklichen Meinungen. Aus Angst vor möglicher exi-
stentieller Unbill, um sich die eigene Stellung zu verbessern und den
höheren Organen zu gefallen, verkünden Arbeiter und Angestellte ihre
Arbeitsverpflichtungen, ja gründen sogar Brigaden sozialistischer Arbeit, wobei sie sehr gut wissen, daß diese nur dazu gut sind, um in betreffenden Berichterstattungen nach oben gemeldet zu werden. Aus
Angst beteiligen sich die Menschen an verschiedenen offiziellen Feiern,
Manifestationen und Umzügen. Aus Angst, daß man ihnen ihre weitere
Arbeit unmöglich macht, bekennen sich viele Wissenschaftler und
Künstler zu Ideen, an die sie in Wirklichkeit nicht glauben, schreiben
Dinge, die sie sich nicht denken oder von welchen sie wissen, daß sie

nicht wahr sind, treten in offizielle Organisationen ein und beteiligen sich an ihrer Arbeit, von deren Wert sie die schlechteste Meinung haben, oder beschneiden und deformieren ihre eigenen Werke. Mit dem Ziel, sich selbst zu retten, denunzieren manche sogar andere und beschuldigen sie, das gemacht zu haben, was sie selbst zusammen mit ihnen taten.«

V. Havel, Brief, ›Listy‹, Nr. 5, Juli 1975, S. 32 f.

18 Wie soll man nicht an die mittelalterliche Inquisition denken?

»[...] auf dem Gebiet der ›Propositionen‹ fand die Inquisition ein weites und zuletzt ihr Hauptfeld. Lose, unüberlegte Worte, im Ärger oder zum Scherz, oder aus Unwissenheit und Fahrlässigkeit gesprochen, gaben frommen Eiferern oder bösartigen Menschen Stoff zu einer Anzeige, so daß mit der Zeit jeder Spanier auf seiner Hut sein mußte und der Volkscharakter dadurch beeinflußt wurde. Keine Familienbande schützten vor der Anzeigepflicht, jedermann lebte in einer Atmosphäre der Verdächtigung, Spione mochten unter seinen Hausgenossen sein.«

H. Ch. Lea, Geschichte der Spanischen Inquisition, Bd. III, S. 119.

19 Für die Mitglieder des Politbüros und ausgewählte Minister gibt es in der ČSSR z. B. ein riesiges Reservat an einem der schönsten Stauseen der Moldau (Orlík), das der Öffentlichkeit nicht zugänglich und mit modernsten Villen und allem erdenklichen Rekreationszubehör ausgestattet ist. Hier, unter wirklichen Überflußbedingungen, konnte sich Novotný einst seine Parole ausdenken. »Noch unsere Generation wird im Kommunismus (zweite, Überflußphase, gegenüber der ersten sozialistischen Phase) leben!«

20 Jahrelang hatte Novotný monatlich Summen an die Politbüromitglieder verteilt, die ihr normales Gehalt noch übertrafen. Als diese Praxis in den Monaten des »Prager Frühlings« aufgedeckt wurde, gab es bei den konservativsten und dogmatischsten Mitgliedern des ZK-KPČ die größte Entrüstung, die aber nicht so sehr der Sache selbst galt, als dem Umstand, daß sie davon ausgeschlossen geblieben waren.

21 »[...] diese Herren schwätzen nur über Liebe zur manuellen Arbeit, aber sie scheuen sie mehr als alles andere; sie prahlen mit ihrer Arbeiter-Herkunft, aber keiner von ihnen kehrt in die Fabrik zurück; sie sind jeder Niederträchtigkeit fähig, aber in die Fabrik oder aufs Feld wird sie niemand bringen, freiwillig nie.«

J. Putík, Brána blažených (Das Tor der Seligen), S. 52. (Übersetzung O. Š.)

22 Aus den Reihen dieser Kommunisten gingen all jene Gruppen hervor, die als erste die Degenerierung des sozialistischen in ein bürokratisches

System in der UdSSR erkannten und die versuchten, Stalins Macht zu brechen, um die Entwicklung zu ändern. Sie wurden von den stalinistischen Bürokraten als »trotzkistische Verräter«, als »bucharinsche kleinbürgerliche Opportunisten« vernichtet. Aus solchen Kommunisten entstand der Petöfi-Zirkel in Ungarn mit dem Ziel und dem Versuch, eine Liberalisierung des Systems zu erlangen. Aus eben solchen rekrutierten sich die polnischen und schließlich die tschechoslowakischen Reformer mit ihrem Kampf um eine Demokratisierung und Humanisierung des Systems. Der Grad der Erkenntnis und politischen Reife all dieser Reformer war unterschiedlich, so wie sie nicht alle die Ursachen der kommunistischen Degeneration gleichermaßen zu erfassen vermochten. Aber die Notwendigkeit eines entschiedenen Kampfs gegen die Bürokratisierung der Partei und der Gesellschaft im Interesse des Volkes sahen sie alle.

23' Die Statistik, die der städtische Parteiausschuß von Prag ausgearbeitet hat, zeigt, daß zum 30. 6. 1973 in Prag (industriereichstes Gebiet der ČSSR) nur 13 % aller Mitglieder Arbeiter waren. Dies ist noch weniger, als schon an und für sich niedrige ganzstaatliche Prozentsatz von 17 % Arbeitern ausmacht. Und dies entgegen allen Beschwörungen des XIV. Parteitags, alles daran zu setzen, um die Mitgliedschaft von Arbeitern zu erhöhen.

24 Dies ist in allen Ostblockstaaten sehr unterschiedlich. In der ČSSR zum Beispiel hat heute der Parteiapparat fast überhaupt keinen ideologischen Einfluß auf den Großteil der Bevölkerung außerhalb der Partei. In der DDR und UdSSR wird dieser Einfluß aus spezifisch historischen und anderen Gründen größer sein. Während dieser Einfluß in Polen und auch Ungarn wieder kleiner ist, wird er in Rumänien mit einer stark nationalistischen Färbung stärker sein.

25 Zum Beispiel für verleumderische und skandalisierende Relationen gegen die führenden tschechoslowakischen Reformer im ČSSR-Rundfunk nach Husaks Machtantritt haben Agenten der Staatspolizei (Dokumentationsabteilung der Staatspolizei) für ein Pamphlet von ein paar Seiten (ungefähr 15-Minutensendung) 5000.– Kčs bekommen, das ist gleich einem zweieinhalben Monatslohn eines qualifizierten Arbeiters.

26 Siehe mehr darüber in O. Šik, Der dritte Weg, S. 387 ff.

27 Der westlichen Öffentlichkeit ist von all dem wenig bekannt, da die westlichen Zeitungen, Journale und Verlage es unter iher Würde finden, ähnliches Machwerk überhaupt zu übersetzen. Eine der wenigen Ausnahmen ist zum Beispiel die Herausgabe von J. Hajeks »*Demokratisierung oder Demontage*« im Damnitz Verlag (München 1969).

Einer der opportunsten Parteiideologen, verantwortlicher Redakteur des Parteijournals ›Tvorba‹ in Prag, beschreibt hier in einer völlig einseitigen und verzerrenden Weise die Entwicklung der sogenannten »Revisionisten« und »Konterrevolutionäre« in der ČSSR. Alle hier zusammengetragenen Lügen zu widerlegen, würde Bände füllen. Statt dessen sei nur ein Faktum erwähnt. Gemäß J. Hajek war O. Šik als Leiter der Reformkommission während des Novotný-Regimes zunächst »gegen Arbeiterräte in den Betrieben« und hat erst während der Frühlingsmonate »seine Einstellung plötzlich geändert«. J. Hajek verschweigt wissentlich, daß der ganze Reformvorschlag auf Druck des Politbüros sechsmal völlig umgearbeitet werden mußte und daß vor allem jene Vorschläge, die auf eine Demokratisierung in den Betrieben hinzielten, beseitigt werden mußten. Viel unverfänglichere Vorschläge als die so gefürchteten Arbeiterräte mußten ausgelassen werden, und es war nur einem unaufhaltsamen Taktieren der gesamten Reformkommission zu verdanken, daß überhaupt wichtige Reformvorschläge aufrechterhalten werden konnten. Die Vorstellung von Betriebsräten, in welchen ⅓ Vertreter von außerbetrieblichen Institutionen (Handel, Banken, Wissenschaft und dergleichen) und ⅔ aus dem Betrieb kommen sollten, war gar kein schlechter Vorschlag, und auch dieser mußte noch am Anfang der »Frühlingsmonate 1968« gegen die Bürokratie durchgekämpft werden. Immer mußten die Reformer Schritt für Schritt gegen den Widerstand der Bürokratie weiter vorstoßen, die bis zuletzt alle Hebel gegen die Räte der Werktätigen in Bewegung setzte. Noch im Juni 1968 wurde ein Vorschlag bezüglich einer allgemeinen Einführung von Räten der Werktätigen in der Regierung von der Mehrheit der Minister (noch aus der Novotný-Ära stammend) zweimal abgelehnt. In dieser Situation blieb mir nichts anderes übrig, als mich mit dem Vorschlag direkt an die Öffentlichkeit zu wenden, um ihn durchzusetzen. Warum verschweigt dies J. Hajek und warum kämpft er nicht heute weiter für die Arbeiterräte, wenn er diese für eine den Arbeiterinteressen entsprechende Institution ansieht?

28 »Erkennst du an, daß die Lehre, welche die Kirche verkündet, die alleinige Wahrheit ist, daß es außer ihr und über sie hinaus keine andere Wahrheit gibt?«

»Wer dem Glauben dienen will, muß sich den Grundsätzen unterordnen, zu denen der Glaube verpflichtet, ohne Zögern, ohne Fragen, ohne Zweifel, ohne den Schatten eines Nebengedankens und mit uneingeschränktem Vertrauen zur Obrigkeit.«

A. Andrzejewski, Finsternis bedeckt die Erde, S. 48, 55.

Wer will behaupten, daß diese inquisitorischen Glaubensforderungen nur dem Mittelalter angehören?

29 In der ČSSR wurden während der Säuberungen Anfang der siebziger Jahre Tausende der fähigsten Wissenschaftler, Professoren und Lehrer aus den Schulen und Forschungsstätten entfernt und gezwungen, ihre wissenschaftliche Arbeit und Lehrtätigkeit ganz aufzugeben. Wer an den Schulen bleiben durfte, mußte entwürdigende Formulare ausfüllen, Verurteilungen der Revisionisten und Dankadressen gegenüber der sowjetischen Befreiung unterschreiben, denunziatorische Angaben machen. Nicht nur aus der Partei ausgeschlossene Lehrer dürfen nicht mehr lehren, sondern auch die Ehepartner eines aus der KPČ ausgeschlossenen Mitglieds, die weiterhin mit diesem zusammenleben, dürfen keinen Lehrerposten innehaben. Die gesellschaftswissenschaftlichen Fächer an den Hochschulen wurden völlig »umgepolt«. Das ganze Ausmaß der geistigen Verwüstung kann nicht angegeben werden, aber auch die zusammengetragenen Fragmente zeigen, was die wütende Parteibürokratie alles auf sich genommen hat. Allein an der Philosophischen Fakultät der Karlsuniversität konnten im Studienjahr 1971/72 die Vorlesungen in 13 Fächern nicht stattfinden, darunter in den Fächern Philosophie, Soziologie, Orientalistik, Ethnographie, Musikwissenschaft und Kunstgeschichte. Als Fach existierte die technische Politologie nicht mehr; das Politologische Institut der Akademie der Wissenschaften und das Politologische Institut der Philosophischen Fakultät wurden gesperrt, an der Politischen Hochschule wurden der Lehrstuhl für politische Theorien sowie die Lehrstühle der Soziologie und der Lenkungstheorie aufgelöst. In den historischen Fächern ist am stärksten die Geschichtsforschung des 20. Jahrhunderts betroffen, und zwar in der Philosophischen Fakultät, im Historischen Institut der Armee, im ehemaligen Historischen Institut der Akademie der Wissenschaften, im Institut der Geschichte des Sozialismus, in der Militärakademie (wo auch der Lehrstuhl für tschechoslowakische Geschichte liquidiert wurde), im Institut für Sozial- und Politikwissenschaften der Karlsuniversität, an der politischen Hochschule und so weiter. Einen schweren Rückschlag haben die Wirtschaftswissenschaften erlitten. Vom ökonomischen Institut der Akademie der Wissenschaften wurde eine große Zahl der besten Forscher noch entfernt und die Arbeit auf das apologetische Niveau der fünfziger Jahre zurückgeworfen. 180 Mitarbeiter, darunter viele Professoren und Lehrstuhlinhaber, mußten die Ökonomische Hochschule verlassen. Auch die Rechtslehre an der Juristischen Fakultät und das Institut für Staat und Recht der Akade-

mie wurden stark dezimiert. Schwer betroffen ist ferner die tschechische Literaturwissenschaft, die Bohemistik, die Slawistik, die Germanistik und so fort. Und so könnte man fortfahren in dieser Aufzählung eines gesellschaftswissenschaftlichen Fachs nach dem anderen und all der wichtigen und großen Forschungsarbeiten, die abgebrochen werden mußten.

30 »Für unsere Schriftsteller läßt man nicht die Annahme gelten, gesteht ihnen nicht zu, daß sie das Recht haben, vorauseilende Urteile über das sittliche Leben des Menschen und der Gesellschaft zu äußern, die sozialen Probleme oder die geschichtliche Entstehung, die in unserem Land durch so tiefes Leid erworben wurde, auf ihre Weise zu deuten. Werke, die (zur Aktualität) herangereifte Gedanken des Volkes rechtzeitig auszudrücken und auf geistigem Gebiet oder auf die Entwicklung des gesellschaftlichen Bewußtseins heilsam einzuwirken vermöchten – werden von der Zensur aus kleinlichen, egoistischen Gründen und aus Überlegungen ohne Weitblick für das Leben des Volkes verboten oder verunstaltet.«

A. Solschenizyn, Brief an den IV. Allunions-Kongreß der sowjetischen Schriftsteller, Von der Verantwortung des Schriftstellers, S. 29.

31 »Auch wenn die heutige Situation nicht so schlecht ist, bedeutet dies nicht, daß keine Kultur vorhanden wäre. Die Theater spielen, das Fernsehen sendet täglich und Bücher erscheinen. Das Ganze dieser öffentlichen, legalen Kultur hat jedoch ein gemeinsames grundlegendes Merkmal: die allgemeine Enttäuschung der Kultur hervorgerufen durch ihre totale Kastration, so daß eine umfangreiche Entfremdung ihres eigentlichen Wesens – *ein Instrument des menschlichen und daher auch gesellschaftlichen Selbstbewußtseins zu sein* – eintrat. Und soweit auch heute ein fraglos souveräner Wert auftritt, z. B. – um in der Kunstsphäre zu bleiben – eine glänzende schauspielerische Leistung, dann erscheint sie eher als etwas, was nur dank der Subtilität, Sublimation und daher einer relativen Unschädlichkeit der gesellschaftlich-selbstbewußtseinsbildenden Wirkung toleriert wird. Aber auch hier – sobald diese Wirkung etwas markanter gespürt wird – beginnt sich die gesellschaftliche Macht instinktiv zu wehren (es sind Beispiele bekannt, daß ein guter Schauspieler im Grunde nur deshalb verboten wurde, weil er zu gut war).

[…] Sagen wir, daß ein literarisches Werk veröffentlicht wird – und hie und da kommt dies auch vor – dem man Geschick, Suggestivität, Einfallsreichtum und Sinn nicht absprechen kann. Aber wie immer schon dieses Werk sein wird, eines können wir dabei immer sicher erwarten:

daß es nicht um einen Zentimeter den fetischisierten Rahmen des konventionellen, banalen, also im Grunde verlogenen gesellschaftlichen Bewußtseins überschreiten wird – ob es schon die Zensur oder Autozensur bewirkt, ob es dem Naturell des Autors oder seiner Selbsttäuschung, seiner Resignation oder Berechnung zu verdanken ist.«
V. Havel, Brief, ›Listy‹, Nr. 5, Juli 1975, S. 37.

32 »Es wurde schon viel darüber gesagt, in welch beachtlichem Ausmaß unsere gegenwärtige Kultur verwüstet wurde; wie Hunderte von Schriftstellern und Büchern verboten wurden und Dutzende von Zeitschriften liquidiert; wie alle Editionsmöglichkeiten der Verlage und Repertoiremöglichkeiten der Theater dezimiert wurden und alle Verbindungen zum allgemeinen Stand des Geistes ausgeplündert wurden; wie bizarr die Palette der Verfolgung und Diskriminierung auf diesem Gebiet ist; wie alle existierenden Künstlerorganisationen und viele wissenschaftliche Institute zerstört und durch Attrappen ersetzt wurden, die von einer Handvoll aggressiver Sektierer, von berüchtigten Karrieremachern, von unverbesserlichen Feiglingen und von ehrgeizigen Niemanden verwaltet werden, die im allgemeinen Vakuum ihre große Chance ergriffen haben.«
Ebda.

V. Bürokratischer Antidemokratismus

1 Siehe Anm. II, 28 (S. 298) in diesem Buch.

2 Denn in einer äußersten Notsituation, in der eine äußerste wirtschaftliche Notsituation auch die politische Macht der Bürokratie ernstlich bedrohen würde, wäre sie eventuell gezwungen, auf ihre uneingeschränkte Wirtschaftsmacht zu verzichten, um wenigstens die politische Macht zu retten.

3 »Im Gegensatz zu bourgeoisen Ordnungen hat die Sowjetunion die demokratischen Freiheiten der Bürger nicht bloß formell deklariert, sondern auch für deren praktische Verwirklichung gesorgt.«
Andropow, Wahlrede Juni 1975, zit. nach: ›Neue Zürcher Zeitung‹, 11. 6. 1975.
»Die Diktatur des Proletariats bedeutet eine echte Demokratie für die Werktätigen. Diese ist unvergleichlich breiter als die der besten Prototypen der bürgerlichen politischen Ordnung.«
B. N. Topornin, Das politische System des Sozialismus, S. 64.
»Unser gesellschaftliches Leben ist wirklich demokratisch in allen Sphären.« L. Breschnew, ›Prawda‹, 13. 10. 1974.

4 Zit. aus: G. Husak, Die Aktualität der Leninschen Ideen über den Staat und die Demokratie. Artikel zum 100. Jahrestag von Lenins Geburtstag für die ›Prawda‹ geschrieben und am 16. 4. 1970 in ›Rudé Právo‹ wiedergegeben.

5 »[...] der Schwerpunkt verlagert sich von der formalen Anerkennung der Freiheiten (wie das unter dem bürgerlichen Parlamentarismus der Fall war), zur tatsächlichen Garantierung der Nutzung der Freiheiten durch die Werktätigen, die die Ausbeuter stürzen.
Zum Beispiel von der Anerkennung der Versammlungsfreiheit zur Übergabe aller besten Säle und Räumlichkeiten an die Arbeiter, von der Anerkennung der Freiheit des Worts zur Übergabe aller besten Druckereien an die Arbeiter.«
W. I. Lenin, Außerordentlicher Siebenter Parteitag der KPR(B), Werke 27, S. 142 f.

6 »Die Ausbeuterklassen wurden zwar ihrer ökonomischen Stellung enthoben, aber ihre Angehörigen bildeten immer eine zahlenmäßig starke soziale Schicht. In der ČSSR überleben noch die Reste der ehemaligen bürgerlichen Klasse und eine zahlenmäßig starke Schicht von Kleinbürgern, es leben hier Menschen, die bis zum Februar 1948 in bürgerlichen Parteien organisiert waren, und ähnliche. Eben dieser Frage wurde eine ungenügende Aufmerksamkeit gewidmet.«
G. Husak, ›Rudé Právo‹, 16. 4. 1970.

7 In der ČSSR bestand im Jahre 1973 die Bevölkerung zu 88,3 % aus Arbeitern und Angestellten, zu 10,6 % aus Genossenschaftsmitgliedern. In Ungarn entfielen 82 % auf Arbeiter und Angestellte und 13 % auf Genossenschaftsmitglieder. In Bulgarien sind 59,6 % Arbeiter und Angestellte und 39,2 % Genossenschaftsmitglieder. In Rumänien machen Arbeiter und Angestellte 52,3 % aus und Genossenschaftsmitglieder 40,7 %.

8 Sooft auch eine bürgerliche Idee (wobei natürlich die Dogmatiker eine jede Kritik des bürokratischen Wesens des »Sozialismus« für eine bürgerliche Idee halten) in den »sozialistischen« Ländern Verbreitung fand, war dies nie ein Ausdruck ihrer materiellen oder machtmäßigen Basis innerhalb dieser Länder oder gar ihrer starken Unterstützung aus dem Ausland, sondern immer nur das Ergebnis einer fehlerhaften und schädigenden Politik der existierenden Macht innerhalb dieser Länder beziehungsweise ihrer wenig überzeugenden, phrasenhaften und unwahren ideologischen Tätigkeit. Die östlichen Politiker, die glauben, daß es genüge, eine politische oder ideologische Behauptung ohne überzeugende Beweise und ohne Zulassung von Gegenargumenten

und Dikussionen auszusprechen, und daß diese von den Menschen einfach akzeptiert werde, weil sie von allen Massenmedien wiederholt und verbreitet werden muß, haben seit jeher das geistige Niveau und Urteilsvermögen des Volkes unterschätzt. Nur ein Bürokrat kann erwarten, daß man mit Phrasen, Drohungen und Repressionen die Unterstützung und Begeisterung des Volks erlangen kann – außer er versteht darunter die Folgsamkeit eines geschlagenen Hundes.

9 »Barans Grundannahme ist, daß das, was Bedarf ist, zumindest für Marxisten außer Streit gestellt werden kann. Diese Grundannahme ist jedoch durch die Geschichte des Sozialismus seit der Oktoberrevolution falsifiziert: Der ›Bedarf‹, also das konkrete gesellschaftliche Zielsystem, war auch innerhalb der Elite der kommunistischen Parteien niemals unbestritten. Wenn es aber innerhalb der zur Auslegung des Sozialismus berufenen Gruppe keinen Konsens über den ›Bedarf‹ gibt – wie kann dann dieser legitimiert werden? Wenn es innerhalb einer ›sozialistischen Regierung‹ Konflikt gibt – wie kann dann der Determinismus schlüssig sein, und wie sind die nur aus diesem Determinismus abgeleiteten Maßnahmen der politischen Unterdrückung zu rechtfertigen?«
A. Pelinka, Dynamische Demokratie, S. 52.

10 »Es ist eine Wechselwirkung aller dieser Momente, worin schließlich durch alle die unendliche Menge von Zufälligkeiten (das heißt von Dingen und Ereignissen, deren innerer Zusammenhang untereinander so entfernt oder so unnachweisbar ist, daß wir ihn als nicht vorhanden betrachten, vernachlässigen können) als Notwendiges die ökonomische Bewegung sich durchsetzt. Sonst wäre die Anwendung der Theorie auf eine beliebige Geschichtsperiode ja leichter als die Lösung einer einfachen Gleichung ersten Grades.«
F. Engels, Brief an J. Bloch, 21. 9. 1890, MEW 37, S. 463.

11 »Auf der einen Seite haben wir die Möglichkeit, in den Wirtschaftsprozeß einzugreifen (bei der Möglichkeit der Auswahl von Kriterien) und seine Formierung zu beeinflussen. Aber auf der anderen Seite sind wir gleichzeitig in unseren Möglichkeiten durch die Irrationalität der Elemente begrenzt. Letzten Endes sind unsere wirtschaftspolitischen Maßnahmen durch bestimmte Gesetzmäßigkeiten determiniert, aber in jedem gegebenen Moment sind wir ›frei‹ in der Auswahl des Ausmaßes und der Durchführung der Maßnahmen.«
A. S. Mendelson, Der Plan in der Übergangsperiode, ›Planovoje Chozjajstvo‹ 1928, Nr. 8.

12 »Wenn man den rechtsopportunistischen Ideologen Glauben schenken wollte, die 1968 in der ČSSR aktiv gegen die sozialistische Ordnung aufgetreten sind, so gibt es nur so lange ein ›normal‹ verlaufendes politisches Leben, wie die Sitten und Traditionen des bürgerlichen sozialen Pluralismus erhalten bleiben und die nichtproletarischen Parteien als Antipoden der Kommunisten auftreten. Sogar die Vereinigung der Kommunisten mit den Sozialdemokraten in der ČSSR erklären sie für ›illegal‹. Mit anderen Worten, es ging ihnen um eine Restauration der bürgerlichen Demokratie, um damit ungestört ihre konterrevolutionären Absichten verwirklichen zu können.«
B. N. Topornin, Das politische System des Sozialismus, S. 177.

13 Dies hätte seine sozial-strukturelle Begründung darin, daß die große Mehrheit der Bevölkerung auch im Kapitalismus kein kapitalistisches Produktionsmitteleigentum hatte und höchstwahrscheinlich sich bei einer direkten Befragung auch nicht für seine Wiedereinführung ausgesprochen hätte.

14 »Die Fehler und Mängel hatten bei uns um so ernstere Folgen, als die zahlreichen kleinbürgerlichen Schichten sowohl unter der ländlichen wie auch der städtischen Bevölkerung ein großes Gewicht in der sozialen Zusammensetzung unserer Gesellschaft hatten. Diese Schichten stellten eine formierte politische Strömung mit alten Traditionen, einer starken Organisation und einer präzise ausgedrückten kleinbürgerlichen Ideologie des Nationalismus, Masarykismus und Sozialdemokratismus dar, die tief in einem gewissen Teil der Arbeiterklasse verwurzelt und eingedrungen war.«
Dies zitiert Topornin aus den sogenannten ›Lehren aus der krisenhaften Entwicklung der kommunistischen Partei der Tschechoslowakei und der Gesellschaft nach dem XIII. Parteitag der KPČ‹, um damit die Erhaltung der Diktatur des Proletariats zu begründen.
B. N. Topornin, ebda., S. 72.

15 Ebda., S. 201.

16 Ebda.

17 Auch dies war ein Ziel der tschechoslowakischen Reformer.

VI. Pervertierung des Sozialismus

1 Siehe mehr darüber in O. Šik, Plan und Markt im Sozialismus, Kap. I.

2 »1963 waren in der UDSSR etwa 81 % sämtlicher industrieller Produktionen für den Primärsektor bestimmt, und in der Zeit zwischen 1959

und 1964 betrug der Zuwachs im Primärsektor 10,3 % gegenüber 6,6 % im industriellen Sekundärsektor, dessen Ausgangshöhe von vornherein sehr viel niedriger war. 1963 wurden auf 13,3 im Primärsektor investierte Rubel nur 1,9 Rubel im Sekundärsektor investiert.«
A. Carlo, Politische und ökonomische Struktur der UDSSR (1917–1975), S. 64.

»Die Produktion der UDSSR-Schwerindustrie ist 1974 erneut stärker gewachsen als die der Konsumgüterindustrie, die ursprünglich in dem bis Ende 1975 laufenden Fünfjahresplan Vorrang haben sollte.«
›Tagesanzeiger‹, Zürich, 21. 1. 1975.

In der ČSSR betrug im Jahre 1972 der Anteil der Grundfonds der industriellen Produktionsmittelproduktion (Gruppe A) am Gesamtwert aller industriellen Grundfonds ungefähr 78 %, während die industrielle Konsumgüterproduktion (Gruppe B) nur 22 % aller Grundfonds einnahm.
Statistisches Jahrbuch der ČSSR 1973.

3 1968 stand die ČSSR im Wohnungsbau pro Kopf der Bevölkerung an vorletzter Stelle in Europa – nur mehr Portugal war noch schlimmer daran. Bis heute hat sich die Wohnungssituation in der ČSSR nicht wesentlich gebessert. Junge Ehepaare müssen im Durchschnitt 6–8 Jahre auf eine Wohnungszuteilung warten.

4 Siehe eine Menge konkreter Angaben in O. Šik, Für eine Wirtschaft ohne Dogma, Kap. I, sowie O. Šik, Wirtschaft und Gesellschaft im Umbruch, S. 93 f.

5 »Die Erscheinungsform des extensiven Wachstums ist die niedrige Ausnützung von Schichtarbeit (in der ČSSR 1,3, in der UDSSR und Polen 1,5). In der Industrie der ČSSR existieren schon heute ungefähr 300 000 unbesetzte Arbeitsplätze.«
Vintrova, Schlüsselprobleme langfristiger Prognosen, in: Methodologische Fragen der Prognostizierung der sozial-ökonomischen Entwicklung, S. 43.

6 In der Tschechoslowakei wuchs die Akkumulationsquote von 1971 bis 1974 schneller als das Nationaleinkommen, und zwar in folgender Weise:

Jahr	Jährliches Wachstum des Nationaleinkommens (Nettomaterialprodukt) in %	Anteil der Akkumulation am Nationaleinkommen in %
1971	5,1	31,7
1972	6,0	31,5
1973	5,3	33,7
1974	5,2	34,8

J. Zoubek, East European Economy in 1975, ›East-West Research Report‹, Nr. 8, 1975, S. 27.

In der UdSSR hat sich dem bekannten sowjetischen Ökonomen Notkin zufolge der Akkumulationskoeffizient (der das Wachstum der Akkumulationsquote im Verhältnis zu dem Wachstum des Nationaleinkommens um 1 % anzeigt) für die Zeit von 1961 bis 1970 von 1,9 % auf 4 % erhöht.

Notkin, Prognostizierung des Wachstums und der finalen Benutzung des Nationaleinkommens, in: Methodologische Fragen der Prognostizierung der sozial-ökonomischen Entwicklung, S. 19.

7 »Eine entscheidende Bedeutung hat der Übergang zu intensiven Wirtschaftsmethoden und die Betonung der qualitativen Wachstumsfaktoren […] Das schnelle Wachstum der Volkswirtschaft muß erreicht werden, ohne eine Erweiterung der Zahl von Arbeitskräften im Bereich der materiellen Produktion, das heißt mittels der Hebung der Produktivität der Arbeit.«

L. Breschnew, Rede zu den Wahlen in den Obersten Sowjet, zit. nach: ›Rudé Právo‹, 15. 6. 1974.

8 Siehe dazu die Tabelle in O. Šik, Argumente für den dritten Weg, S. 83 ff.

9 »Soviet per capita consumption is only around one-third that of the US, about 50 % that of the United Kingdom, France and West Germany.« Economic Aspects of Life in the USSR, S. 10.

10 Siehe die Angaben über den Trend des Kapitalkoeffizienten in O. Šik, Der dritte Weg, S. 309, übernommen von Helmstädter, Der Kapitalkoeffizient.

11 »In den sechziger Jahren wurde nämlich etwa ein Fünftel aller neuen Maschinen und Ausrüstungen (der UdSSR) importiert. Westliche Industrieländer waren dabei vor allem in folgenden Industriezweigen mit hohen durchschnittlichen Anteilen am Import von Maschinen und Ausrüstungen beteiligt: Chemische Industrie (Anteil 34 %); Fahrzeug-

und Schiffsbau (Anteil 34 %); Nahrungsmittelindustrie (Anteil 23 %) und Leichtindustrie (Anteil 35 %). Zumindest in diesen Bereichen waren westliche Importe nicht nur zur Vermittlung des technischen ›Know how‹, sondern auch zur Verbreiterung der maschinellen Produktionsbasis von großer Bedeutung.«

H.-H. Höhmann (Hrsg.), Die Wirtschaft Osteuropas zu Beginn der 70er Jahre, S. 25.

12 In ›Rudé Právo‹ vom 13. 5. 75 schreibt A. Svoboda vom Handelsministerium, daß »einzelne Organisationen des Binnenhandels innerhalb eines Jahres auf mehr als 20 000 Beschwerden der Konsumenten über schlechte Warenqualität antworten müssen«. Durch Qualitätsverschlechterungen werden verdeckte Preiserhöhungen erzielt.

13 Ähnlich wie die in der ČSSR berechneten Produktionsrückstände (siehe Šik, Fakten der tschechoslowakischen Wirtschaft), zeigen auch Berechnungen für die DDR ein großes Zurückbleiben der Produktivität hinter den westlichen Industrieländern.

»Geht man deshalb von einer Parität von M/DM = 1 (1962) aus, so würde der Unterschied der Arbeitsproduktivität 1962 mehr als 25 % ausmachen, der sich bis 1970 sogar auf knapp 30 % zugunsten der BRD-Arbeitsproduktivität erhöhen würde.«

W. Gatz (Hrsg.), Die wirtschaftliche Entwicklung der BRD und der DDR 1950–1970, S. 74 f.

14 Siehe Angaben darüber in O. Šik, Fakten der tschechoslowakischen Wirtschaft, in: a.a.O., S. 60 f.

15 Im Jahre 1974 kamen in der ČSSR auf eine Produktion von 100 Kčs im Durchschnitt für 63,10 Kčs Materialkosten. In westlichen, an Rohstoffen viel reicheren Ländern sind die Materialkosten wesentlich niedriger – so machten in den USA die Materialkosten nur 54,4 % im Absatzwert der verarbeitenden Industrie aus (berechnet nach: Annual Survey of Manufactures 1964/65).

16 Vintrova, Schlüsselprobleme langfristiger Prognosen, in: Methodologische Fragen der Prognostizierung der sozial-ökonomischen Entwicklung, S. 45.

17 H.-H. Höhmann (Hrsg.), a.a.O., S. 68.

18 ›Der Spiegel‹, Nr. 41, 7. 10. 1974, S. 42.

19 »Die sowjetische wissenschaftliche Monatszeitschrift ›Probleme der Wirtschaft‹ widmete im Juli 1970 der Materialvergeudung eine aufschlußreiche Studie. Der Verfasser führt aus, in der Sowjetunion gehe im allgemeinen drei- bis viermal mehr Metall in Spänen ab als in anderen Industrieländern. Beim Maschinenbau gingen bei der Bearbeitung

der Rohteile durchschnittlich 29 % des Metalls in den Abfallkübel. Bei besonderen Maschinen seien die Verluste noch größer, zum Beispiel beim Werkzeugmaschinenbau 45 %. In der Kugellagerindustrie, wo besonders teurer Stahl verwendet werde, gingen sogar 57 % des Materials in Spänen ab... Die Herstellung des Metalls, das in die Abfallkübel gehe, koste den Staat jährlich vier bis fünf Milliarden Rubel.«
R. Bernheim, Die sozialistischen Errungenschaften der Sowjetunion, S. 80.

20 Aufforderungen und Kritiken, wie sie Ministerpräsident Strougal am XIV. Parteitag der KPČ aussprach, konnte man vorher jahrelang von Novotný ebenso hören, wie sie auch später noch zu hören sein werden: »Bereits lange Jahre ringen wir mit einem ungewöhnlich hohen Produktionsverbrauch an Rohstoffen, Grundmaterial, Brennstoffen und Energie. Wir können mit dem Tempo und dem Ausmaß der Produktionssortimentänderung nicht zufrieden sein, denn es entspricht nicht den Möglichkeiten unserer Industrie und der breiten Forschungsbasis, den Anforderungen und dem Geschmack unserer Konsumenten. Wir können auch nicht andauernd die ungenügende Ausnutzung der Grundfonds übersehen, wobei die Anforderungen an Investitionen beständig wachsen. Dieses hohe Ausmaß der im Bau befindlichen und nicht beendeten Bauten hält weiter an, die Baufristen sind unbegründet lang, die neu erstellten Kapazitäten werden verspätet in Betrieb genommen, die Lieferungen für die entscheidenden Investitionsaktionen verlaufen nicht kontinuierlich.«
L. Strougal, Hauptrichtungen der Wirtschaftspolitik der Partei in den Jahren 1971–1975, S. 10.

21 Gemäß ›Rudé Právo‹ vom 26. 6. 1974 ist in der ČSSR der gesamte Umfang an Vorräten gegen Ende 1973 auf eine Summe von 230 Mrd. Kčs, das heißt um 14 Mrd. Kčs gegenüber 1972 angewachsen. Dieser Umfang entspricht ungefähr Zweidrittel des Nationaleinkommens. In Polen machten diese Vorräte gemäß ›Rudé Právo‹ vom 24. 9. 1974 sogar 87 % des Nationaleinkommens aus.

22 Da die Hauptunternehmen wegen fehlender Lieferungen von Komplettierungsprodukten (Installationsmaterial, Elektromaterial, Fenster, Türen und so weiter) immer größere Schwierigkeiten haben, die Bauten zu beenden, werden immer mehr Rohbauten erstellt, da diese auch in die Planerfüllung einberechnet werden, aber immer weniger Bauten beendet.

23 In der ČSSR machte der Umfang nicht beendeter Bauten 1973 bereits 220 Mrd. Kčs aus.

24 R. N. Kricman, Die heldenhafte Periode der großen russischen Revolution, in: Vestnik der kommunistischen Akademie, Nr. IX, 1924.

25 Die Ideologen der Bürokratie halten es heute schon für ganz selbstverständlich, daß ein Land wie die čSSR, die schon vor dem Zweiten Weltkrieg ein Industrieniveau erreicht hatte, das pro Kopf der Bevölkerung ungefähr dem Frankreichs gleichkam, als »sozialistisches« Land weit hinter alle westlichen Industrieländer zurückfiel. Ja, sie bezeichnen sogar die real berechneten Ziele der Reformer, mit Hilfe der Systemänderungen und verschiedener wirtschaftspolitischer Maßnahmen in Kürze einige dieser westlichen Länder, die einen kleineren Vorsprung hatten, (etwa Österreich) einzuholen, als unrealistisch. Sollte sich Herr Hajek, der diese Reformziele ironisiert, nicht lieber zuvor mit den Berechnungen und angestrebten konkreten Voraussetzungen bekanntmachen, bevor er sie »ideologisch« kritisiert? Sollte er nicht eher darüber nachdenken, warum die »sozialistische« čSSR im Lebensstandard der Bevölkerung hinter Österreich zurückfiel, statt sich über die Reformer zu mokieren?
Siehe J. Hajek, Demokratisierung oder Demontage?, S. 92.

26 Siehe K. Marx, Kritik des Gothaer Programms, MEW 19, S. 18 ff.

27 »Reduziert man allerdings den Arbeitslohn auf seine allgemeine Grundlage, nämlich auf den Teil des eigenen Arbeitsprodukts, der in die individuelle Konsumtion des Arbeiters eingeht; befreit man diesen Anteil von der kapitalistischen Schranke und erweitert ihn zu dem Umfang der Konsumtion, den einerseits die vorhandene Produktivkraft der Gesellschaft zuläßt (also die gesellschaftliche Produktivkraft seiner eigenen Arbeit als wirklich gesellschaftlicher) und den andrerseits die volle Entwicklung der Individualität erheischt; reduziert man ferner die Mehrarbeit und das Mehrprodukt auf das Maß, das unter den gegebenen Produktionsbedingungen der Gesellschaft erheischt ist, einerseits zur Bildung eines Assekuranz- und Reservefonds, andrerseits zur stetigen Erweiterung der Reproduktion in dem durch das gesellschaftliche Bedürfnis bestimmten Grad; schließt man endlich in Nr. 1, der notwendigen Arbeit, und Nr. 2, der Mehrarbeit, das Quantum Arbeit ein, das die arbeitsfähigen für die noch nicht oder nicht mehr arbeitsfähigen Glieder der Gesellschaft stets verrichten müssen, das heißt, streift man sowohl dem Arbeitslohn wie dem Mehrwert, der notwendigen Arbeit wie der Mehrarbeit den spezifisch kapitalistischen Charakter ab, so bleiben eben nicht diese Formen, sondern nur ihre Grundlagen, die allen gesellschaftlichen Produktionsweisen gemeinschaftlich sind.«
K. Marx, Das Kapital, Bd. III, MEW 25, S. 883.

28 So schreibt Calvet in einer Besprechung des Buches »*Der dritte Weg*«:
»Durch eine Verwechslung – absichtlich oder infolge Unwissenheit? –
identifiziert Ota Šik den Mehrwert mit einem verschwommenen Begriff
des *surplus* oder des *value added*, was ihm erlaubt, dessen Überleben
in den sozialistischen Staaten zu proklamieren und sogar [...] seinen
Prozentanteil für Ungarn, Polen und die Tschechoslowakei zu berechnen.«

J.-Y. Calvet, Socialisme? Ou capitalisme à masque humain?, ›*La voix
ouvrière*‹, 12. 10. 1973.

Marx müßte sich nicht nur im Grab umdrehen, sondern rotieren, wenn
er wüßte, wie er heute von Parteiideologen »verstanden« und verteidigt
wird. Calvet sollte doch zumindest wissen, daß das im Westen statistisch erfaßte »value added« ungefähr dem neugeschaffenen Wert
entspricht (also jenem Wert, der durch die Arbeit dem Wert der Produktionsmittel hinzugefügt wird) und daß durch die Abrechnung
der Lohnsumme von diesem neugeschaffenen Wert der übrigblei-
bende Wert ungefähr dem Mehrwert entspricht. Es ist bestimmt eine
solche Annäherung an die Mehrwertgröße, daß diese – wenn im
Westen und Osten gleich errechnet – auch einen Vergleich der Mehrwertrate ermöglicht. Daß dann in allen gesellschaftlichen Produktionsweisen so etwas wie ein Mehrprodukt existieren muß, das
sich lediglich dadurch unterscheidet, von wem es angeeignet und
wie es benützt wird, das hat wohl zur Genüge schon Marx selbst
erklärt.

29 »Der moderne Staat, was auch seine Form, ist eine wesentlich kapitalistische Maschine, Staat der Kapitalisten, der ideelle Gesamtkapitalist. Je mehr Produktivkräfte er in sein Eigentum übernimmt,
desto mehr wird er wirklicher Gesamtkapitalist, desto mehr Staats-
bürger beutet er aus. Die Arbeiter bleiben Lohnarbeiter, Proletarier.«

F. Engels, Die Entwicklung des Sozialismus von der Utopie zur Wissenschaft, MEW 19, S. 222.

30 Siehe dazu O. Šik, Der dritte Weg, Kap. 4, § I.

31 K. Marx, Kritik des Gothaer Programms, MEW 19, S. 19.

32 Siehe S. 125 in diesem Buch.

33 Siehe O. Šik, Der dritte Weg, S. 235 ff.

34 In der ČSSR gibt es Minimal-Altersrenten, auf die jeder ehemalige
Lohnempfänger nach einer fixierten Höhe von Arbeitsjahren ein Anrecht hat, und zu denen dann Zuschläge nach unterschiedlichen Aspék-
ten (gemäß der Beschäftigungsdauer, der Einkommenshöhe und ähnli-

chem) hinzugerechnet werden. Hunderttausende von Pensionären erhalten jedoch nur diese Minimalrente, die so niedrig ist, daß man davon nicht leben kann: Sie macht 550,– Kčs monatlich aus. Das amtlich berechnete Existenzminimum für einen Menschen beträgt jedoch 789,– Kčs monatlich. Der allgemeine Durchschnittslohn im Jahre 1974 betrug 2232,– Kčs. Ein alter Mensch mit 550,– Kčs Einkommen ist daher entweder auf die Unterstützung seiner Kinder angewiesen, oder er muß weiter arbeiten. Ehemalige selbständige Handwerker, Bauern und so weiter haben nicht einmal auf diese Minimalrente ein Anrecht, und das sehr oft auch dann nicht, wenn sie gegen Ende ihrer Arbeitsfähigkeit Genossenschaftler wurden.

In der DDR lagen 1971 »die öffentlichen Sozialeinkommen pro Kopf der mitteldeutschen Bevölkerung mit nur 764 Mark fast um die Hälfte unter dem westdeutschen Wert«.

W. Bröll, Die Wirtschaft der DDR, S. 95.

35 Öffentliche Ausgaben für Erziehung um 1970:

Land	% des Brutto- sozial- produkts	% der öffent- lichen Ausgaben	Land	% des Brutto- sozial- produkts	% der öffent- lichen Ausgaben
UdSSR	6,8	12,8	USA	6,5	17,9
DDR	5,1	8,3	BRD	4,0	13,8
Bulgarien	4,8	8,9	Italien	4,3	20,2
ČSSR	4,4	7,0	Schweden	7,8	30,2
Ungarn	4,5	6,9	Japan	4,1	20,4

Entnommen aus: K. von Geyme, Ökonomie und Politik im Sozialismus, S. 131.

36 In der Sowjetunion lag sogar die durchschnittliche Ausbildungszeit von Arbeitern Mitte der sechziger Jahre unter dem Niveau von Nordwesteuropa und weiter hinter den USA zurück:

Durchschnittliche Ausbildungszeit in Jahren:

USA	11,6
Nordwesteuropa	9,0
Sowjetunion	6,8
Italien	5,3

Anteil der Hochschulabsolventen an der Gesamtzahl der Beschäftigten in der Mitte der sechziger Jahre:

USA   11,6
Sowjetunion   3,8
Nordwesteuropa   3,2
Italien   2,6
Entnommen aus: P. Sager, Die technologische Lücke zwischen Ost und West, S. 30 f.

37 So betrug die Akkumulationsquote (Anteil der Nettoinvestitionen am Volkseinkommen) in der BRD:

im Jahre 1968   =   14,3 %
im Jahre 1969   =   16,0 %
im Jahre 1970   =   17,4 %

Entnommen aus: Statistisches Jahrbuch der Bundesrepublik Deutschland 1972, Tabelle 16, S. 524.

38 ›Rudé Právo‹, 26. 6. 1974.

39 Siehe O. Šik, Der dritte Weg, S. 111–125.

40 Experimente bei den Firmen Volvo in Schweden und Norsk-Hydro in Norwegen. (Siehe G. Bihl, Von der Mitbestimmung zur Selbstbestimmung.)

41 Im Frühjahr 1975 mußte sogar der Erste Bezirkssekretär der KPČ in Pilsen wegen Korruption abgesetzt werden, da in diesem Fall das Maß bereits allzu deutlich überschritten war.

42 »Eines der Effektivitätsgrundkriterien der massenpolitischen Arbeit und Agitation ist die Erreichung eines immer größeren Einklangs zwischen individuellen, kollektiven und gesamtgesellschaftlichen Interessen bei den Menschen.«
Kaše, Leiter der Agitationsabteilung des ZK-KPČ, ›Rudé Právo‹, 13. 6. 1975.

43 »In unserem Land gibt es eine ungewöhnlich hohe Zahl von unglücklichen, vom Schicksal betrogenen Menschen: vereinsamte Greise mit lächerlich geringen Renten; Menschen, die dem Leben nicht gewachsen sind, die keine Arbeit oder Lernmöglichkeit haben oder auch kein – selbst für unseren ärmlichen Standard – entsprechendes Dach über dem Kopf haben; chronisch Kranke, die keinen Platz in einem Spital finden; zahllose Trinker; eineinhalb Millionen Häftlinge, Opfer einer blinden und oft ungerechten Justizmaschinerie; Menschen, für immer aus dem normalen Leben ausgestoßen, oft einfach Pechvögel, die es nicht verstanden haben, zur richtigen Zeit dem richtigen Mann ein Bestechungsgeld in die Hand zu drücken.«
A. D. Sacharow, Mein Land und die Welt, S. 15 f.

44 Siehe O. Šik, Der dritte Weg, S. 120.

338

45 Reihenfolge von 10 europäischen Staaten mit der höchsten Rate an Selbstmorden und Selbstverstümmelungen:

Stelle	Jahr	Land	Rate (Promille der Selbstmorde und Selbstverstümme- lungen aus je 100 000 Einwohnern)	Zahl der Selbstmorde und Selbst- verstümmelungen
1	1971	Ungarn	36,1	3737
2	1970	DDR	30,5	5196
3	1970	ČSSR	25,3	3627
4	1970	Österreich	22,7	1694
5	1970	Schweden	22,3	1790
6	1970	Dänemark	21,5	1060
7	1970	BRD	21,2	13046
8	1970	Finnland	21,0	983
9	1970	Schweiz	18,4	1150
10	1970	Frankreich	15,4	7836

Zusammengestellt nach: Demographic Yearbook 1972, United Nations, New York 1973, Chap.: General Mortality (Death and Death Rates by Cause), Part: Suicide and Self-inflicted Injuries.

46 M. Djilas, Die neue Klasse. Eine Analyse des kommunistischen Systems, S. 49 ff.

47 »In der sowjetischen Wirklichkeit ist aber das Eigentum an Produktionsmitteln (verstanden als Verfügungsmacht im eigenen Interesse und unbeeinträchtigt von irgendwelcher Kontrolle) in den Händen der Bürokratie, die in ihrer Gesamtheit als Klasse angesehen werden muß. Daß der einzelne Bürokrat keine individuelle Verfügungsmacht hat, ist daher kein Gegenargument.«
A. Carlo, Politische und ökonomische Struktur der UdSSR (1917–1975), S. 11.

48 »Als Klassen bezeichnet man große Menschengruppen, die sich voneinander unterscheiden nach ihrem Platz in einem geschichtlich bestimmten System der gesellschaftlichen Produktion, nach ihrem (größtenteils in Gesetzen fixierten und formulierten) Verhältnis zu den Produktionsmitteln, nach ihrer Rolle in der gesellschaftlichen Organisation der Arbeit und folglich nach der Art der Erlangung und der Größe des

Anteils am gesellschaftlichen Reichtum, über den sie verfügen. Klassen sind Gruppen von Menschen, von denen die eine sich die Arbeit einer anderen aneignen kann infolge der Verschiedenheit ihres Platzes in einem bestimmten System der gesellschaftlichen Wirtschaft.«
W. I. Lenin, Die große Initiative, Werke 29, S. 410.

49 »Die früher einmal landläufige Gleichsetzung von Staatseigentum und klassenloser Gesellschaft beruhte entweder auf tautologischer Beweisführung (das heißt, Klasse wurde allein definiert durch das Vorhandensein oder Fehlen privaten Eigentums, woraus zwangsläufig folgt, daß, wenn es kein Privateigentum mehr gibt, es auch keine Klassen geben kann) oder auf der Voraussetzung, daß es nach der Enteignung der Wirtschaft keine Klassen geben könne, die den Staatsapparat beherrschten. Mit den Mitteln der Logik läßt sich diese Annahme nicht beweisen. Daß sie für Rußland nicht zutrifft, daß also dort ganz eindeutig eine herrschende Klasse existiert, deren Macht auf der Kontrolle des Staatsapparats beruht, wird heute kaum bestritten.«
Crosland, Die Zukunft des Sozialismus, in: W.-D. Narr/C. Offe (Hrsg.), Wohlfahrtsstaat und Massenloyalität, S. 93.

50 E. Mandel, Über die Bürokratie, S. 52 ff.

51 »Die ›Außenpolitik‹ von der Politik schlechthin zu trennen oder gar die Außenpolitik der Innenpolitik entgegenzustellen ist grundfalsch, unmarxistisch, unwissenschaftlich. Sowohl in der Außenpolitik wie auch gleicherweise in der Innenpolitik strebt der Imperialismus zur Verletzung der Demokratie, zur Reaktion. In diesem Sinne ist unbestreitbar, daß der Imperialismus ›Negation‹ der *Demokratie überhaupt, der ganzen Demokratie* ist, keineswegs aber nur *einer* demokratischen Forderung, nämlich der Selbstbestimmung der Nationen.«
W. I. Lenin, Über eine Karikatur des Marxismus, Werke 23, S. 34.

52 W. I. Lenin, Die sozialistische Revolution und das Selbstbestimmungsrecht, Werke 22, S. 144.

53 »Die meisten Ingenieure und Techniker kommen aus der Umgebung der Arbeiterklasse und leben in dieser. Sie haben keine speziellen Privilegien und werden zumindest so ausgebeutet wie die Arbeiter. Es gibt auch keine ernsthafte Standeskonkurrenz zwischen den Ingenieuren, zumal das Angebot noch immer ungenügend ist, besonders in der Provinz. Die Ingenieure, Konstrukteure und Techniker, die einen großen und wachsenden Prozentsatz des Betriebsvolks darstellen, intellektualisieren die Arbeiterklasse. Wofür sie sich einsetzen, ist eine radikale aber allmähliche Transformation; vor allem wollen sie aber keine Rückkehr zum Kapitalismus.«

V. Belotserkovsky, Brief an die zukünftigen Führer der Sowjetunion, ›Partisan Review‹, Bd. XLII, Nr. 2, S. 265.

54 »Die Arbeiter-Ingenieure und die wissenschaftlich-technische Intelligenz als Ganzes sind an *konstruktiven* Reformen interessiert. Mehr als jeder andere verbinden sie den Mangel an Freiheit mit *autoritärer* bürokratischer Unordnung, und streben nach einer Ordnung, die auf Demokratie und Recht basieren würde. Die Möglichkeit einer blinden Zerstörung oder Anarchie lockt sie nicht. Sie haben sich ein gutes Maß an gesundem Menschenverstand und moralischer Integrität erhalten.«
Ebda., S. 265 f.

55 W. Leonhard, Am Vorabend einer neuen Revolution?, S. 121.

56 »Die Modernisatoren hoffen, durch sorgfältige, von oben kontrollierte Reformen ernste Erschütterungen des Systems zu vermeiden. Im Wirtschaftsbereich sind sie für eine von oben kontrollierte begrenzte Wirtschaftsreform, in der Nationalitätenpolitik für eine vorsichtige Politik, die den Nationalismus abschwächt. In mancher Hinsicht kommen bei dieser Richtung auch technokratische Tendenzen zum Ausdruck.
Außenpolitisch befürworten sie die Westpolitik und die wissenschaftlich-technologische Kooperation mit den Industriemächten. Dabei sind sie bereit, sogar weiterzugehen als die gegenwärtige Führung. Sie befürworten eine ausreichende Konsumgüterproduktion, aber mehr in der Absicht, die Bevölkerung dadurch ruhig zu halten.«
Ebda., S. 124.

VII. Politisches Nachwort

1 Siehe auch dazu: O. Šik, Die politische Bedeutung der Ost-West-Wirtschaftsbeziehungen, in: Für eine Wirtschaft ohne Dogma, S. 74–87.

Bibliographie

A documentary History of Communism, New York (Vintage Books) 1962

Agnoli, J./Brendel, C./Mett, I., Die Kommune von Kronstadt, Berlin 1974

Amalrik, A. A., Kann die Sowjetunion das Jahr 1984 erleben?, Zürich 1970

Andrzejewski, A., Finsternis bedeckt die Erde, München 1961

Bakunin, M., Philosophie der Tat, Köln 1968

Beer, F., Die Zukunft funktioniert noch nicht, Frankfurt/M. 1969

Belotserkovsky, V., Brief an die zukünftigen Führer der Sowjetunion, ›Partisan Review‹, Vol. XLII, New York 1975

Bernheim, R., Die sozialistischen Errungenschaften der Sowjetunion, Zürich 1971

Bettelheim, Ch., Ökonomischer Kalkül und Eigentumsformen, Berlin 1970

Beyme von, K., Ökonomie und Politik im Sozialismus, München 1975

Bihl, G., Von der Mitbestimmung zur Selbstbestimmung, München 1973

Breschnew, L., Auf dem Weg Lenins. Reden und Aufsätze, Berlin 1971

Breschnew, L., Rede zu den Wahlen in den obersten Sowjet, ›Rudé Právo‹, 15. 6. 1974

Bress, L./Hensel, K. P., Wirtschaftssystem des Sozialismus im Experiment – Plan oder Markt?, Frankfurt/M. 1972

Briessen von, F., China, Stuttgart-Degerloch 1972

Bröll, W., Die Wirtschaft der DDR. Lage und Aussichten, München 1973

Bruderer, G., Sowjetische Stimmen zum Rußland von morgen, Bern 1971

Brus, W., Funktionsprobleme der sozialistischen Wirtschaft, Frankfurt/M. 1971

Bucharin, N., Ökonomik der Transformationsperiode, Hamburg 1922

Buck, H., Technik der Wirtschaftslenkung in kommunistischen Staaten, Bd. I, II, Coburg 1969

Calvet, J.-Y., Socialisme? Du capitalisme à masque humain? ›La voix ouvriére‹, 12. 10. 1973

343

Carlo, A., Politische und ökonomische Struktur der UdSSR (1917–1975), Berlin 1972

Chapman, C., August 21st. The Rope of Czechoslovakia, London 1968

Crusius, R./Knehl, H./Skala, J./Wilke, M„ ČSSR. Fünf Jahre »Normalisierung«, Hamburg 1973

Dahrendorf, R., Konflikt und Freiheit, München 1972

Demographic Yearbook 1972, United Nations, New York 1973

Der neue Brockhaus, Bd. 1, Wiesbaden 1968

Deutscher, I., Stalin. Die Geschichte des modernen Rußland, Zürich 1951

Deutscher, I., Trotzki, London 1954–1963

Deutscher, I., Die unvollendete Revolution 1917–1967, Frankfurt/M. 1967

Deutscher, I., Marxismus und die UdSSR. Die Wurzeln der Bürokratie, Frankfurt/M. 1974

Die Wirtschaftsreform in der UdSSR, APN, Moskau o. J.

Djilas, M., Die neue Klasse. Eine Analyse des kommunistischen Systems, München 1963

Dobias, P., Das jugoslawische Wirtschaftssystem. Entwicklung und Wirkungsweise, Tübingen 1969

Dubček, A., Brief, ›Listy‹, Nr. 3, April 1975

Dutschke, R./Wilke, M. (Hrsg.), Die Sowjetunion, Solschenizyn und die westliche Linke, Hamburg 1975

Economic Aspects of Life in the USSR. Main findings of colloquium held 29th–31st January 1975 in Brussels, NATO-Directorate of Economic Affairs, Brüssel 1975

Encyclopedia Britannica, IV, London 1970

Fischer, E., Erinnerungen und Reflexionen, Hamburg 1969

Fishman, J./Hutton, J. B., Das private Leben des Josef Stalin, München 1964

Flechtheim, O. K., Weltkommunismus im Wandel, Köln 1965

Flechtheim, O. K., Bolschewismus 1917–1967, Wien 1967

Gamarnikow, M., Economic Reforms in Eastern Europe, Detroit 1968

Garaudy, R., La liberté en sursis Prague 1968, Paris 1968

Garaudy, R., Die ganze Wahrheit, Hamburg 1970

Garaudy, R., Die große Wende des Sozialismus, Wien 1970

Gatz, E. (Hrsg.), Die wirtschaftliche Entwicklung der BRD und der DDR 1950–1970, Bremen 1974

344

Geyme von, K., Ökonomie und Politik im Sozialismus, München 1975

Golan, G., The Czechoslovak reform movement, Cambridge 1971

Goldman, E., Die Ursachen des Niederganges der russischen Revolution, Berlin 1922

Grigorenko, P., Der sowjetische Zusammenbruch 1941, Frankfurt/M. 1969

Guevara, E., Ökonomie und neues Bewußtsein, Berlin 1969

Gumpel, W./Vogel, H., Die Wirtschaft Ungarns, Bulgariens und Rumäniens (Lage und Aussichten), München 1968

Hajek, J., Demokratisierung oder Demontage?, München 1969

Haller, F., Die wirtschaftliche Entwicklung der BRD und der DDR 1950–1970, Bremen 1974

Harich, W., Zur Kritik der revolutionären Ungeduld, Basel 1971

Havel, V., Brief, ›Listy‹, Nr. 5, Juli 1975

Havemann, R., Fragen – Antworten – Fragen, München 1970

Havemann, R., Rückantworten an die Hauptverwaltung »Ewige Wahrheiten«, München 1971

Hensel, K. P. (Hrsg.), Die sozialistische Marktwirtschaft in der Tschechoslowakei, Stuttgart 1968

Höhmann, H.-H. (Hrsg.), Die Wirtschaft Osteuropas zu Beginn der 70er Jahre, Stuttgart 1972

Höhmann, H.-H./Kosta, J./Meyer, J., China '74, Frankfurt/M. 1974

Holz, H. H., Widerspruch in China, München 1970

Horsky, W., Prag 1968. Systemveränderung und Systemverteidigung, Stuttgart 1975

Horvat, B., Die jugoslawische Gesellschaft, Frankfurt/M. 1969

Huberman, L./Sweezy, P. M., Sozialismus in Kuba, Frankfurt/M. 1969

Husak, G., Die Aktualität der leninschen Ideen über den Staat und die Demokratie, ›Rudé Právo‹, 16. 4. 1970

Ionescu, G., Die Zukunft des Kommunismus in Osteuropa, Frankfurt/M. 1969

Jugow, A., Die Volkswirtschaft der Sowjetunion und ihre Probleme, Dresden 1929

Kade, G./Hujer, R./Zubrod, H. J., Organisationsprobleme der Wirtschaftsreformen in der UdSSR und der DDR, Wien 1971

Kaser, M., Wirtschaftspolitik der Sowjetunion, München 1970

345

Koestler, A., Sonnenfinsternis, München 1960

Kommission des ZK der KPdSU (Hrsg.), Geschichte der kommunistischen Partei der Sowjetunion (Bolschewiki), Berlin 1946

Kool, F./Oberländer, E., Arbeiterdemokratie oder Parteidiktatur, Bd. I, II, München 1972

Kosik, K., Brief an J.-P. Sartre, ›Listy‹, Nr. 5, Juli 1975

Kosta, J., Sozialistische Planwirtschaft (Theorie und Praxis), Opladen 1974

Kosta, J./Peters, H.-R./Schwarz, B./Slama, J., Struktur- und stabilitätspolitische Probleme in alternativen Wissenschaftssystemen, Berlin 1974

Kosta, J./Kramer, H./Slama, J., Der technologische Fortschritt in Österreich und in der Tschechoslowakei, Wien 1971

Kosta, J./Meyer, J./Weber, S., Warenproduktion im Sozialismus, Frankfurt/M. 1973

Kricman, R. N., Die heldenhafte Periode der großen russischen Revolution, Vestnik der kommunistischen Akademie, Nr. IX, Moskau 1924

Kuron, J./Modzelewski, K., Monopolsozialismus, Hamburg 1969

Kusak, A./Künzel, F. P., Der Sozialismus mit menschlichem Gesicht, München 1969

Kusin, V. V., The Intellectual Origins of the Prague Spring, Cambridge 1971

Kusin, V. V., The Czechoslovak Reform Movement 1968, London 1973

Lea, H. Ch., Geschichte der spanischen Inquisition, Leipzig 1912

Lenin, W. I., Werke, Bd. 22, 23, 25, 27, 29, 30, 31, 32, 33, 36, Berlin (Ost) 1971–1972

Leonhard, W., Am Vorabend einer neuen Revolution?, München 1975

Leuenberger, Th., Bürokratisierung und Modernisierung der Gesellschaft, Bern 1975

Löbl, E./Grünwald, L., Die intellektuelle Revolution, Düsseldorf 1969

Luhmann, N., Theorie der Verwaltungswissenschaft, Köln und Berlin 1966

Lukács, G., Marxismus und Stalinismus, Hamburg 1970

Luxemburg, R., Politische Schriften, Bd. III, Frankfurt/M. 1968

Mandel, E., Über die Bürokratie, ›Die Internationale‹, Nr. 2, Hamburg 1974

Mao Tse-tung, On contradiction, Peking 1952

Mao Tse-tung, Ausgewählte Schriften, Frankfurt/M. 1963

Mao intern, Unveröffentlichte Schriften, Reden und Gespräche Mao Tsetungs 1949–1971, München 1974

Marcuse, H., Die Gesellschaftslehre des sowjetischen Marxismus, Berlin 1964

Marx, K./Engels, F., Werke (MEW), Bd. 1, 8, 19, 21, 25, 33, 37, Berlin (Ost) 1966–1973

Masi, E., Die chinesische Herausforderung, Berlin 1970

Maxa, J., Die kontrollierte Revolution, Wien 1969

Mayntz, R. (Hrsg.), Bürokratische Organisation, Köln 1968

Methodologische Fragen der Prognostizierung der sozial-ökonomischen Entwicklung, Ökonom. Institut ČSAV, Prag 1973

Meissner, B., Die ›Breshnew-Doktrin‹, Köln 1969

Mendelson, A. S., Der Plan in der Übergangsperiode, ›Planovoje Chozjajstov‹, Nr. 8, Moskau 1928

Mlynař, Z., Československý pokus o reformu 1968 (Der tschechoslowakische Reformversuch 1968), Köln 1975

Müller, R., Machtmonopol und Gewissensfreiheit, Bern 1974

Narodnoje Chozjajstov SSSR (Die Volkswirtschaft der UdSSR), Moskau 1956

Narr, W.-D./Offe, C. (Hrsg.), Wohlfahrtsstaat und Massenloyalität, Köln 1975

Nemakov, N. J., Kommunistitscheskaja Partija – organisator massovogo kolchosnogo dvischenija (Die kommunistische Parteiorganisation der Kolchosen-Massenbewegung), Moskau 1966

North, R. C., Der chinesische Kommunismus, München 1966

Nove, A., An Economic History of the USSR, London 1969

Obst, W., DDR-Wirtschaft, Modell und Wirklichkeit, Hamburg 1973

Parkinson, C. N., Parkinson's Law on the Pursuit of Progress, London 1965

Pelikan, J. (Hrsg.), Panzer überrollen den Parteitag, Wien 1969

Pelikan, J. (Hrsg.), Das unterdrückte Dossier, Wien 1970

Pelikan, J., Sozialistische Opposition in der ČSSR, Köln 1974

Pelinka, A., Dynamische Demokratie, Stuttgart 1974

Prag 1968. Dokumente, Bern 1968

Prager Schwarzbuch, Bonn 1969

Preobrazhenski, E. A., The new Economics, Oxford 1965

Proudhon, P. J., Bekenntnisse eines Revolutionärs, Reinbek bei Hamburg 1969

Pustejovsky, O., In Prag kein Fenstersturz, München 1968

Putik, J., Brána blažených (Das Tor der Seligen), Prag 1969

347

Randova, M., Entstehung und Entwicklung der sozialistischen Moral, ›Rudé Právo‹, 17. 7. 1975

Reformen und Dogmen in Osteuropa, Köln 1971

Reiman, R., Ruská revoluce (Die russische Revolution), Prag 1967

Resolutions and Decisions of the Communist Party of the Soviet Union, Toronto 1974

Richta, R./Kollektiv, Zivilisation am Scheideweg, Prag 1968

Rocker, R./Goldman, E., Der Bolschewismus. Verstaatlichung der Revolution, Berlin 1968

Rodnick, D., The strangled democracy Czechoslovakia 1948–1969, Texas 1970

Sacharow, A. D., Wie ich mir die Zukunft vorstelle, Frankfurt/M. 1968

Sacharow, A. D., Mein Land und die Welt, Wien 1975

Sager, P., Die technologische Lücke zwischen Ost und West, Bern 1971

Schach, H., Marx Mao Neomarxismus, Frankfurt/M. 1969

Schanin, L., Ekonomitscheskaja priroda nasego beztovarija (Die ökonomische Natur unserer Warenlosigkeit), ›Ekonomitscheskoje obozrenije‹, XI. 1924, S. 25–39

Schelhammer, C. L., Wandlungen im Wirtschaftssystem der Deutschen Demokratischen Republik, insbesondere die Frage seiner Annäherung an die Marktwirtschaft, St. Gallen 1971

Schürer, E., Die Intelligenz im Sowjetreich, Bern 1970

Selucký, R., Reformmodell ČSSR, Hamburg 1969

Šik, O., Ökonomie, Interessen, Politik, Berlin 1966

Šik, O., Das neue System der Planung und Leitung der tschechoslowakischen Volkswirtschaft, in: Koexistenz zwischen Ost und West, Wien 1966

Šik, O., Socialist market relation and planning, in: Socialism, Capitalism and Economic Growth, Cambridge 1967

Šik, O., Plan und Markt im Sozialismus, Wien 1967

Šik, O., Der Strukturwandel der Wirtschaftssysteme in den osteuropäischen Ländern, Zürich 1971

Šik, O., Der dritte Weg. Die marxistisch-leninistische Theorie und die moderne Industriegesellschaft, Hamburg 1972

Šik, O., Czechoslovakia. The Bureaucratic Economy, New York 1972

Šik, O., Argumente für den Dritten Weg, Hamburg 1973

Šik, O., Ist die Planwirtschaft der Ostblockstaaten ein Modell für die westliche Welt, in: Basis Dschungel Dogma, Köln 1973

348

Šik, O., Kommunismus und Produktivität, in: Ideologie und Motivation, Berlin 1973

Šik, O., Für eine Wirtschaft ohne Dogma, München 1974

Šik, O., Perspektiven östlicher Planwirtschaft, in: Wirtschaft und Gesellschaft im Umbruch, Bern 1975

Sinowjew, G., Der Aufbau der Volkswirtschaft und die Sowjetmacht, Hamburg 1921

Skilling, H. G./Griffiths, F., Interest Groups in Soviet Politics, Princeton, New Jersey 1971

Sladek, J. (Hrsg.), Leninův odkaz (Lenins Testament), Prag 1967

Solschenizyn, A., Von der Verantwortung des Schriftstellers, Bd. I, Zürich 1969

Solschenizyn, A., Der Archipel Gulag, Bern 1974

Soviet Union 50 years, Moskau 1969

Stalin, J. W., Fragen des Leninismus, Berlin 1951

Stalin, J. W., Sämtliche Werke, Berlin (Ost) 1954

Statistische Jahrbücher der ČSSR (Statistická ročenka), 1969, 1970, 1971, 1972, 1973

Statistisches Jahrbuch der Bundesrepublik Deutschland 1972

Stojanovic, S., Kritik und Zukunft des Sozialismus, München 1970

Strougal, L., Hauptrichtungen der Wirtschaftspolitik der Partei in den Jahren 1971–1975, Prag 1971

Svitak, I., Prag zwischen zwei Wintern, Freiburg 1969

Thalheim, K. C., Grundzüge des sowjetischen Wirtschaftssystems, Köln 1962

Topornin, B. N., Das politische System des Sozialismus, Berlin 1974

Trotzki, L., Die permanente Revolution, Berlin 1930

Trotzki, L., Stalin. Eine Biographie, Köln 1952

Trotzki, L., Geschichte der russischen Revolution, Frankfurt/M. 1960

Tschuntulov, V. T., Ekonomitscheskaja Istoija SSR (Ökonomische Geschichte der UdSSR), Moskau 1969

Übergänge zum Sozialismus, Berlin 1971

Valentin, O., Überwindung des Totalitarismus, Dornbirn 1952

Weber, M., Wirtschaft und Gesellschaft, Tübingen 1972

Wilczynski, J., Socialist Economic Development and Reforms, London 1972

Wiles, P. J. D., Communist international economics, Oxford 1968

Zoubek, J., East European Economy in 1975, ›East-West Research‹, Nr. 8, 1975

Zur Kritik der Sowjetökonomie, Berlin 1969

Personenregister

Sachregister

Kurt Sontheimer/Wilhelm Bleek
Die DDR
Politik, Gesellschaft, Wirtschaft
264 Seiten, Pb

»Dieses sachliche, gedrängte, dabei aber übersichtliche und alles Wesentliche aus dem Staats- und Gesellschaftsleben der DDR umfassende Werk gibt einen Querschnitt durch die ganze DDR und damit dem Leser das Rüstzeug für eine Beurteilung der bisherigen und noch bevorstehenden Verhandlungen zwischen beiden deutschen Staaten.«

Stuttgarter Zeitung

»Das Buch ist zu empfehlen für den, der eine recht solide erste Orientierung wünscht… Es erfüllt das Soll an Information über Geschichte, Politik, Gesellschaft, spezielle Kulturfragen, Wirtschaft.«

DIE ZEIT, Hamburg

Hoffmann und Campe